VIVA MÉXICO

Alexandra
Lucas Coelho

VIVA MÉXICO

COORDENADOR DA COLEÇÃO
CARLOS VAZ MARQUES

RIO DE JANEIRO:
TINTA-DA-CHINA
MMXIII

Edição apoiada pela Direção-Geral do Livro e das Bibliotecas /
Secretaria de Estado da Cultura — Portugal.

© Alexandra Lucas Coelho, 2013

1.ª edição: maio de 2013

Edição: Tinta-da-china Brasil
Capa e projeto gráfico: Tinta-da-china Brasil

C614v Coelho, Alexandra Lucas, 1967-
　　　　Viva México / Alexandra Lucas Coelho;
　　　　coordenação Carlos Vaz Marques.
　　　　1.ed. – Rio de Janeiro: Tinta-da-china Brasil, 2013.
　　　　374 p.; 20 cm.　　　　　　(Literatura de Viagens; 1)

　　　　ISBN 978-85-65500-06-7

　　　　1. Crônica portuguesa. I. Marques, Carlos Vaz.
　　　　II. Título. III. Série

13-00105　　　　　　　　　　　　　　CDD: 869.8
　　　　　　　　　　　　　　　　　　CDU: 821.134.3-8

Todos os direitos
desta edição reservados à
Tinta-da-china Brasil
R. Júlio de Castilhos 55, Cobertura 01
Copacabana RJ 22081-020
Tel. 0055 21 8160 33 77 | 00351 21 726 90 28
Fax 00351 21 726 90 30
infobrasil@tintadachina.pt
www.tintadachina.pt/brasil

SUMÁRIO

9   Prefácio

17   Parte I: Centro
19   *Cidade do México*

147   Parte II: Norte
149   *Ciudad Juárez*

217   Parte III: Sul
219   *Oaxaca*
263   *Juchitán*
279   *Ixtepec*
295   *Chiapas*
337   *Yucatán*

367   Agradecimentos
369   Bibliografia
371   Sobre a autora

PREFÁCIO

O MÉXICO É VINTE VEZES maior do que Portugal. Só na Cidade do México, a mais extensa metrópole do mundo, cabe duas vezes toda a população portuguesa. Que alguém chegado de fora, apenas com uma mochila e a memória de certos textos, não se perca num lugar assim, é já uma façanha. Para além disso há a «violência» e o «frenesim» a que se refere Octavio Paz na oportuna epígrafe que abre este livro. Esta é pois a história de um país violento e desmesurado. «O mexicano faz amor com a morte», dirá alguém a certa altura, logo no início da viagem. É esse o principal traço de caráter associado à identidade mexicana. Não é por acaso que há caveiras na capa de *Viva México*. Parecem rir-se de nós, daqueles de nós que não aprenderam ainda, como os mexicanos, a rir-se delas.

E contudo talvez tudo isto não passe de pura ficção. Não no sentido de a ficção ser o contrário da verdade. Ficção por ser uma memória inventada. Por corresponder ao modo como Jean Cocteau definia o surrealismo: como «mais verdadeiro do que o verdadeiro». Talvez comece aqui o caráter literário de um país que o papa do surrealismo, André Breton, descreveu como o mais surrealista do mundo. Surrealista = sur-réaliste = sobre-realista. O próprio Breton explicou o conceito de uma forma clara, no manifesto do movimento que dirigiu com mão de ferro, associando-o a «uma ausência de qualquer tipo de controle exercido pela razão, à margem de qualquer preocupação estética ou moral».

Aquilo que em termos literários deu corpo a uma das mais intensas aventuras culturais do século xx, quando corporizado num país imenso como o México, revela-se um pesadelo, com toda a carga de assombro e horror e sortilégios que caracteriza os pesadelos mais vívidos. É essa vertigem que Alexandra Lucas Coelho capta e nos revela.

Sabemos pelas notícias de todos os dias como o México é hoje um Estado sequestrado pelo narcotráfico. Sabemos pelos livros de História como do encontro entre o ouro e a magia, no início do século xvi, saiu vencedor o ouro — Cortés aniquilou Moctzuma. Temos vagas imagens que acabam sempre por nos remeter para o mesmo território exótico e místico que já percorremos ao ler *A Serpente Emplumada*, de D.H. Lawrence. Não é por aí que Alexandra Lucas Coelho nos conduz.

Viva México leva-nos ao encontro de gente concreta, de carne e osso. Julián, de Ciudad Juárez, aquele que entre a macabra contabilidade quotidiana dos mortos à queima-roupa se emociona com as sonatas de Beethoven interpretadas por Claudio Arrau. Diego López Rivera, o neto do famoso muralista, às voltas com a herança traumática do avô. Agar e Leonardo, um casal refugiado na sua «utopia mínima, a dois», numa aldeia de montanha, algures no Sul. São rostos que recupero ao acaso, entre tantos outros.

E há a Casa Azul e Frida Kahlo e a sua fragilidade comovente que fez do México um país «mais forte, mais complexo, mais desarmante». São para ela e por causa dela as mais belas páginas desta viagem.

Rostos, vozes, entusiasmos e medos — uma vitalidade transbordante num país onde se morre com grande facilidade. É esse o extraordinário paradoxo mexicano que emerge deste livro. «Só estar no México é uma energia.» Até o milho tem histórias para contar.

Alexandra Lucas Coelho percorre o país de Zapata, um século depois da revolução, e indigna-se, aflige-se, comove-se, ri e chora e faz-nos participar de tudo isso. Nós vamos com ela e como ela, ao lado dela, não somos turistas, somos viajantes. Imunes ao pecado mortal da indiferença.

CARLOS VAZ MARQUES

para a Kat, que entretanto foi ao México
para o Filipe, que não me deixou esperar

Todos estão possuídos pela violência e pelo frenesim
Octavio Paz

Parte I
Centro

Cidade do México

Não sei nada do México e tenho uma mochila. Este Octavio Paz ou aquele Juan Rulfo? Os dois. Poetas mexicanos contemporâneos ou Roberto Bolaño? Poetas mexicanos contemporâneos. Uma poeta do mesmo ano que eu: *Amanhã é nunca*.

O assistente de bordo encosta o microfone à boca e, do alto desta manhã por cima da Europa, anuncia, no seu francês de pombo a arrulhar, que à direita temos o Palácio de Versalhes. Quem vai de Lisboa ao México tem de andar para trás antes de andar para a frente. Então, não vejo o Palácio de Versalhes porque vou sentada do lado errado, mas cá está o Velho Mundo com as suas pastagens e as suas vacas Camembert, imóvel, eterno.

Depois, tiro os olhos da janela e vejo a notícia da morte do escritor mexicano Carlos Monsiváis.

Raramente há algo sobre o México nos jornais portugueses além de relatos das agências sobre narcotráfico, e suspeito que nenhum outro passageiro aqui vai para o México. Leio a notícia como se fosse para mim. Diz que Monsiváis era um dos principais escritores mexicanos, que apoiou a revolução zapatista, e que o subcomandante Marcos terá mesmo declarado que leu mais Monsiváis que Marx.

Vai ser preciso chegar ao México para ver como este ano de 2010, Bicentenário da Independência e Centenário da Revolução, será também o ano da morte de Carlos Monsiváis.

O avião que depois levanta de Paris é um tubarão de dois andares. Nunca vi nada assim, uma fila de janelas em cima, outra em baixo. Quem paga por mais espaço vai em cima. Ao todo, isto quer dizer 400 pessoas a bordo. Um avião com 400 pessoas *não* vai cair, penso eu, enquanto os passageiros vão desaparecendo pelo teto. É estranho ver gente a subir escadas dentro de um avião.

Onze horas depois, quando já vamos todos a descer, a minha janela mostra cumes de montanhas que parecem percebes deitados uns ao lado dos outros. A seguir há um deserto com sulcos e entramos numa nuvem de fumo, opaca, cega. Até que de repente, como se nos tivessem devolvido a visão, a cidade aparece lá em baixo, sombria, interminável.

Ninguém poderá alguma vez dizer que viu a Cidade do México. Quando a começamos ver, calamo-nos, e depois nunca mais acabamos de a ver. O tubarão paira como um avião de papel.

Às seis da tarde parece inverno. Mas não é inverno, é a estação das chuvas. O verão começou ontem. O chão brilha.

Os aztecas celebravam a chuva como um deus. Também receberam Cortés como um deus, abrindo os braços ao apocalipse, e por cima do apocalipse o império espanhol ergueu esta cidade. Cinco séculos depois é a mais extensa do mundo. Engoliu o estado em que está, Distrito Federal. Os mexicanos nem a tratam como cidade. Chamam-lhe D.F. ou simplesmente México.

— 20 —

Tanta gente junta mete medo. Os guias de viagem têm mesmo parágrafos do género: se quer escapar a uma noite na Cidade do México, pode ir diretamente de Cuernavaca para o aeroporto.

Os guias, ou antes, o guia francês que comprei no aeroporto Charles de Gaulle porque nas vésperas da partida morreu José Saramago, o que ocupou as redações portuguesas e reduziu os preparativos mexicanos. Espero que Saramago e Monsiváis, desaparecidos com um dia de intervalo, estejam neste momento a beber um mezcal no paraíso de quem não acredita no paraíso e certamente nunca precisará de um guia Routard.

O tubarão escoa 400 alquebrados passageiros. Os italianos à minha volta vão apanhar ligações para Cancún. Furtam-se assim a um controle que nunca vi nas chegadas: fila de uma hora para o passaporte e depois raio-x de bagagens, com cada pessoa a ter de carregar num botão tipo semáforo da droga. Vermelho, para. Verde, passa. Também há cães. Mas, mesmo com a espera, não há caos.

Na saída, três barraquinhas de «táxis autorizados» competem pelo preço fixo: o equivalente a dez euros até ao centro. Toda a gente só apanha «táxis autorizados». E os residentes mais cautelosos não aconselham a trocar pesos no aeroporto desde que um francês foi seguido e assassinado depois do câmbio. Vinha dar aulas à universidade.

A Cidade do México é isto: a partir de agora somos bichos em alerta.

Mas como acaba de chover, o ar parece limpo e até se vê o céu. Então, à medida que o táxi avança entre velhos carochas, começa a tomar-me a estranha sensação de que serei convertida por esta cidade. Na nebulosa que é um lugar à distância imaginei-a caótica e cruel. Em que parte dessa nebulosa entravam alamedas sem fim? Passeios cheios de cafés? Tantas árvores tropicais? Igrejas barrocas? Bicicletas? Bem-vindos à Condesa. Quem leu *Os Detectives Selvagens* de Roberto Bolaño talvez se lembre que é neste bairro que as manas Maria e Angélica têm a sua casa com quintal e o poeta García Madero perde a virgindade. Não se aflija quem não leu, porque estou só a contar o princípio. Seja como for, tudo isso se passou na Condesa dos anos 70. Agora, as livrarias servem *brunches* e na esquina come-se *sushi*, mas ainda há gente com cães e carrinhos de bebé. Um bairro onde se vive.

O meu albergue fica frente a um antigo cinema transformado em livraria, o que é bom porque os albergues nunca são como nas fotografias, e este não é exceção. O quarto tem uma janela para um saguão e uma cama de espuma. Depois reparo que na parede há uma pequena Frida Kahlo. Fica de amuleto.

Não sei nada do México *ahorita*, como insuperavelmente dizem os mexicanos, mas tenho alguns amuletos.

Era uma vez uma *piñata*. As crianças batiam-lhe com paus até caírem caveiras de açúcar. Foi o meu primeiro México, numa história de aventuras. Muitos anos depois vi mexicanos. Foi nos Estados Unidos. Havia o cinema, claro, sempre a caminho do Rio Bravo, e Buñuel sempre a atormentar a Europa. Houve a música de Chavela Vargas, arranca-corações. O *México Insurrecto* e o *Debaixo do Vulcão* em traduções exasperantes. A *Planície em Chamas* de Juan Rulfo e *A Chama Dupla* de Octavio Paz. Os poemas índios

de Herberto. Artaud entre os tarahumara. Imagens vagas de Breton, Trotski e Tina Modotti. O México de J.M.G. Le Clézio. Frida Kahlo por Frida Kahlo: «Enorme coluna vertebral que é base para toda a estrutura humana. Já veremos, já aprenderemos. Sempre há coisas novas. Sempre ligadas às antigas vivas.»*
O teatro é memória, e portanto matéria viva. Há anos e anos, em Lisboa, Paula Sá Nogueira foi uma estupenda Frida em *Aguantar*, encenação de Nuno Carinhas com a Cão Solteiro. Aqui estou, Frida, sentada em frente ao teu retrato. As coisas novas ligadas às antigas vivas, vamos a isso.
Quem mais?
Carlos de Oliveira, *ó / alcolmalcolm* [lowry], e Manuel Gusmão também debaixo do vulcão (*por onde a terra firme-movediça e o fogo correm ao encontro um do outro*).
José Agostinho Baptista, que nunca aqui esteve porque está sempre a escrever o seu próprio México, e uma vez me fez chegar a tradução que fizera de um poeta mexicano, Oliverio Macías Álvarez. Eu achei que Oliverio era o próprio José Agostinho disfarçado de poeta mexicano. Até que numa mesa do Bairro Alto, em Lisboa, me vi a beber com Oliverio. Ele descrevia índios, vagabundos, gente com milhares de anos. Eu ouvia como se tudo aquilo não fosse real.
A realidade à distância ainda não existe.
E o meu colega mais mexicano, Pedro Caldeira Rodrigues, que me falou de um lugar. Como era o nome, Pedro?

---

* *El Diário de Frida Kahlo*, La Vaca Independiente, Cidade do México, 2001.

✱✱

Acordo às 4h na Cidade do México porque na Europa são 10h. Ainda bem que estamos aqui as duas, Frida. Nunca mais é dia.

Às oito atravesso o patamar e sento-me na receção, que também é sala de estar, de Internet e de pequeno-almoço. Há uma mesa corrida com chávenas, iogurtes e a cabeça loura do russo Vladimir, médico em Los Angeles, que veio de autocarro desde Tijuana. Vinte e duas horas por desertos e serras. «É mais barato que o avião», diz ele. Ainda parece atordoado.

A estação das chuvas na Cidade do México tem uma rotina: só chove ao fim da tarde. Foi o que me explicaram. E o céu está de acordo.

Antes de me meter no metro quero espreitar o tal ex--cinema aqui em frente que agora é a livraria Rosario Castellanos. Ainda não são nove, mas já há uma concentração à porta. *Que onda*, diria um leitor mexicano. Este bairro madruga para ver livros? Nem tanto, nem tanto. São crianças que vêm fazer um teatro, porque além de livraria isto é o centro cultural Bella Época. «E tu quem és?», pergunta um tico de gente com orelhas de coelho e bigodes, encostado aos meus joelhos.

A fachada é mesmo de antigo cinema. E lá dentro o espaço revela-se tão grande que, quando as portas enfim abrem, coelho e capangas desaparecem logo escadas acima. A livraria ocupa o que provavelmente seria a plateia, e está cheia de estantes brancas à altura do ombro. Se levantarmos os olhos dos livros, temos uma amplitude de 360 graus. Há sofás para ler, e um café onde dezenas de pessoas se podem sentar.

Mas o destaque de hoje vai para dois expositores à entrada. Um tem edições de Carlos Monsiváis, o outro tem edições de José Saramago. Estão como irmãos.

A minha estação de metro chama-se Patriotismo. Também há estações chamadas Niños Heroes ou Constitución de 1917, além, claro, das que têm o nome de algum figurão desde os aztecas (Cuauhtémoc, Guerrero, Hidalgo, Juárez, Piño Suárez...). Os nomes mexicanos de ruas, cidades ou estações são, em si, patrióticos. E depois as estações como esta têm bancas de fritos e índios de chinelos.

Então desço as escadas, como se descesse ao submundo dos aztecas de agora, os incontáveis milhões que percorrem todos os dias as entranhas da cidade e, quando a corrente espessa e quente me apanha, deixo-me ir, sem pé. Um místico chamaria a isto o êxtase da dissolução. A humanidade a convergir por baixo da terra, pele com pele.

Aqui faz calor e a religião não tapa. Os mexicanos têm muito corpo, sempre a sobrar.

E há ventoinhas que nos borrifam com água. Os letreiros são dos anos 70, descomunais. As bichas para os bilhetes desfazem-se num ápice. Cada viagem custa 18 cêntimos, e é porque aumentou este ano. O cais reluz de limpo, parece interminável e em menos de dois minutos fica repleto.

Nunca me senti tão alta entre tantas cabeças escuras, índios ou misturados de índios: os pobres. Só tenho uma palavra, e repito-a atónita, porque não me lembro de ter sido levada assim de enxurrada por um país. Comovente. O México é comovente. Se alguém falar comigo agora desato a chorar.

Uma chapada de ar quente e o metro dispara pelo cais. É mais estreito e muito mais comprido que o de Lisboa e está pintado de cor-de-laranja. Mas por dentro tem uma cor gasta, mortiça. E entra um índio com uma camisa da Pepsi a anunciar 200 temas de MP3 avulsos, incluindo o tema *Revolución* e o tema *Zapata*. E um segundo índio a apregoar rebuçados. E um terceiro com chicletes. Andam para trás e para diante, numa lengalenga à desgarrada, porque não há nenhum lugar tão povoado como o metro.

E, como tanta gente, eu mudo na estação de Chabacano, atravesso viadutos, corredores, átrios de música e fritos, e apanho a linha azul para a praça onde há 500 anos reinavam os aztecas.

Leonardo López Luján está sentado em cima dos aztecas. A manhã pôs-se ardente, mas Leonardo já se habituou. É arqueólogo, dirige a maior escavação da Cidade do México: o Templo Maior. Passa o dia em cima dos aztecas, sentado, de pé e a escavar, muitas vezes ao sol como agora. E a poluição da cidade sobe e desce, mas não desaparece. Vinte e quantos milhões? Ninguém sabe ao certo e a terra não é firme.

No tempo dos aztecas, tudo isto estava coberto pelas águas e eles viviam numa ilha, México-Tenochtitlán. Era a capital do império que os espanhóis derrubaram, a 13 de agosto de 1521.

Então, conta Leonardo, o conquistador Cortés meditou. «Onde fazer a nova capital colonial? Esta ilha não era o lugar mais adequado, no meio de um lago salgado, com problemas de inundações. E Cortés não toma uma decisão prática, económica, de engenharia, e sim uma decisão política. A capital

da colónia tinha de estar por cima, dominando as ruínas da capital indígena, o que tem muitíssimas consequências até hoje. Temos aluimentos e inundações, é um lugar muito instável para a construção. Estamos numa bacia onde não sopra o vento e por isso há uma poluição tremenda. Não era o melhor lugar para uma megápolis como a Cidade do México.»
Mas o mundo tinha de recomeçar no mesmo sítio. Se aqui estava o Templo Maior azteca, ou seja, o centro cerimonial e político do velho império, aqui iria estar o centro cerimonial e político do novo império.
O México passou então a ser «a joia da coroa de Espanha». O luxo em que vivia «não tinha comparação» com Lima, Bogotá, Cidade da Guatemala, Buenos Aires ou Havana. Aqui estavam os vice-reis da Nova Espanha. «Aqui estava todo o poder e isso observa-se nesta praça.»
Quando o México se tornou independente de Espanha, os novos poderes afirmaram-se também por cima dos símbolos coloniais. É por isso que agora, sentados sobre as ruínas do Templo Maior, temos à nossa volta a Catedral Metropolitana, o palácio do presidente que governa o país e o palácio de governo do D.F.
Esta praça monumental, o Zócalo, continua a concentrar o poder. Não é apenas o centro da Cidade do México, é o centro do México.

E eles vêm do Norte e do Sul: índios com camisas bordadas, engraxadores com cadeiras rolantes, eletricistas, canalizadores e assentadores de azulejos, tocadores de realejo e escrevedores de cartas, ardinas e vendedores de pipocas.

E (num país onde há sindicatos de direita e os sindicalistas podem ser a reação) contestatários de todo o México, desde o estado de Guanajuato aos eletricistas do Sindicato Luz e Força.

Estamos a 84 dias, 11 horas, 53 minutos e 29 segundos de celebrar os 200 anos da Independência do México, anunciam os contadores digitais. No ecrã gigante levantado em frente à catedral joga o Gana com a Alemanha e o relato enche todo o Zócalo. É o FifaFest, um presente do governo durante o Mundial 2010, com grades e tufos de polícia a toda a volta. Centenas de adeptos de pé, sentados e mesmo deitados, tentam cobrir a cabeça com um pedaço de papel ou a própria *t-shirt*. E do lado de fora das grades as tendas contestatárias apupam o presidente Calderón. Os sindicalistas do Luz e Força estão nada menos que em greve de fome.

Aproximo-me dos cartazes: «Não pagues luz!», «Eletricistas em pé de luta até à vitória!», «O próximo desempregado podes ser tu!». Um homem aproxima-se e entrega-me um jornal: «Companheira, apoia-nos!»

Em fundo, marteladas de obras, e por cima o apelo lancinante do relator do Gana-Alemanha: «Por favor, marquem!!!»

Entro na tenda central do Sindicato Luz e Força.

«As pessoas a oferecerem a sua vida pelo direito ao trabalho e, passando esta barreira, os ecrãs do Mundial», indigna-se o porta-voz, Hernando Oliva Quiroz. «São as duas visões do México. Temos pobreza, repressão, militarização e continuamos a transmitir jogos. Muita gente vem aqui ver o futebol e o governo utiliza isso como válvula de escape. Veja como está o nosso país, com mais de 20 mil mortos na guerra do narcotráfico!»

Oficialmente 28 mil no momento em que escrevo, mas concentremo-nos nas razões da greve: «O governo assaltou as nossas instalações e da noite para a manhã 44 mil trabalhadores foram despedidos.»

É uma luta que se arrasta há meses, e pela cidade hei-de ouvir gente que acha que o governo fez bem porque a empresa estava obsoleta, e gente que acha que os grevistas fazem bem porque o governo está obsoleto.

Entretanto, a situação no Zócalo é objetivamente esta: os turistas descem às ruínas aztecas, a Alemanha marca ao Gana e Maria Isabel Delarosa López não come há 52 dias. «Estou um pouco esgotada, sem forças», diz, levando à boca um copinho. «Isto é água com mel. É tudo o que tomo. E soro.» Está de fato--de-treino, pálida, mas com as unhas vistosamente manicuradas, como as mexicanas usam muito.

No México, uma imagem são pelo menos duas, sobrepostas.

«Tenho muita tristeza e indignação por todas as coisas que o governo está a fazer a milhões de mexicanos. Agora tocou--me a mim. Não quero que toque a mais gente. Quero ter uma família como o meu papá e a minha mamã me deram. Estou aqui por ser jovem e já me estarem a fechar portas.» Vinte e seis anos, nascida perto de Texcoco.

É o nome azteca do lago que aqui havia.

O passado não tem preço, o presente está em saldo.

«Isso é o México, essa mistura», diz Leonardo López Luján sobre a greve de fome ao som do Mundial. «E no Zócalo, que é o lugar simbólico, temos estes letreiros da Coca--Cola.»

Eis-nos de volta ao estaleiro do Templo Maior, num dos cantos da praça, onde todos os dias os arqueólogos continuam a trabalhar os segredos da grande pirâmide azteca. Redes, tubos, pontes e contentores, esta mesa improvisada debaixo de um toldo em que nos sentamos para olhar a história do futuro, apesar de o anfitrião estar com a cabeça ao sol, e nem ter cabelo, quanto mais chapéu. O projeto do Templo Maior vai na sétima temporada de escavações. «Quando eu era criança, tudo isto estava cheio de edifícios e só havia uma pequena escavação aqui na esquina», recorda Leonardo. Porque a descida ao mundo azteca apenas começou há 32 anos.

«A primeira reflexão que é preciso fazer é sobre o conteúdo não apenas científico mas também político da arqueologia. Em todos os países do mundo, a arqueologia sempre esteve vinculada ao discurso político, e entre outras coisas à ideia do nacionalismo. No México isso é muito claro. E não só no México. Vamos ao Egito e temos as grandes escavações de Nasser. Ou, nos Estados Unidos, as escavações que se fizeram no tempo de Jefferson. Ou, em Itália, Mussolini e Ostia Antica. Ou, na Alemanha, Hitler. Eu sou um cientista, e o que me interessa é a ciência da arqueologia, mas há sempre esta dimensão política.» Preâmbulo para chegar a isto: «Quando se fundou o projeto do Templo Maior, em 1978, era um momento político fundamental. O presidente chamava-se José López Portillo e acreditava ser sucessor de Quetzalcóatl. Aliás, o avião presidencial chamava-se *Quetzalcóatl* e Portillo escreveu um livro chamado *Quetzalcóatl*.»

O deus-serpente emplumada dos aztecas.

Talvez seja tempo de introduzir um aviso. O termo azteca foi vulgarizado por arqueólogos europeus do século xix, e continua a ser usado na divulgação para grande público, mas Leonardo López Luján prefere dizer mexica, o nome que os arqueólogos consideram mais correto. Era o usado há 500 anos para os habitantes de Tenochtitlán, e é dele que vem a palavra México.

Voltando então ao presidente Portillo, que México era esse, há 30 e tantos anos, quando se começou a escavar aqui por baixo? «Foi o momento em que apareceu o petróleo e havia um auge económico, um florescimento em todos os sentidos.» Eis senão quando, por completo acaso, se dá o descobrimento, aqui nesta zona, de um monumental disco de pedra representando a decapitação e desmembramento da deusa azteca da Lua, Coyolxauhqui, às mãos do seu irmão Huitzilopochtli.

«A descoberta da Coyolxauhqui fez com que se tomasse uma decisão muito polémica e debatida: demolir 13 edifícios desta área, o centro histórico da Cidade do México, para recuperar a pirâmide conhecida como Templo Maior, a principal da capital mexica.»

A maior parte dos edifícios demolidos era do século XIX-XX, mas dois datavam do século XVIII. «Por isso foi uma decisão muito debatida: até que ponto vale a pena destruir parte do nosso património, que é a herança europeia, para recuperar outra parte, igualmente importante, que é a herança pré-hispânica? Existe sempre o paradoxo destes dois patrimónios, para nós, que somos maioritariamente um país mestiço. Há uma população mexicana [de origem] europeia importante, e uma população indígena muito importante, mas a percentagem maior é de mestiços. Então temos as duas heranças. E aqui, por fim, optou-se por recuperar a pirâmide.»

Ou seja, a herança indígena.

«Foi uma decisão política. López Portillo disse que junto à praça do crucificado, obviamente uma alusão ao Zócalo, a praça cristã, queria fazer a praça da decapitada, obviamente uma alusão à deusa Coyolxauhqui. Quis pôr os dois polos do México um ao lado do outro. Mas a nível científico foi algo fundamental, porque criou uma nova época dos estudos mexicas.»

As temporadas arqueológicas sucederam-se, embora lentamente. Demora muito mais escavar aqui do que no campo porque este centro histórico «é o mais rico do continente» e não se pode propriamente demolir tudo. Mas o que foi descoberto nestes anos «revolucionou» o que se sabia. Basta pensar que «Tenochtitlán só era conhecida através dos documentos históricos do século XVI, nunca tinha havido uma escavação em grande escala».
Agora a pirâmide está à vista, connosco em cima.

Se formos por onde os turistas vão, ao longo de um passadiço de ferro que percorre o exterior do Templo Maior, vamos ver claramente como a pirâmide é uma boneca russa de pirâmides, umas metidas dentro das outras, e como passados 500 anos restam nas paredes serpentes, rãs e jaguares de pedra. O templo media 45 metros de altura, e claro que os espanhóis se esforçaram por suplantar isto: a catedral mede 60.

Depois de cirandar à volta, entramos no museu construído ao lado para guardar os despojos encontrados. A descoberta mais recente é a pedra da deusa Tlaltecuhtli, que está mesmo reduzida a cor de pedra, mas através de uma complexa reconstituição é iluminada com as muitas cores minerais de origem: ocre de goetita, vermelho de hematite, azul de paligorsquite e anil, negro de carvão vegetal e branco de calcite. Quanto à escultura da deusa propriamente dita, jorra-lhe sangue da boca e tem um homem no estômago.

Ao todo, são centenas de peças, ou seja, só o conteúdo do Templo Maior deu um museu. Mas do ponto de vista dos arqueólogos, falta escavar tudo à volta, palácio real, mercados, casas.

A maior parte da capital azteca continua enterrada debaixo do Zócalo.

«Temos uma visão só da área cerimonial», resume Leonardo, no seu estaleiro. «É como pensar que um arqueólogo do ano 4000 chegava aqui e só escavava a catedral. Teria uma visão muito parcial do que é a Cidade do México em 2010.» E que vê o arqueólogo de 2010 sobre a cidade de há 500 anos? Primeiro, que havia mesmo sacrifício de homens, mulheres e crianças. Uma «violência ritual terrível, como se documentou também entre os maias, ou os tarascos, não exclusiva dos mexicas», e que se comprova através de «corpos de vítimas, das facas com que foram mortas, de pedras e representações de sacrifício e mesmo de restos de fluidos como sangue».

Em suma: «Podemos corroborar que eram sacrificadores, algo que os grupos neo-indígenas atuais negam. Há muitos grupos indígenas, ou mesmo mestiços como eu, que dizem: "Nós somos indígenas e toda a questão do sacrifício é uma mentira dos espanhóis para justificar a conquista militar e espiritual." E nós, com dados científicos, podemos afirmar que sim, existiu sacrifício.»

Ao mesmo tempo, quando se faz o cálculo das vítimas, nota Leonardo, «não é o número que mencionavam os espanhóis, exageradíssimo». Há vestígios de «centenas de cadáveres, mas nunca dezenas de milhares».

Portanto, se a arqueologia contraria os grupos neo-indígenas, também contraria «os grupos hispanistas atuais, que dizem que a única atividade era o sacrifício».

Estamos a falar do passado? Sim e não. Estas lutas ainda sacodem a identidade do México, e são um exemplo de como aqui coexistem vários tempos: o passado está a ser vivido ao mesmo tempo que o presente e o futuro.

Quem eram as vítimas dos sacrifícios? «Há cativos de guerra, portanto estrangeiros que foram trazidos para aqui, e aí é toda uma política de justificação religiosa da expansão militar. Por outro lado, há vítimas que são crianças, anciãos, mulheres, da população local. Inclusive, nas fontes há menção de pais que entregam voluntariamente os filhos, ou mulheres para quem é uma honra entregarem-se elas mesmas ao sacrifício. Ou seja, há todo o tipo de vítimas. E há todo o tipo de sacrifícios. Não só por extração de coração, também por degolação, por afogamento, pelo fogo, pelas flechas, etc. O que aprendemos nas escavações é que se trata de um fenómeno muito complexo, e que hoje em dia está politizado pelos diferentes grupos sociais.»

A extração do coração era a forma principal de sacrifício?

«Sim. Os mexicas pensavam que tinham três almas. Uma na cabeça, que estava associada ao céu; a do coração, que estava associada ao sol, parte central do universo; e uma no fígado, que estava associada ao inframundo. Então, três almas relacionadas com o superior, o médio e o inferior. E se havia que dar oferendas ao sol, que era o principal propósito dos sacrifícios, obviamente a alma adequada era a do coração.»

A vítima, bem viva, era agarrada de peito para cima enquanto uma faca rasgava carne e ossos. Depois o sacrificador erguia o coração, ainda a pulsar.

Mas a arqueologia também revela o poder azteca de forma menos sangrenta. Até agora foram encontradas 153 caixas de oferendas na pirâmide do Templo Maior, e através delas é possível ter uma ideia da variedade de produtos que chegavam à capital. «Vinham desde o que é hoje o Arizona e o Novo México até à Nicarágua. Isso diz-nos das redes que o império tinha, além das suas fronteiras.»

Por vezes as escavações confirmam os documentos históricos e por vezes negam-nos. «Enriquecem muitíssimo a nossa visão. E, ao mesmo tempo, este projeto atraiu um enorme interesse da comunidade local pelo seu próprio passado. Reativou o orgulho próprio. Porquê? Porque Tenochtitlán era a Manhattan do século XVI, uma cidade fundamental. E a gente vem e vê estas grandes esculturas. Os mexicas eram dos escultores mais importantes da antiguidade, tão importantes como os egípcios ou os assírios. São grandes escultores. Então, a gente vem aqui ao Templo Maior, ou vai ao Museu de Antropologia, e orgulha-se, o que reforça, obviamente, a identidade nacional.»

Enquanto Leonardo fala, os sinos da catedral começam a soar, primeiro graves e espaçados, e depois quase contínuos, como se tivessem decidido pôr fim a toda esta conversa pagã. Mas o arqueólogo está tão imune aos sinos como ao calor. Lança-se, aliás, a falar da Pedra do Sol, a mais célebre peça azteca, descoberta em 1926, junto à catedral. O original encontra-se no Museu de Antropologia, mas reproduz-se género Torre Eiffel.

«Esteve na camisa da seleção nacional de futebol. Em todo o lado a vemos. É um símbolo de identidade. E obviamente estes símbolos também têm uma dimensão política. Quando apareceu a deusa da Lua, o presidente López Portillo, o tal que julgava ser Quetzalcoátl, trazia todas as visitas de Estado às escavações, para mostrar a grandeza do passado mexicano. Então, aqui veio Jimmy Carter ou Kissinger. Aqui esteve Mitterrand e depois Giscard d'Estaing. Era um elemento de legitimação. E isso está a passar-se outra vez [com as últimas descobertas]. Vieram grandes políticos. O presidente, ou a esposa, mostram-lhes isto como reivindicação de um passado glorioso.»

E o atual culto mexicano da morte, com caveiras de brincar por toda a parte? Vem do mundo pré-hispânico? «Não, é uma construção recente», diz Leonardo. «Qual é a ideia de que todos os mexicanos gostam e que é vendida aos estrangeiros? A de que o mexicano troça da morte; o mexicano vive com as caveiras; o mexicano faz amor com a morte. E esse discurso também serviu para criar uma identidade nacional. Em finais do século XIX, começo do século XX, vemos na iconografia estas caveiras que são muito divertidas, e que formam todo um caráter. E já no México pós-revolucionário, artistas como Fernández Ledesma e Diego Rivera trataram de generalizar esta ideia de que o mexicano não tem medo da morte. Então começaram a ver-se as caveiras na escola. E agora, em novembro, as crianças têm de desenhar caveiras, fazer poemas divertidos à morte, nas padarias há caveiras por todo o lado. É uma visão muito agradável da morte, digamos.»
Mas de onde vem isso?
«O interessante é que, quando um historiador trata de encontrar as raízes dessa conduta, não as encontra no passado. Porquê? Porque na Europa das nossas origens europeias tem-se medo da morte. E quando estudamos a visão dos maias e dos mexicas, eles também tinham um profundo respeito à morte. Não é igual ao temor da herança europeia, mas nada de brincadeiras. Por exemplo, *chibalba* é o lugar dos mortos, para os maias. E vem de *chib*, que em maia quer dizer temor. Então temos as duas heranças em que se respeita a morte, e esta construção revolucionária e pós-revolucionária, na primeira metade do século XX, em que se cria uma nova estética da morte, a morte engraçada, que convive connosco. Sobretudo na arte e na educação oficial, em que se exalta a morte. Isso foi muito bem estudado por Octavio Paz, a nova visão do que é

o mexicano, a definição de uma identidade. É uma identidade em boa medida fictícia. Bom, todos os povos criam a sua identidade de maneira fictícia...»

Leonardo lembra um livro de Paz que justamente tenho comigo porque faz parte da edição alargada de *El Laberinto de la Soledad* que em Lisboa meti na mochila. Chama-se *Postdata* e foi escrito depois de um acontecimento dramático, a matança de estudantes, aqui, na Cidade do México, levada a cabo em 1968 pelo regime do PRI, o Partido Revolucionário Institucional, que dominou o século XX mexicano. Octavio Paz era então embaixador na Índia e depois da matança renunciou ao cargo, cortando com o regime. *Postdata* é o pequeno livro negro desse corte, e nele Paz explica como «a relação entre aztecas e espanhóis não é unicamente uma relação de oposição: o poder espanhol substitui o poder azteca e assim continua-o». E, da mesma forma, «o México independente, explícita e implicitamente, prolonga a tradição azteca-castelhana, centralista e autoritária». Por isso, diz Paz, a forma como a história é mostrada no grande Museu de Antropologia é a forma como o México moderno escolheu afirmar a sua identidade: «O regime [do PRI] vê-se, transfigurado, no mundo azteca. Ao contemplar-se, afirma-se.»

Leonardo concretiza: «Nos pisos de baixo do Museu de Antropologia está o passado arqueológico glorioso, que todos os turistas querem ver e que todos os mexicanos querem mostrar. E nos pisos de cima, que ninguém visita, relegados, esquecidos, estão os indígenas atuais do México moderno.» Mas o passado glorioso dos pisos de baixo não é um qualquer, é o desse México centralista em que o PRI se vê ao espelho, o do império azteca, governado a partir da Cidade do México.

«Como os maias são uma civilização que partilhamos com a Guatemala, com as Honduras, com El Salvador e parte da Nicarágua, não é exclusiva do México. É um passado glorioso, mas não só do México. Qual é o passado exclusivo do México? O dos mexicas.» Claro que os zapotecas e mixtecas de Oaxaca também são só mexicanos, mas não têm a mesma dimensão política. «E por isso, no Museu de Antropologia, as outras civilizações [não exclusivas do México] são secundárias, e qual é a civilização central, a que tem dois andares, a que é como uma catedral? A mexica. O grande altar é a Pedra do Sol. Estamos a glorificar esse passado centralista. É essa a ideia de Paz.»

E, em meados do século xx, diz Leonardo, outros autores mexicanos escreveram sobre isto. «Como o México construiu uma identidade fictícia, na qual se diz que um indígena tsotsil de Chiapas [extremo sul do México, zona das selvas maias] tem o mesmo passado que o tarahumara de Chihuahua [extremo norte do México, zona de serras e desertos], e que esse passado é o dos aztecas, o que é totalmente falso. Obviamente que os tsotsiles de Chiapas têm mais em comum com os maias da Guatemala do que com o centro do México. E os tarahumaras de Chihuahua têm mais em comum com os índios dos Estados Unidos do que com o centro do México.»

Centralismo: o nome oficial do México, copiado do seu grande vizinho do Norte, é Estados Unidos do México, o que indicaria que «cada estado é independente nas suas decisões, mas na realidade não é assim», diz Leonardo. «Tudo se decide a partir da capital.»

Esta bacia sísmica onde há 500 anos o imperador azteca abriu os braços ao conquistador espanhol.

O mundo mudou a 8 de novembro de 1519. Muito do que somos hoje é o resultado desse dia. O ouro venceu a magia, Deus venceu os deuses, os homens venceram a natureza. Foi o encontro de Cortés, o conquistador, com Moctezuma, o azteca. Aconteceu às portas de Tenochtitlán, a capital cercada por água e campos, com dois vulcões cobertos de neve ao fundo: eis a paisagem que Hernan Cortés e os seus homens avistaram.

Moctezuma já ouvira relatos sobre as «torres ou pequenas montanhas que flutuavam nas ondas do mar»*. Os navios espanhóis tinham feito expedições em terra maia, nos dois anos anteriores. E a 21 de abril de 1519, quando Cortés chega a Veracruz, encontra emissários de Moctezuma à sua espera, com ouro e joias. Decide então avançar por terra, acompanhado de 300 homens, até à capital desse rei tão rico.

Tenochtitlán aparece-lhes a 8 de novembro como uma cidade de fábula, cheia de palácios, jardins e templos no alto de grandes escadarias. Atordoados, sem palavras para tamanho esplendor, os espanhóis veem Moctezuma chegar, precedido pelos seus nobres e carregado numa liteira.

Não sabem que nenhum mortal deve olhar o rei e por isso olham-no bem. É um homem magro, de estatura média, pele escura, barba longa e fina, face longa mas alegre, revelando ternura e gravidade, descreveu o cronista Bernal Díaz del Castillo. Terá um toucado de plumas verdes, manto bordado e sandálias decoradas a ouro.

Cortés desmonta e prepara-se para o abraçar, mas a tanto não chega. Se nenhum homem deve ver a cara do rei, muito menos tocá-lo. A comitiva de Moctezuma trava-lhe o braço.

* *Moctezuma — Aztec Ruler*, edição Colin McEwan e Leonardo López Luján, The British Museum Press, Londres, 2009.

Trocam colares e oferendas. O rei azteca conduz Cortés e os seus homens ao palácio que fora de seu pai para que ali fiquem alojados, e mais tarde visita-os com ouro, joias, plumas e tecidos ricos.

Tudo o que vai acontecer a partir daqui — a prisão e a morte de Moctezuma, o massacre de centenas de milhares, a destruição total de Tenochtitlán, as epidemias que devastam a população índia — está contido neste primeiro encontro. O que viu Moctezuma nos espanhóis? Como permitiu que o vissem e lhe falassem? Porque abriu caminho ao aniquilamento de uma civilização guerreira refinada na arte e na arquitectura, na matemática e na astronomia, que inventara calendários e toda uma poesia?

Eram estas as questões centrais da exposição *Moctezuma: Aztec Ruler*, organizada por ingleses e mexicanos, que esteve no Museu Britânico até 24 de janeiro de 2010, para coincidir com o Bicentenário da Independência mexicana, ou seja, o fim do domínio colonial que começou quando Moctezuma acolheu Cortés.

Reunindo esculturas, máscaras, joias, mapas, códices e dezenas de objetos nunca reunidos, alguns dos quais descobertos nas escavações recentes do Templo Maior, *Moctezuma: Aztec Ruler* propunha «voltar atrás 500 anos e considerar de forma nova» um dos principais reinos ameríndios, «a sua resposta à invasão europeia, e o lugar da revolução mexicana nos grandes levantamentos políticos do século xx», resumiu no catálogo Neil MacGregor, diretor do Museu Britânico.

A explicação tradicional para o comportamento de Moctezuma é que ele associou Cortés a Quetzalcoátl, a serpente emplumada adorada pelos toltecas, que tinham sido expulsos daquelas terras por um deus rival e voltariam para clamar a sua terra.

Moctezuma seria assim o cobarde que não lutou e morreu desonrado, ao contrário do seu sobrinho Cuauhtémoc, o derradeiro líder azteca, que enfrentou os espanhóis sem quebrar.

«Não estamos a tentar reabilitar Moctezuma», ressalvou o curador inglês da exposição, Colin McEwan, quando o entrevistei em Londres, junto à serpente bicéfala azul-turquesa, uma das peças mais assombrosas. «Mas há códices que mostram Moctezuma a ser espancado, ou seja, uma versão diferente daquela em que ele aparece como não tendo resistido. É como as armas de destruição maciça: em quem acreditar? A realidade é construída de acordo com a agenda de quem a constrói. Moctezuma podia ter esmagado Cortés, e de repente era prisioneiro dele. Portanto a reputação de Moctezuma no México é a de um traidor. O que queremos aqui é ir além da história convencional. Não estamos a tomar partido.»

É possível encarar as prendas de Moctezuma a Cortés como submissão, mas também como prova de poder e generosidade. E foi medo que o levou ao encontro dos espanhóis? Ou arrogância, pensando que os espanhóis vinham ver como ele era grande?

Ambíguo e perturbante, Moctezuma torna-se assim uma grande figura contemporânea, sugeria esta exposição.

O seu encontro com Cortés, escreveu J.M.G. Le Clézio[*], foi «o encontro entre dois sonhos: o sonho de ouro dos espanhóis, sonho devorador, impiedoso, que atinge por vezes os extremos da crueldade», e «o sonho antigo dos mexicas, tão esperado, quando vieram do oriente, do outro lado do mar, esses homens barbudos guiados pela serpente emplumada Quetzalcóatl, para reinar de novo entre eles». E a tragédia deste

[*] *Le Rêve Mexicain ou la Pensée Interrompue*, Gallimard, Paris, 1988 (edição de bolso, 2008).

enfrentamento reside inteiramente no seu desequilíbrio. «É o extermínio de um sonho antigo pelo furor de um sonho moderno, a destruição dos mitos por um desejo de posse. O ouro, as armas modernas e o pensamento racional contra a magia e os deuses: a saída só podia ser uma.»
O México resulta desse enfrentamento.

Segundo o mito, os mexicas vêm de um lugar primordial, Aztlan (lugar da brancura), onde os poderosos se chamavam aztecas. Mas os mexicas referiam-se a si próprios como mexicas. A exposição do Museu Britânico tinha azteca no título, por ser um termo tão imediatamente reconhecível, e depois, ao longo dos textos, aparecia sempre mexica.

Não há provas arqueológicas da existência de Aztlan. O mito diz que, por volta do ano 1000, um grupo nómada sai desse lugar primordial guiado pelo deus Huitzilopochtli, e é ele que lhes dá o nome mexica.

Por volta de 1200 — andava Gengis Khan a expandir o império mongol — os mexicas instalam-se nas margens do lago Tetzcoco, e no século seguinte fundam Tenochtitlán.

Moctezuma I (avô do nosso Moctezuma) reina em meados do século XV. É a fase em que os incas, mais para sul, se tornam o maior império das Américas e os otomanos conquistam Constantinopla. Na terra dos mexicas, às tempestades sucedem secas, neves e fomes terríveis. Desenvolve-se o hábito de capturar guerreiros para oferecer aos deuses, como apaziguamento. Os grandes deuses, fogo e vento, terra e água, são forças naturais.

Quando Moctezuma II nasce, em 1467, é educado na escola dos sacerdotes e na escola dos guerreiros. Espera-se do grande líder que seja um intermediário dos deuses e lhes assegure sustento e alimento através da guerra. Ahuitzotl, tio de Moctezuma, reina a partir de 1486 e no ano seguinte completa o Templo Maior, sacrificando cativos para celebrar. A pirâmide estava decorada com totens de crânios, que culminavam em cabeças decapitadas.

No Museu do Templo Maior há vários expositores com crânios. E uma das atrações é o muro de caveiras. Filas e filas de caveiras de pedra, todas diferentes, negras, seminegras e brancas, dentudas e desdentadas, cabisbaixas e altivas, carcomidas e intactas. Tiveram o seu tempo ao ar livre, há 500 anos. Impunham temor aos homens, súbditos dos deuses e do deus-homem, que era o líder.

Colombo chega à América em 1492.
Portugueses e espanhóis dividem o mundo em 1494.
Vasco da Gama encontra o caminho para a Índia em 1498.
Moctezuma é eleito *tlatoani*, ou seja, líder supremo, em 1502.

Na língua dos mexicas (nahuátl), *tlatoani* é «aquele que fala bem». Sempre filho, irmão, neto ou sobrinho do anterior líder, mas eleito pelas suas qualidades de sacerdote e guerreiro.

Primeiro, dá-se a cerimónia de investidura pelos sacerdotes. Usando coroa de plumas, manto e diadema, ornamentos de ouro e pedras preciosas nas orelhas, no nariz e no lábio inferior, Moctezuma queima resina num braseiro para oferecer fumo aos deuses, e, com ossos de jaguar e de águia bem afiados, derrama sangue das orelhas e das pernas, porque no tempo cíclico dos mexicas o sangue é a frescura, o crescimento, a reciclagem da morte em vida. Depois, para a cerimónia pública, faz uma razia a aldeias que recusam pagar tributos, captura cinco mil homens e convida os líderes das terras rivais a assistirem à sua entronização. Serão quatro dias com cantos, danças, tabaco narcótico, cogumelos alucinogénios e sacrifícios humanos. O líder decreta que ninguém pode olhar a sua cara.

Quando os europeus aqui chegam, veem no palácio de Moctezuma piscinas de água fresca, jardins de cheiro doce, um zoo com tigres, leões, chacais, raposas, víboras e outras cobras. E há espaço para tribunais, lugar para prisioneiros, acrobatas, artesãos, dançarinos e tocadores. Ouvem-se tambores, flautas, sinos.

À volta de Moctezuma cozinham-se mais de 300 refeições por dia, com pássaros, coelhos ou perus. A bebida real é o chocolate, grãos de cacau torrados e moídos, batidos rapidamente com água e deitados do alto para fazer espuma: serve-se em taças de ouro à mesa de Moctezuma e também é moeda de troca e tributo.

Quatro mulheres lavam-lhe as mãos e depois ele fuma tabaco com âmbar líquido num cachimbo.

Também gosta de flores, por simbolizarem o fogo e o seu poder sobre a terra. Cheirar flores, tal como beber chocolate, era algo dos reis.

Entre ele e o chão há sempre uma pele de jaguar, para evitar o contacto com o mundo terreno. Possui esculturas em forma de águia, onde o sangue ritual é derramado, e pedras em forma de coração, o órgão que alimenta os deuses.

Protege pobres, viúvas e órfãos, como é próprio de um estado guerreiro. É pródigo a dar prendas, demonstrando a sua riqueza. Nas guerras, captura algodão, penas, ouro, pedras preciosas, para além de vítimas. Ao longo de 16 anos de reinado enfrenta rebeliões, fomes, terramotos e tempestades de neve.

Até que, num espelho de obsidiana, terá a visão de uns homens que seriam os espanhóis. A obsidiana é polida para ficar como um espelho negro. Os mexicas acreditam que aí se revela o destino.
Quando Cortés chega, Moctezuma é um homem maduro. Tem 52 anos.

Esta é a reconstituição que um leitor de 2010 pode fazer, ao percorrer a informação dos investigadores reunida para este ano duplamente redondo, Independência e Revolução.

No dia seguinte ao primeiro encontro entre ambos, Cortés visita Moctezuma no seu palácio e fala-lhe no cristianismo. Depois sobe ao Templo Maior e fica horrorizado com os sinais de sangue. Pede que uma cruz e uma imagem da Virgem lá sejam postas. Moctezuma recusa.

Mas entretanto chegam notícias de que soldados espanhóis foram mortos na costa. É o pretexto de Cortés. A 14 de novembro, entra no palácio com 30 homens armados, acusa Moctezuma de resistência e ameaça matá-lo, caso ele não o siga. Moctezuma consulta os deuses e declara que, por amizade, vai viver uns tempos com os espanhóis. É carregado numa liteira para os aposentos de Cortés e feito prisioneiro.

Primeiro tratam-no bem. Mantém mulheres e criados e continua a tomar banho duas vezes ao dia, para espanto dos espanhóis, que nunca tomam banho. Cortés convence-o de que os verdadeiros senhores dos mexicas são os espanhóis ao serviço do império de Carlos V, e que o reino tem de ser transferido para o seu poder.

Depois vai ao Templo Maior, destrói os ídolos e exige que imagens da Virgem e de um santo sejam postas num altar.

Rivalidades espanholas levam-no a partir no dia 20 abril de 1520, deixando o capitão Pedro de Alvarado no poder. A 16 de maio, Alvarado massacra a nobreza mexica, milhares de pessoas. Cortés regressa a 24 de junho, num clima de revolta. Até aqui, Moctezuma continuava a ser relativamente respeitado pelo seu povo, mas depois da mortandade há um apelo às armas contra a submissão aos espanhóis. Cortés ordena a Moctezuma que vá ao teto do palácio dizer ao povo para parar com os ataques. Perante uma chuva de flechas e pedras, e o ainda rei dos mexicas é atingido por três pedras.

Três dias depois, a 30 de junho, o soldado-cronista Bernal Díaz del Castillo toma conhecimento da morte de Moctezuma: «Não houve nenhum de entre nós que o tenha conhecido que não tenha chorado como se fosse nosso pai, o que não é de espantar, porque ele era tão bom.»

Até hoje não se sabe se morreu das feridas ou assassinado pelos espanhóis.

De 30 de junho para 1 de julho é a chamada *Noche Triste*. Cortés e os seus tentam fugir, são atacados e centenas morrem. Seguem-se meses de resistência mexica. O líder, sobrinho de Moctezuma, é Cuauhtémoc. Quando cai nas mãos dos espanhóis, torturam-no para que revele onde está o ouro. Não revela e é enforcado.

O cerco a Tenochtitlán acaba a 13 de agosto de 1521. Cortés toma como amante a filha favorita de Moctezuma, que depois há-de casar com três nobres espanhóis.

Em 1524 chegam os padres franciscanos conversores, para que Deus vença os deuses, e décadas depois os jesuítas. Pizarro conquista os incas em 1532 e Atahualpa, o último imperador inca, é executado no ano seguinte.

Os europeus trazem a morte de muitas maneiras. Calcula-se que no fim do século XVI cerca de 90 por cento dos indígenas tenham morrido de epidemias.

O comportamento de Moctezuma «reconfigurou o continente americano para sempre», e o mais difícil para nós é «o sentido de absoluta predestinação que dominava cada aspeto da vida indígena», escreveram, no catálogo da exposição em Londres, Consuelo Sáizar (presidente do Conselho Nacional para a Cultura e as Artes) e Alfonso de Maria y Campos (diretor-geral do Instituto Nacional de Antropologia e História), os parceiros mexicanos do Museu Britânico.

Esta exposição era «uma demonstração da força cultural dos mexicas antes da conquista». Moctezuma estava no processo de consolidar um império que em menos de cem anos dominara uma grande parte da Mesoamérica. Como povo, os mexicas tinham, pois, grande vitalidade. Mas como indivíduos eram atormentados por dúvidas sobre o destino, como mostra a poesia que deixaram, e esta tensão dá «um estranho sentimento contemporâneo» à arte mexica.

Moctezuma foi lamentado por alguns e desprezado por muitos. Ainda hoje não é celebrado no México. Então, a pergunta dos curadores é: «Os seres humanos são fazedores ou vítimas da história?» Não há uma resposta única. Os vestígios «são tão parciais e fragmentários que não será nunca possível afirmar com certeza quais eram as suas motivações».

Mas foi sobre as ruínas de Tenochtitlán que se ergueu e reergueu uma das maiores metrópoles do mundo, como se cada líder prolongasse a história dos líderes-deuses. Há uma continuidade, como disse Octavio Paz, ou um regresso, à semelhança do templo circular mexica, em que de 52 em 52 anos os homens receavam a noite eterna e a vinda de feras selvagens que comeriam toda a gente.

Moctezuma reiniciou o tempo no fim de um desses ciclos, em 1507. As grávidas tinham sido encarceradas, para não se transformarem em feras, as crianças tinham usado máscaras para não se transformarem em ratos, o rei fez arder um coração dentro de um corpo humano no cimo do Templo Maior, e o fogo foi carregado em tochas por toda a cidade.

Mas o fim só viria com a chegada dos espanhóis.

E 500 anos depois da queda de Moctezuma, é a Moctezuma que podemos perguntar porquê, como a um espelho de obsidiana.

Aquilo que vemos não será o mesmo que os colonizadores viram.

«Se é verdade que Moctezuma se mostrou fraco, irresoluto, tomado pela perturbação interior que destruirá a maior parte dos reinos índios», escreveu Le Clézio, «também é verdade que perante o irremediável se soube mostrar um verdadeiro soberano que tenta antes de mais poupar o seu povo e a sua cidade».

Na grande poesia dos mexicas há esta passagem do *Canto de Axayácatl*, pai de Moctezuma: *Eras festejado, / divinas palavras fizeste, / apesar disso morreste. / Quem tem compaixão dos homens, tortuosamente inventa.*[*]

Do lado mexicano, o catálogo da exposição no Museu Britânico foi coordenado por Leonardo López Luján. Então, agora que aqui estamos sentados no Templo Maior, quem foi afinal Moctezuma?

[*] *Quinze Poetas Aztecas*, tradução do espanhol de José Agostinho Baptista, Assírio & Alvim, Lisboa, 2006.

«Uma figura que continuamos sem entender, porque há todas as versões imaginárias. Era um rei poderoso, vaidoso, despótico? Ou débil, pusilânime, rodeado por superstições? Combateu Cortés ou ajudou-o? Foi morto pelo seu povo ou pelos espanhóis? Há um estudo moderno de Batalla Rosado em que ele analisa todas as versões, e se inclina para que tenha sido morto pelos espanhóis, mas não há uma última palavra.»
Foi queimado?
«Uma versão diz que os seus restos foram queimados num templo. Outra que as cinzas foram bebidas pelos seus súbditos. Outra ainda que teve as exéquias devidas e os restos foram enterrados no palácio. Ou seja, não sabemos. Por isso, Moctezuma é tão atraente. Há todo esse enigma, e uma versão para satisfazer cada historiador. Tantas biografias, tantos estudos.»
Mas a perceção popular é que foi um traidor?
«No México independente, século XIX e XX, não é uma figura central. Um dado interessante: vamos ao Peru e vemos uma estátua de Francisco Pizarro, mas uma pessoa vem ao México e não há imagens de Cortés. É uma figura que, além de rejeitarmos, negamos: Cortés não existiu. Os bustos de bronze estão escondidos, não há monumentos e quando há imagens de Cortés é para o denegrir. Por exemplo, nas pinturas de Diego Rivera é sempre um ser sifilítico, um déspota disforme. E a figura de Moctezuma, como é ambígua, não a representamos muito. Sim, há uma cervejaria que se chama Moctezuma, um bairro Moctezuma, uma estação do metro Moctezuma. Mas não há grandes monumentos. O heroi da conquista para os mexicanos é Cuauhtémoc. Está nos murais, tem um grande monumento no Paseo de La Reforma, está nas avenidas, nas vilas, tudo no México se chama Cuauhtémoc, porque é o heroi que orgulhosamente combateu os espanhóis e foi vencido.

Moctezuma, não sabemos bem como tratá-lo. O que é claro para mim é que toda a gente odiava Moctezuma. Era um ser muito poderoso odiado pelo seu povo e pelos inimigos. Aqui no México, dizemos que a conquista não foi feita pelos europeus, fizeram-na os indígenas, porque 500 espanhóis não podiam ter conquistado uma população que teria dez milhões.» Ou seja, os espanhóis foram ajudados pela revolta do povo contra Moctezuma.

«Exato. E, ao contrário, a Independência, não a fizeram os indígenas, mas sim os espanhóis que nasceram aqui. É uma contradição, não? A conquista fizeram-na os indígenas e a independência os europeus. Isso foi o que na realidade aconteceu no México.»

Tudo isto fervilha na identidade que está a ser reavaliada este ano. Mas para quem aterra aqui, há o risco de a violência dominar a atualidade.

«Não é um risco, domina mesmo», atalha Leonardo.

Então como vê o arqueólogo o presente, sendo que este arqueólogo tem família a viver em Juárez, a cidade mais violenta do mundo? «A violência é o grande tema atual. Num país com 20 ou 30 mortos de narcotráfico por dia, ou mais, claro que a violência define a vida do país e isso vê-se na cultura popular, na música, nos *corridos* do Norte onde se exalta a figura do narcotraficante, como gente triunfadora.»

Há algo na história que possa ajudar a compreender esta violência? «Eu não ligaria os sacrifícios rituais dos mexicas com o narcotráfico, são fenómenos totalmente diferentes. Mas a história do México viveu vários momentos críticos de violência exacerbada. Por exemplo, na época clássica, dos maias, vivia-se uma violência endémica, guerreavam-se todo

o tempo. Na época dos mexicas houve violência exacerbada. Na época dos espanhóis, a morte de milhões de pessoas por maus-tratos, por doença. Na independência, nas guerras de reforma, na revolução. Temos momentos de violência. Mas, mais que dizer que os mexicanos são violentos, penso que o género humano é violento por natureza.»
Isto dito, 2010 é um eixo. «Há muitos livros de reflexão histórica. Na televisão há várias séries. É um momento muito interessante para a reflexão do passado, porque o presente é muito triste. Queremos festejar os 100 e os 200 anos num momento em que não podemos festejar, em que acabámos de viver a epidemia da gripe A, em que este país está no meio de uma crise económica brutal, em que temos o narcotráfico.» Pausa para respirar. «Até o futebol nos vai mal!» Sim, o México ainda está no Mundial, mas não em grande forma.
Tão longe de Deus, tão perto dos Estados Unidos, cita Leonardo, como todos os mexicanos. «Não viajamos para a Guatemala, preferimos ir a Las Vegas, a Hollywood, a San Antonio fazer compras.»
E entretanto os EUA não querem o México, tal como o México não quer a América Latina.
«Somos um povo muito orgulhoso, um país de artistas, Frida Kahlo, Diego Rivera, é o que construímos para o exterior, e dizemos sempre que somos a potência da América Latina. Mas já não, agora é o Brasil. E perguntamos o que fizemos mal. Ou o que fizeram bem os brasileiros. O Chile é outro caso: floresceu como nenhum outro na América Latina. Até a Costa Rica. Vivem um momento melhor.»
É um momento um pouco negro no México? «Um pouco, não. Muito negro. Temos esta democracia mal consolidada. Já se acabou o PRI, e acreditávamos que íamos entrar num

período democrático, mas não se consolidou bem. A gente não sabe viver em democracia depois de tantos anos de PRI. Eu não sou *priista*, mas tudo o que o PRI construiu de positivo, a segurança social, o *ejido* comunitário no campo, os governos laicos separados da igreja, a educação pública, tudo isto está a desaparecer. Ou seja, desapareceu o governo autoritário do PRI, "a ditadura perfeita" como dizia Vargas Llosa, mas também está a desaparecer tudo o que o PRI construiu de positivo. Todas as instituições que ajudavam as pessoas.»

Parece que estamos há dias a falar por cima destas ruínas, mas passou uma hora. À despedida, Leonardo diz que os tios de Ciudad Juárez fazem de conta que a violência não existe. E não saem de casa.

César Darío Menchaca, diretor de comunicação do Templo Maior, acompanhou toda a conversa e agora acompanha-me até à saída do estaleiro arqueológico, e depois Zócalo fora.

É um rapagão de cara marcada como quem teve acne a sério, e muito do que ouviu deve ter ficado a trabalhar dentro dele, porque quando dou conta estamos sentados ao lado da catedral, e eu estou a tomar notas.

Não são precisos dias na Cidade do México para concluir isto: os mexicanos adoram conversar. *Vamos a platicar*, dizem eles, e então sabe-se como começa mas nunca se sabe quando acaba.

No caso de César, é mais do que isso. É uma catarse melancólica.

«Jamais imaginei o futuro do meu país assim, é um momento muito triste», diz, estendendo as longas pernas nas lajes do Zócalo, porque estamos sentados num murinho. «Eu nasci em 1980 e sonhava com um México nacionalista, bem-

-sucedido, herdeiro da revolução, com estas instituições que agora se estão a desmoronar. Estamos a viver um luto. E a maior parte da minha geração teve de ir para outras partes, para os Estados Unidos.»
César vem do estado de Zacatecas, «um dos mais pobres» do México. «É o principal produtor de prata do país e isso não serve de nada. Vais a Zacatecas e as pessoas estão a abandonar as aldeias e as cidades para irem para os Estados Unidos porque não há trabalho. O centro está abandonado.»
Por isso é que o México «não está com ânimo para celebrar» 2010. Sim, há uma década acabou o reinado do PRI. Mas desde então o reinado liberal do PAN (Partido de Ação Nacional) não tem sido o que César esperava, nem com Vicente Fox, nem com o atual presidente Felipe Calderón. «A minha geração foi a que levou o PAN ao poder. Votei por Fox pensando que "a ditadura perfeita" tinha de cair. E agora penso que se calhar temos de regressar a um regime como o do PRI. Em Zacatecas governa o PRD, a esquerda, e não há avanço. Onde está o segredo para voltar a esse avanço com que eu sonhava desde criança? Eu sentia que este país era enorme, não só em tamanho. A violência converteu o atual México em algo difícil de definir. Estamos a viver num país que não sabemos qual é. Eu fui professor de espanhol do secundário. Uma rapariga perguntou-me uma vez porque havia de estudar, e disse: "A mim não me importa, não gosto deste país."»
Ao lado da catedral, há mulheres indígenas a venderem camisas bordadas. E uma engraxadora indígena e obesa, aos pés de um cadeirão com um toldo patrocinado pela McDonald's onde está escrito: *Dale al cuerpo lo que pida*. E adiante os polícias de serviço, com os seus coletes à prova de bala. E contra o céu a grande bandeira tricolor do México.

«Já não existe isso de "Temos de lutar!"», conclui César. «A violência rebaixou-nos. Estamos num limbo, num pântano. E isso é o mais alarmante, que os jovens adultos já tenham desistido de fazer alguma coisa. Claro que há amor a este país, mas sentimo-nos enganados. Há mais gente da minha cidade na Califórnia que em Zacatecas. É muito doloroso não poder crescer onde foste à escola.»

Por causa do ecrã do FifaFest, a catedral está, digamos, nas traseiras do futebol. Turistas e crentes têm de contornar o recinto futebolístico para avistar a entrada. Depois veem um aviso no pátio que diz: «Como a catedral é o monumento mais importante do centro histórico, proíbe-se a venda ambulante neste pátio.»

Quando chego só há um velhote com uma vassoura e outro velhote com meia dúzia de turistas a olhar para o chão, porque em alguns pontos o chão é de vidro para podermos ver o que há por baixo: subterrâneos com ossos. «Aqui estão as caveiras de dois espanhóis capturados», explica o velhote dos turistas.

Dentro da catedral está a haver missa. «Quando os israelitas foram conquistados pelos assírios e pelos caldeus», diz o padre, «quiseram destruir os livros sagrados para que não caíssem nas mãos dos conquistadores.» As naves são altíssimas, os altares repletos de ouro, é uma catedral espanhola.

Fixo-me numa escultura de Cristo na Cruz, por dois pormenores invulgares. Primeiro, o corpo é negro. Depois, puseram-lhe um pano branco a cobrir as vergonhas quase até ao joelho.

Onde estava o palácio de Moctezuma, fez Cortés o seu, aproveitando as pedras. E portanto agora, ao longo de toda a face nascente da praça, o interminável Palácio Nacional vai fazer 500 anos, mais pedra menos pedra. Continua a ser a sede da presidência, ou seja, do poder executivo. Todos os anos, a 14 de setembro, o presidente assoma à varanda e dá o histórico Grito: «*Viva la Independencia! Viva México!*» É o que deverá acontecer com particular pompa no próximo 14 de setembro, por ser o dia exato do Bicentenário. E entretanto, para que tudo brilhe, a fachada principal entrou em obras. Mas a grande atração do palácio já está restaurada, e chega-se lá por uma porta lateral. Aliás, ao entrar, o visitante não corre o risco de se esquecer que está em 2010, porque há uma campanha de celebração em curso chamada *México es mi museo*, com uns painéis verticais. «Queres saber o que se passou aqui?», pergunta-nos o painel, tu-cá-tu-lá. E se queremos mesmo saber, mandamos um SMS para *2010 com o número do monumento onde estamos, que neste caso é o 120. Ainda não tenho um cartão de telemóvel mexicano, mas basicamente tudo se passou no Palácio Nacional, dos vice-reis espanhóis à revolução de Villa e Zapata, sem esquecer a invasão francesa (até no México, sim).

Avancemos. No pátio central há arcadas a toda a volta e entre a escadaria e o primeiro piso estão nada menos que 21 anos de Diego Rivera.

O mais célebre dos muralistas mexicanos começou a trabalhar aqui em 1929, pouco depois de casar com Frida Kahlo, e acabou em 1951, quando já se tinham divorciado e voltado a casar. Pelo meio, expulsou-se a si mesmo do Partido Comunista Mexicano, concluiu que o futuro da revolução seria nos Estados Unidos, admirou o capitalista Ford em Detroit, travou um braço-de-ferro com os Rockefeller em Nova Iorque e,

ele que na URSS pintara Estaline, acolheu Trotski na Cidade do México.
 Foi, portanto, no intervalo de todos estes paradoxos que o Palácio Nacional ganhou 400 vidas, figura a figura. Rivera vinha pelo Zócalo, sentava o seu corpanzil nos andaimes, agarrava os pincéis presos por hastes e, com a sua pequena mão mágica, devolvia à história mítica do México os amarelos, laranjas, vermelhos, azuis e verdes que se veem em qualquer casa indígena, porque os mexicanos têm um dom arcaico da cor.
 Com todo o seu amor de filha-irmã-mãe-amante-devota, porque nunca teve para ele uma palavra que fosse menos que isso, Frida chamava-lhe sapo e rã. E há fotografias em que Diego assina assim as dedicatórias («*para Fridita, de tu sapo-rana Diego*»). O grande sapo-rã de pequenas mãos que fascinavam toda a gente. Um sapo-rã ilusionista que viveu sete vidas. Em todas Rivera mentiu e traiu, e em todas foi adorado. Só pertencia a ele mesmo, disse Frida.

Estes murais são o Génesis de Rivera, e quando chego à escadaria já há magotes de queixo levantado, cada qual com o seu guia. Os visitantes solitários podem contratar os ofícios de velhos guias que esperam nos degraus. Tento passar ao largo mas um deles insiste em mostrar-me uma edição artesanal. O prefácio ocupa um parágrafo e diz: «A experiência que adquiri como guia de turistas no Palácio Nacional motivou-me a fazer um pequeno folheto que contenha, ainda que resumidamente, a sua história e uma descrição das pinturas do famoso muralista Diego Rivera, onde está exposta a nossa génese como nação, esperando que seja de grande utilidade para os amantes da nossa cultura, tanto nacionais como estrangeiros.» Assinado A. Castro G. Seguem-se 26 páginas em espanhol, inglês, francês, alemão e japonês. Compro-o sem regatear e deixo o autor livre para o próximo visitante.

Os murais são tão grandes que para ter uma panorâmica das cinco pinturas centrais há que ficar no começo da escada. Como o teto assenta em arcadas, cada pintura está separada por um arco. Lembra um longo retábulo medieval que tivesse sido aberto ao cimo do primeiro lance de escadas, e o efeito geral é de convulsão, as tais 400 figuras, se alguém as contou bem: indígenas, conquistadores e bispos; camponeses, operários e soldados; massas anónimas, presidentes e herois; animais mitológicos e reais.

A sequência é vertical, como uma pirâmide, mas não necessariamente cronológica. O começo de tudo está no meio. Por exemplo, na pintura central, temos em baixo *A Conquista*, com os indígenas seminus e apeados a defenderem-se de conquistadores com cavalos e armaduras; ao centro *A Fundação de Tenochtitlán*, com a águia, os jaguares, o sangue sagrado; por cima *A Independência do México*, com os líderes de casaca, e no topo de tudo os bigodes de Zapata e a sua divisa: *Terra e Liberdade*.

Se Pancho Villa é o bandido, o saqueador, o ladrão de gado convertido em líder revolucionário nos desertos do Norte, Emiliano Zapata é a pureza indígena da revolução nas terras férteis do Sul, onde os fazendeiros eram reis e os camponeses ralé.

Para Rivera, Zapata contém a revolução: um ideal.

E nas paredes laterais, de um lado temos *A Luta de Classes*, com Karl Marx no topo a apontar o caminho, e do outro lado *A Lenda de Quetzalcoátl*, com o grande sol azteca por cima do imperador.

«Que um marxista mexicano contemporâneo, enamorado do índio humilde e do camponês explorado, acreditasse também no idílio da indústria com o materialismo só sublinha as aparentes contradições do processo mexicano na sua totalidade, capturado, como Rivera, entre o seu impulso nativista — a síndrome Zapata — e o seu impulso modernizador — a síndrome Ford», escreveu Carlos Fuentes*. «Creio que para Rivera não havia contradição entre os dois. Os imensos murais do Palácio Nacional oferecem uma visão quiliástica da história.» A doutrina segundo a qual os predestinados, depois do julgamento final, ficariam ainda mil anos na Terra, no gozo das maiores delícias. «O mural indígena culmina com o Imperador e o Sol aztecas. O mural colonial é coroado pela Igreja e pela Cruz. E o republicano pela Bandeira Vermelha e por Karl Marx. Todos eles, no fim de contas, são visões milenaristas da Igreja Triunfante, não propostas cívicas, nem civis.»

Talvez seja essa grandiloquência programática que produz em mim uma reserva. Posso admirar Rivera, por vezes até com deslumbre, mas ele não aspira a menos que arrebatar-nos. «A alma de uma obra-prima reside na potência da emoção», escreveu. E esta escadaria não me comove.

De certa forma é o contrário da arte de Frida Kahlo, aventura tão íntima e solitária na sua permanente tentativa de comunicar, de estar viva entre os vivos, e de isso encerrar o mistério da alegria.

Carlos Fuentes descreveu Frida como o «São Sebastião mexicano», trespassada por dores, e é forte a tentação de vermos nela uma *via dolorosa*, de nos devotarmos ao seu culto, Santa Frida Kahlo. Mas também foi Fuentes quem lhe chamou «a mulher irrepetível», e eu vejo-a de pescoço alto, com a sua cauda de coisas antigas, em parte aztecas, em parte europeias, a prodigiosa indígena cheia de humor negro decidida a enfren-

* Introdução a *El Diário de Frida Kahlo*, La Vaca Independiente, Cidade do México, 2001.

tar *los cabrones*, uma aparição do Novo Mundo que a cada manhã trazia os mais requintados veludos, bordados e cetins do México, e em cada dedo um anel, e no colo joias de terracota, e nas orelhas as pequenas caixinhas com pirilampos das camponesas, ela que tinha olhos, todos o disseram, de obsidiana. A beleza brilha além da morte e essa será a grande arte. Frida Kahlo é a própria beleza tão esforçadamente buscada pelos poetas surrealistas. Salvo o grande Buñuel, eles eram apenas europeus e, na maior parte dos casos, franceses.

No mural *A Grande Tenochtitlán*, que está no piso de cima do Palácio Nacional, Diego pintou Frida no meio da multidão azteca, a agarrar a saia enquanto observa a sua própria história. É a única que tem sandálias e está coroada por flores brancas.

A civilização azteca, já sabemos, corresponde ao México centralista, mas Rivera dedica quatro murais a outras civilizações pré-hispânicas (tarascos, zapotecas, totonacas e huaxtecas) e dois à colheita do cacau e à cultura do agave (a planta sumarenta a partir da qual se faz *tequilla*, mezcal e pulque).

O encanto destas paisagens, édenes antes do mal, contrasta violentamente com o mural *A Chegada de Hernán Cortés 1519*: a abundância colorida da natureza pré-hispânica contra as cruzes e as armas do conquistador; os corpos morenos e robustos dos indígenas contra as feições doentias, esverdeadas, da corte invasora. Até os cavalos de Cortés parecem tristes.

E se agora nos sentarmos no chão para contemplar tudo isto, entre nós e os murais temos soldados mexicanos, com os seus camuflados e as suas boinas, cem anos depois dos sem--farda de Zapata, que nos *sombreros* punham imagens da Virgem de Guadalupe.

Após a «fuga dos seus deuses» pré-hispânicos, escreve Carlos Fuentes, o México «procurou, triste mas avidamente, novas divindades». E encontrou-as na «figura paterna, Cristo» e «em Guadalupe, a virgem que devolveu a maternidade imaculada ao índio órfão, envergonhado da traição da outra mãe mexicana, La Malinche, a amante e tradutora de Cortés». Depois, «durante o período colonial, o México criou uma cultura mestiça, índia e europeia, barroca, sincrética, insatisfeita». A independência de Espanha, conquistada no fim de uma guerra que começou em 1810 e só acabou em 1821, «emancipou o país em nome da liberdade, mas não da igualdade». A independência não foi feita pelo povo, mas pelos senhores coloniais que não queriam depender mais de Espanha. «A vida das grandes massas de indígenas e mestiços, a maioria dos quais camponeses, não mudou. Mudaram as leis, mas estas pouco tinham a ver com a vida real da gente real. O divórcio entre leis ideais e as realidades que persistiam tornou o país ingovernável, deixando-o indefeso perante guerras civis e invasões estrangeiras quase permanentes. Um México desmembrado, mendicante, humilhado, perenemente ajoelhado diante dos credores estrangeiros, os exércitos estrangeiros, os oligarcas saqueadores. Este é o México dramático, externo, eventualmente óbvio pintado por Rivera.»

Seguiram-se «dois traumas externos», a perda de metade do território nacional para os Estados Unidos em 1848 e a invasão francesa de 1862. «A nação deu resposta a si mesma com a revolução liberal, o caráter de Benito Juárez e a criação de um Estado nacional, secular e governado pelo Direito.» Isto em fins do século XIX, breve período em que o México viveu a sua própria utopia.

Depois, o ditador Porfirio Díaz «perverteu a república juarista, deu prioridade ao desenvolvimento sobre a liberdade e colocou sobre o rosto do México uma máscara que proclamava perante o mundo: finalmente somos uma nação em que se pode confiar, progressista, moderna».

E de tudo o que era mentira nisso brotou a revolução de 1910. «Os exércitos campesinos de Pancho Villa e Emiliano Zapata surgiram da terra para dizer que não: "O México são estes rostos escuros e feridos que jamais se viram a um espelho. Ninguém pintou os nossos retratos. Os nossos corpos estão partidos ao meio. Somos duas nações." Sempre dois Méxicos, o México de papel dourado e o México de terra descalça. Quando o povo se levantou em 1910, os deserdados cavalgaram de norte a sul e de sul a norte, comunicando com um país remoto, oferecendo-nos a todos as prendas invisíveis da linguagem, da cor, da música, da arte popular.»

Apesar de todos os seus fracassos políticos, a revolução mexicana, crê Fuentes, «foi um êxito cultural», «a revelação do México pelo México»[*].

Meto-me no metro para ir ao Museu de Antropologia, essa espécie de altar pagão.

Saio na estação de Chapultepec, um enorme bosque no sudoeste da cidade que se vê em qualquer mapa, «686 hectares», informa uma placa, «a maior área verde urbana da América Latina».

Para chegar ao museu é preciso atravessar uma ponte por cima de sete faixas de trânsito para cada lado. É tão larga que parece um pátio, com sebes e ao fundo um monumento. O chão está imaculadamente limpo, as sebes estão aparadas, a perspetiva é grandiosa. No fim da ponte, temos um caminho

---

[*] Idem, *ibidem*.

chamado Calzada Juventud Heroica. A seguir ao monumento, um jardim com crianças às cavalitas dos pais e namorados de mão dada. E depois barraquinhas de cores gritantes a anunciarem águas, cigarros e *bromas*, que são partidas género cocós de plástico, em espiral.

 Assim vamos, jardim fora, o infantil a rir do grandioso, dois irmãos mexicanos.

 Desde o metro é uma boa caminhada, ou então perdi-me. Este jardim ainda desemboca numa alameda cheia de trânsito, o descomunal Paseo de la Reforma, e só do outro lado é que está a zona do bosque onde fica o museu. Mais um quarto de hora a pé.

 Vêm arquitetos de todo o mundo à Cidade do México e uma das razões é o Museu de Antropologia. Quando o avistamos entre as árvores, linhas amplas de pedra com vidro, ferro e água, começamos a perceber porquê. E depois o átrio abre para uma praça em que a cidade se reflete mas ao mesmo tempo se detém.

 As salas de cada civilização e de cada cultura formam um U em torno de um tanque, que simboliza o antigo lago Texcoco. De cada vez que saímos da história para o ar livre, os arranha-céus e as árvores flutuam nos vidros das portas. As paredes estão cobertas por serpentes de alumínio, através das quais passa a luz e o horizonte. O único lado em que não há salas é o da entrada, coberta por uma grande pala. Por baixo, ergue-se um espetacular totem em forma de cogumelo a jorrar água.

 Lá fora, milhares de carros enchem o Paseo de la Reforma, e cá dentro centenas de visitantes atravessam o museu, mas o som desta praça é o da água a cair, como a chuva dos índios, imagino eu, numa bênção contínua.

Numa das salas iniciais há um mapa das migrações humanas que trouxeram os primeiros habitantes do que é hoje o México. Vieram do frio mais remoto, dos esquimós do Ártico e da Sibéria. Então é isso que continuamos a ver nos olhos indígenas, séculos depois de todas as misturas.

E a partir daqui faço tudo ao contrário. Dou por mim nos andares de cima, onde estão as culturas indígenas atuais. Leonardo López Luján pode achar triste ninguém visitar os índios de agora, mas também há uma tristeza em percorrer salas com recriações de aldeias e cabanas, e homens e mulheres e crianças que são bonecos a trabalharem a terra, a bordarem, a acenderem o lume. Porque estas pessoas, com as suas muitas línguas, estão vivas agora, os tsotsiles e os tseltales, os choles, os huicholes, os tarahumaras. Até ao fim desta viagem, não verei nem uma pequena minoria de entre eles, mas aqui, empalhados como animais exóticos, também não os consigo ver.

Quando finalmente desço aos andares de baixo para as civilizações pré-hispânicas, não é o fim nem o princípio do mundo, mas já é um pouco tarde, como diria Manuel António Pina.

Então corro entre zapotecas, toltecas, olmecas e maias, jaguares, serpentes, máscaras, pedras de sacrifício e recipientes de sangue. Todos os museus grandes demais para um dia têm isto, algo de parque em que brincamos ao assombro, muito provavelmente sempre ao lado de alguns japoneses, como todos estes que miram a Pedra do Sol quando finalmente chego ao altar azteca.

Um simpático professor de física, mexicano de fora da cidade, confidencia-me que «terra é morte, serpente é vida», e que o museu «foi feito como as grandes construções pré-hispânicas, de leste para oeste», até que as salas começam a fechar, e saio na convicção de que voltarei para ver em pormenor os despojos de Tenochtitlán.

Uma ilusão, claro. Se forem ao Museu de Antropologia, vejam primeiro os andares de baixo, porque depois a cidade dos vivos engole-nos, e faz ela bem, e não voltamos.

Mas a minha última imagem será cósmica. Como se os deuses quisessem provar que um museu só volta à vida quando eles decidem, a estação das chuvas está a cair no pátio toda de uma vez. A água desaba em lençóis e acendem-se relâmpagos que depois ribombam. Começa a subir um cheiro intenso a terra. As árvores brilham. As copas agitam-se. O céu ruge. Os turistas correm.

São cinco e meia, hora de fecho. Toda a gente que estava nas galerias e ao ar livre acaba concentrada no átrio, uns de pé, outros sentados no chão, todos voltados para fora, silenciosos e um pouco boquiabertos com a força da chuva, que estala na pedra. A cada trovão, há um sobressalto geral, e depois pequenos risos e sussurros.

O Museu de Antropologia está como uma pirâmide no meio da selva. Este é que é o verdadeiro assombro. Esta é que é a chuva dos índios. As colheitas serão boas. Haverá milho para todos. O amaranto vai crescer.

Somos gente cheia de sorte. Estamos vivos no ano da graça de 2010 e os deuses ainda nos fazem sinal.

Ah, e sair daqui?

A epifania é linda mas experimentem apanhar um táxi.

Acho que há uma frase de Woody Allen assim, não só Deus não existe, como experimentem apanhar um táxi num sábado à noite*. Neste caso, não só os deuses existem, como a esta hora já apanharam todos os táxis. Além disso na Cidade do México os táxis não se apanham na rua. Apanhar táxis na rua é como apanhar a morte, nunca se sabe. Por isso há um complexo sistema hierárquico, e já que temos tempo passo a explicar.

Na base da pirâmide estão os carochas dourados e vermelhos, e geralmente amolgados, que nunca-mas-nunca devo apanhar, foi o que me disseram. Depois vêm os «táxis de sítio», ou seja, os táxis de taxímetro que se apanham na praça, e também são dourados e vermelhos, mas têm de ter sempre um diploma verde colado na janela. A seguir vêm os «táxis autorizados» das companhias que têm as suas próprias cores e números, que se chamam ao telefone e custam o dobro do taxímetro. E no cume estão «os táxis especiais» ao serviço de hotéis, restaurantes, empresas, e que parecem carros normais.

Tudo isto são muitos táxis e, quando se avista um «sítio» ou uma rua para onde chamar um táxi, não será difícil. Mas aqui estamos num bosque, no centro da maior cidade do mundo, e é fim da tarde na estação das chuvas, esse apogeu do trânsito.

Há um conto de Julio Cortázar em que as pessoas estão todas paradas num engarrafamento há dias, talvez séculos. Uma visão do inferno que nunca me abandonou.

O metro será certamente o meu melhor amigo, mas tem aquele problema da caminhada à chuva.

Recorro ao papelinho de «táxis autorizados» e telefono a pedir um táxi para o Museu de Antropologia. A gentil senhorita pergunta-me se estarei no ponto A ou no ponto B, e eu não sei bem do que ela está a falar e tento explicar-lhe onde estou.

* Na verdade, a frase de Woody Allen é com um canalizador.

Ao fim de 40 minutos ainda ando pelo Paseo de la Reforma à procura do táxi e o táxi à minha procura, mas tudo por minha culpa, que não perguntei pelos pontos A e B. Quando enfim nos achamos um ao outro, lá nos dão uma aberta para entrar no engarrafamento, e ninguém buzina, civilidade total. Mirem-se no exemplo. Das estradas desta cidade mais de 20 milhões vos contemplam.

Já tenho um número de telemóvel mexicano. Mal sei eu que na verdade não é um número de telemóvel mexicano, mas sim um número de telemóvel da Cidade do México. Pormenores a seu tempo.

No México, não há tanto o hábito de carregar o telemóvel no multibanco, porque o multibanco é mais ou menos como um carocha, uma pessoa pode apanhar a morte, nunca se sabe. Portanto, também há uma hierarquia para os multibancos. O multibanco dentro da livraria Rosario Castellanos é um exemplo de topo, se calhar até dá para carregar o telemóvel, não perguntei. O que me disseram no quiosque aqui da rua foi para ir ao supermercado. O hábito no México é carregar o telemóvel no supermercado. Teclam o nosso número na caixa e pagamos.

Esta manhã tenho um encontro marcado na UNAM (Universidade Nacional Autónoma do México), que fica no Sul da cidade. Eu achava que uma hora seria suficiente para ir de metro, mas a jovem do albergue explica-me que depois do metro ainda é preciso apanhar um autocarro, e talvez uma hora não baste.

Para não chegar atrasada, chamo um táxi. «Por Insurgentes?», pergunta-me o taxista. Sim, claro, como não? Nunca cessarei de me maravilhar com estes nomes. E desembocamos naquela que é a maior avenida da Cidade do México, talvez do mundo. Arranha-céus, monumentos, árvores e, em vez de separador central, um dos mais recentes orgulhos da cidade, o *metrobús*, uma espécie de autocarro com uma via especial e estações com cais de passageiros. Não se estende em rede como o metro, com as suas 175 estações, mas tem duas longas linhas que se intersetam, libertando um pouco o trânsito.

O táxi demora quase uma hora a descer até à universidade. O meu encontro está marcado no mestrado em urbanismo, e deduzi que isso seria dentro da faculdade de arquitectura. Mas só chegando aqui se compreende porque é que a UNAM não é simplesmente uma universidade. O táxi percorre avenidas e rotundas, os edifícios sucedem-se, arrojados e surpreendentes, entre florestas e relvados, e quando saio começo a aperceber-me da dimensão utópica do lugar.

Um corredor através da faculdade de arquitectura desemboca numa imensa praça relvada. À minha frente tenho uma escultura de pedra em bruto. À esquerda, um estádio e um pavilhão com um mural de David Siqueiros. E ao fundo um edifício que parece ter sido feito a pensar naquela frase de Frida Kahlo sobre as coisas antigas vivas, porque é simultaneamente arquitectura contemporânea e templo pré-hispânico com mosaicos, sol e lua em cada canto superior, remates de ónix e âmbar, e no cimo uma mão a agarrar um livro.

Assim se ergue contra o azul seminublado desta quinta--feira a grande Biblioteca Central da UNAM. Começou a ser projetada em 1948 pelo arquiteto e pintor Juan O' Gorman (discípulo de Corbusier e um dos grandes amigos de Frida Kahlo e Diego Rivera) em conjunto com os arquitetos Gustavo Saavedra e Juan Martínez de Velasco, para albergar um milhão de livros. As fachadas foram feitas com a pedra vulcânica que há seis mil anos cobre toda esta zona, conhecida aliás como El Pedregal.

E entre mim e a biblioteca há ciclovias e caminhos de peões no meio do verde, e centenas de estudantes de bicicleta e a pé. Eu achava que a Universidade Americana em Beirute era imbatível, por ser um jardim sobre o Mediterrâneo. A UNAM é de certa forma o oposto, não uma utopia de costas voltadas para a cidade, mas a própria utopia de cidade. Espaços abertos, linhas claras e contrastantes, um cânone de volumes que se desdobram em múltiplas perspetivas, gente a habitar tudo isto.

A decisão de fazer este *campus*, Cidade Universitária, vem de princípios da década de 40, e uma década depois começaram os trabalhos, que envolveram mais de 60 arquitetos e pinturas de muralistas como Siqueiros, Francisco Eppens e Diego Rivera.

Desde 2007 é Património da Humanidade.

No seu estaleiro do Templo Maior, Leonardo López Luján tinha falado entusiasticamente da UNAM, a propósito da identidade mexicana. «É a mais poderosa universidade de fala hispânica nos *rankings* internacionais. É mais forte que a Complutense de Madrid, a Universidade de Barcelona ou as da América Latina. Agora ganhou o prémio Príncipe de Astúrias [2009]. Tem à volta de 400 mil estudantes. Tem não sei quantos *campus* em toda a cidade e na província. Tem a Biblioteca Nacional e a Hemeroteca Nacional. Tem a Filarmónica, sem dúvida a melhor orquestra nacional. Tem os melhores teatros e o melhor grupo

de dança. Tem o melhor observatório astronómico, na Baixa
Califórnia, e o melhor edifício de estudos ecológicos, em Veracruz. Tem dois barcos de investigação. Tem a melhor equipa
de futebol do México e a melhor equipa de futebol americano.
Os melhores desportistas a nível olímpico saem da UNAM.
Quando a comparas com as universidades dos Estados Unidos,
tem muito disso, mas com outras dimensões.»
  Por exemplo, «o poder do reitor é enorme, está todo o
tempo contra o governo, contesta o presidente com posições
contra a questão religiosa [no ensino], e em defesa da educação gratuita». Uma espécie de poder alternativo? «Não sei se
alternativo, mas contestatário. E obviamente tem a melhor investigação. Nós [Templo Maior] não pertencemos à UNAM,
mas no México toda a gente sabe que nos podemos orgulhar
dela como da Pedra do Sol.»

Este tom não vai ser exceção em conversas casuais, México
fora. Mais ainda que uma utopia de cidade, a UNAM será
uma utopia do México, o país mestiço que ia fazer a síntese do
Velho e Novo Mundo, afirmando-se pela ciência, pelas artes,
pelo desporto, pelo equilíbrio entre história e futuro, natureza
e construção humana.
  E 2010 é também o ano de medir a distância a que tudo
isso está.
  Na grande praça relvada, fotografo um par de namorados
a passar por um painel que diz *México Bicentenário* e mostra
um corpo amortalhado na bandeira mexicana e amarrado por
cordas. Quando me aproximo vejo que no verso do painel há
outra imagem: mãos amarradas entre vários cifrões.
  A explicação está por baixo: *Visões Bárbaras — alegorias
públicas monumentais sobre o Centenário e Bicentenário mexicanos.*

Um projeto com intervenções espalhadas no *campus* e o seguinte manifesto: «Somos feitos de tempo, essa matéria fluida que se condensa em símbolos. Somos o que fomos e o que seremos. A memória coletiva é um sedimento de palavras e formas, de imaginações e ideias. Há memória porque há esquecimento. Há memória porque há antecipação. A história e o mito cruzam-se nas figuras dos herois e dos seus contrapontos. A história é progressiva e o mito é recorrente.»

E *campus* fora vou vendo outras *Visões Bárbaras*: aqui uma índia de lenço na cara a apontar-nos o dedo; ali a cara de uma camponesa sobre folhetos do Bicentenário a arder.

Se estou a caminhar, é porque na faculdade de arquitectura me explicaram que os mestrados estão concentrados num outro edifício, e é aí que espero achar o urbanista Alfonso Iracheta. Mora fora da Cidade do México, mas como hoje vinha ser júri numa defesa de tese propôs que nos encontrássemos à porta da sala.

A ideia é falar sobre a cidade em movimento, enquanto a vemos. De onde vem este monstro de mais de 20 milhões, sobretudo pobres, e para onde vai?

A defesa de tese acaba à hora prevista e o professor Iracheta sugere uma volta de carro pelo *campus* antes de seguirmos. «Podemos começar na UNAM e acabar em Santa Fé», diz, já sentado no banco de trás do carro. É um carro banal, nem sequer recente, mas com motorista. O professor Iracheta não conduz.

«Toda esta zona sul da cidade é emblemática pela sua qualidade ambiental, pela topografia muito acidentada, e tem assentamentos antiquíssimos», explica, enquanto subimos uma pequena colina. «A Cidade do México era uma lagoa e havia vários pequenos vulcões, mas este sítio não tinha água, é o pro-

duto de erupções. A lava petrificou, ficou à superfície e com o tempo criou solo útil para a produção vegetal. Depois a zona foi preservada como reserva ecológica.»
Originalmente, a universidade funcionava em dois edifícios no centro da cidade, ou seja, perto do poder. Quando isso começou a tornar-se incómodo para o poder, nasceu a ideia deste *campus*. «O propósito era afastar os estudantes. Mas a intenção política foi muito bem aproveitada pelos arquitetos.»
E a força da UNAM ficou à vista em 1968. Em todo o mundo veio a ser um ano de protestos, mas no México marcou uma espécie de Tiananmen, e a contestação começou na universidade. A 1 de agosto, o então reitor liderou uma marcha pacífica de 50 mil estudantes no Sul da cidade, e em setembro as forças do regime entraram pelo *campus* como batedores de caça.

Roberto Bolaño, que veio do Chile para o México justamente em 1968, recriou essa invasão a partir de uma casa de banho. É onde calha estar Auxílio Lacouture, personagem passageira de *Os Detectives Selvagens* (que depois será a protagonista do livro seguinte, *Amuleto*). «O que é que eu então fiz? O mesmo que qualquer pessoa, assomei à janela e olhei para baixo, e vi soldados, e depois assomei a outra janela e vi tanques, e depois a outra, ao fundo do corredor, e vi furgonetas onde estavam a meter os estudantes e professores presos, como numa cena de um filme da Segunda Guerra Mundial misturada com uma de Maria Félix e Pedro Armendáriz da Revolução Mexicana, uma tela escura mas com figurinhas fluorescentes, como dizem que veem alguns loucos e algumas pessoas com um ataque de medo. E então eu disse de mim para mim: fica aqui Auxílio. Não permitas, rapariga, que te levem presa.»
E fechou-se na sanita durante dias.

«Foi a invasão do espaço universitário que gerou a crise política», diz o professor Iracheta. E a 2 de outubro o regime abriu fogo contra os estudantes na praça de Tlatelolco, no centro da cidade. Até hoje não se sabe quantos morreram. Os números variam entre 44 e centenas. Nessa altura, já o reitor da UNAM se demitira.

Desde então, a universidade manteve-se sempre um espaço crítico, ao mesmo tempo que se afirmava. «É a instituição mais importante do país a nível cultural, educativo e científico, não há qualquer dúvida sobre isso, e os melhores pensadores críticos do México, com uma visão diferente do governo, estão aqui. Mas os estudantes não vivem aqui, vão e vêm.»

Quem são esses estudantes? «Classe média e baixa, 90 por cento.» Que pela melhor universidade mexicana pagam «menos de um dólar de matrícula», um valor «simbólico», que «nem paga o papel» mas cumpre a Constituição: «Educação gratuita e laica.»

Nas privadas, que neste momento representam «um terço das matrículas universitárias», a propina pode chegar a «500 ou mil dólares por mês». Mas porquê pagar isso se na UNAM é de graça e é melhor? «Porque a lógica das privadas é dar ao cliente o que peça, e há a certeza de que os professores não vão faltar.» Os professores no México têm sindicatos poderosos, e «há suspensões de aulas e faltas», com frequência. «Numa sociedade com uma tendência direitista muito forte, é apelativo haver universidades privadas clinicamente limpas. A UNAM é um baluarte do pensamento crítico e os filhos dos empresários e dos políticos que se voltaram para a direita apoiam as privadas.»

Entretanto, percorremos parques intermináveis com grandes pedras de lava até Insurgentes, e entramos no bairro de Coyoacán. Quando o carro para num cruzamento, vejo um *graffito* azul com a cara de Felipe Calderón, o presidente. Por cima: *México 2010*. Por baixo: *Fracaso*.

Coyoacán é o bairro onde Frida Kahlo nasceu e morreu. Nesse tempo era uma aldeia e não um bairro. «A cidade nasce aqui...» O professor Iracheta tem um papel no colo e desenha um círculo à volta do Zócalo. «... Foi crescendo assim...» Círculos cada vez mais largos. «Coyoacán era uma destas aldeias do Sul.»

Casinhas com duas cores, índigo e amarelo, ou todas vermelhas, ou todas verdes, árvores no passeio, tasquinhas e esplanadas, uma Biblioteca de las Revoluciones de México que só podia existir neste país, a praça da igreja com um enorme jardim, e gente.

Se a Condesa é o bairro *cool*, Coyoacán é o retiro na aldeia — mas com seis estações de metro. E, sim, por exemplo, um Starbucks ali entre duas casas. Coyoacán 2010.

Quem vive aqui? «Classe média alta. Intelectuais. Gente das esquerdas. De uma forma muito simples podemos dizer que a gente de direita vive no Norte da cidade e a gente de esquerda no Sul. Creio que tem muito a ver com a universidade estar no Sul. Pintores, escultores, músicos, literatos, todos tentaram viver no centro e depois no Sul.»

Além de Diego e Frida (e Trotski, que se exilou em casa deles), Coyoacán foi casa por exemplo de Buñuel, Siqueiros, Dolores del Río, dos escritores Sergio Pitol e Laura Esquivel ou da cantora Lila Downs. E, antes de todos eles, de Hernan Cortés, enquanto meditava onde construir a capital da Nova Espanha.

«É uma arquitectura que lembra a colonial, mas com marcas muito mexicanas, o uso da madeira, da cor, da pedra, do tabique, do barro, das vigas. Todas estas casas têm vigas de suporte.» À semelhança de Coyoacán, «os bairros mais criativos, como Tlalpan ou San Angel, mantêm povo antigo, casas pobres entre as classes altas». Outro bairro tradicional do Sul é Xoximilco, uma zona de canais «onde os indígenas desenvolveram um sistema de cultivar em cima da água».

Agora, todas estas antigas aldeias fazem parte da cidade, e há avenidas que as atravessam, as abrem, as expõem. Há mesmo engarrafamentos, e é preciso saber onde se vira. «Não nos vamos meter num sarilho de trânsito?», pergunta o professor, debruçado sobre o assento do motorista. E para mim: «Calcula-se que existam cinco milhões de carros.»

Mas o motorista vai seguro. Não ficamos presos.

«Nesta cidade, perguntamo-nos muito como vivemos aqui. O trânsito reduz a possibilidade de a suportar. É uma cidade linda no primeiro de janeiro.»

Qual é a solução? «Uma rede de transportes muito boa.» O metro não é um exemplo? «Constroem-se poucos quilómetros por ano. Construiu-se em 1965-70 e depois abandonou-se. Agora estavam a fazer a linha 12, mas os custos aumentaram, perdeu-se a oportunidade. O metro é seis a dez vezes mais caro que o *metrobús*. E já não há espaço. O solo é argiloso, elástico. São problemas de engenharia, mas sai muito caro resolvê-los.» E o professor Iracheta, também ele, remata com a origem do problema: «É o mito do ilhéu, Tenochtitlán. Como o projeto dos espanhóis era de dominação, tinham de construir por cima, apesar de a cada ano haver inundações. Como é possível fazer uma cidade que está a guerrear com a água? Os aztecas fizeram-na num ilhéu que já existia, em consonância com o lago. Os problemas só começaram a partir do século XVI. É então que ocorrem as grandes inundações. A Cidade do México esteve cinco anos debaixo de água.»

E nisto chegamos a San Angel, o bairro vizinho. É mais rico, menos aldeia. Casarões de pedra cobertos por heras e buganvílias, com grandes portões de madeira e caminhos empedrados, escrupulosamente limpos.

Foi aqui que Diego Rivera construiu o seu ateliê modernista, com uma casinha anexa para Frida.

Uma mulher aproxima-se, a vender rosas brancas.

Há uma espécie de divisão na cidade: o Viaduto.

O Viaduto divide o Sul do Norte, mas como estamos na Cidade do México é um Viaduto de Dois Andares que se bifurcam em não sei quantas vias, o que torna a paisagem bastante esmagadora. Temos de fazer O Viaduto para chegar à nossa meta capitalista, Santa Fé, um novo bairro.

Quer dizer então que a cidade continua a expandir-se? «Mas não vai crescer muito mais, porque as tendências económicas já não estão no centro. O Acordo NAFTA deslocou-as.»

O NAFTA é o acordo de livre-comércio da América do Norte. Envolve Estados Unidos, México e Canadá. E levou muitas fábricas a concentrarem-se na fronteira norte do México. Veremos como em Ciudad Juárez.

Visto que a oferta de emprego já não está na Cidade do México, pensa o professor Iracheta, a cidade já não crescerá muito. «Demograficamente não creio que vá alcançar mais de 24 milhões.» E que rumo tomará depois? «Dedicar-se a melhorar as condições de vida sem a pressão da chegada de milhões, que foi o que aconteceu entre os anos 50 e 80.»

É um pensamento otimista.

Mas então, como se o otimismo mexicano tivesse de ser imediatamente temperado, as torres de Santa Fé aparecem no horizonte. São dezenas e dezenas de arranha-céus cinzentos, uma floresta de chumbo. E do outro lado da via rápida, colinas repletas de favelas, caixinhas de fósforos de cimento, com um rasgão de cor aqui e ali, umas em cima das outras, em cascata. É sinistro.

«Por causa dos tremores de terra, estas construções são muito perigosas», diz o professor Iracheta, olhando as favelas. A bacia da Cidade do México é uma zona altamente sísmica, e o terramoto de 1985 está muito vivo na memória. Morreram dez mil pessoas e cerca de cem mil casas ficaram destruídas ou afectadas. Também por isso, esta cidade não apostou muito na construção em altura.

Mas os pobres vão para as colinas porque não têm dinheiro, e os ricos fazem arranha-céus para lavar dinheiro.

«Sabe o que havia aqui há 15 anos? Lixo e buracos de minas. Todos estes edifícios têm menos de 15 anos. Aqui há milhares de milhões investidos, e não tenho dúvida de que tudo isso tem a ver com a lavagem de dinheiro do narcotráfico. Não é possível que se construam tantas torres. Creio que já passou de cem. Numa crise, é curioso que se construa assim. Torres com 30 pisos, onde as casas podem custar cinco e seis milhões de dólares. O narco faz entre dez mil e 40 mil milhões de dólares. Que governo vai estar interessado em acabar com isto?»

O professor Iracheta deixa-me na estação de metro Observatorio e segue para a sua casa fora da cidade. Como ainda é só hora de almoço vou voltar a Coyoacán e ver a casa de Frida Kahlo. Na mudança de linha consigo enganar-me duas vezes. As indicações são muito claras, mas convém olhar para elas, em vez de estar sempre a olhar para as pessoas.

A meio do caminho entram dois rapazes.

Um, de calças e mochila rota, percorre a carruagem com uns folhetos na mão e um discurso maquinal sobre os camponeses com sida. Tem gel no cabelo e a cabeça baixa como se não estivesse ali. Não consegue que alguém fique com um folheto, mas quando chega ao fim da carruagem volta ao princípio a repetir o mesmo discurso.

O outro vende o *Toy Story 3* e tem um embrulho ao colo num cobertor de felpa. Por momentos duvido de que seja um bebé, mas depois aparecem as perninhas a balouçar. Olho para os pés das pessoas, ao longo da carruagem. São os sapatos dos pobres, cambados, com fios a sair.

Se forem a Coyoacán, podem ir almoçar à Taberna dos Leões. É o conselho que a rececionista da Casa-Museu Frida Kahlo me dá, dizendo: «É bom e barato.» Então, antes mesmo de entrar para ver a casa, saio, viro na esquina e ao fundo do quarteirão subo uma escadinha de ferro. Lá dentro há paredes vermelhas e vigas no teto. Os leões estão numa daquelas tapeçarias de felpa, e são um par. Por cima há ventoinhas, por baixo azulejos, e a amesendação, como diria um influente crítico, não é ancha, mas é alegre, com toalhas azuis.

Segue-se a minha primeira experiência com catos.

O anfitrião explica-me que será um bife de frango com cato grelhado por cima. E não há surpresas, é exactamente isso, sendo que o cato é uma folha espessa um bocadinho esponjosa. Está grelhada por cima, mas no interior a sensação é crua. Creio que é um daqueles casos em que se aplica realmente a expressão «não é bom nem mau, antes pelo contrário».

Mas o lugar é tão simpático, e as pessoas têm tanto ar de quem está em casa, que saio convicta de que voltarei, tal como no Museu de Antropologia.

E volto a dobrar o quarteirão, ou seja, a parede azul índigo que contorna toda a casa-jardim de Frida, na esquina das ruas Allende e Londres.

Quando Frida era criança, esta casa era branca e vermelha. Uma grande casa de família arruinada. O pai, Guillermo, fotógrafo nascido na Alemanha, tinha de gastar muito do seu tempo a fazer retratos de famílias para ganhar dinheiro. A mãe, Matilde, foi ensombrando entre os partos, e foram cinco (o único bebé varão morreu).

Mas havia irmãs e amigos, o espírito insolente do grupo de escola, este jardim de árvores tropicais, as ruas onde bulia uma intimidade mexicana, indígena, arcaica. Coyoacán foi o mundo de Frida como o Yorkshire foi o mundo de Emily Brontë. E tal como Emily também Frida cresceu a saber o que poucos aprendem: que o amor é o mais forte instinto de sobrevivência, mais forte do que a fome.

Ela não se apaixonou inesperadamente por Diego. Em adolescente ouviu falar naquele Pantagruel tantos anos mais velho, várias vezes casado e separado e pai de filhos, e decidiu que seria ele. Então apareceu-lhe no ateliê, diz a lenda.

As pessoas normais perdem tempo a pensar no que deviam ter feito, e algumas pessoas veem o que há a fazer como uma pedra. Ser diferente podia ter acabado com Frida, mas ela estava destinada a viver contra todas as previsões. De uma forma um pouco cosmogónica — mas estar aqui ajuda-nos a não ter medo disso —, estava destinada a alterar para sempre o México. Porque Frida Kahlo existiu, o México é mais forte, mais complexo, mais desarmante. Na dor como no riso, ela continua os deuses e portanto é o futuro.

É uma crença antiga, a de que os deuses marcam os seus. Frida tornou-se diferente logo em criança, quando uma poliomielite a deixou com uma perna atrofiada. *Frida perna-de-pau*, cantavam as crianças. As crianças, todas as crianças, são ajudantes de deuses, marcam os diferentes. Olhem para os retratos de Frida, ela está quase sempre de saia até aos pés. Vem daí aquele lema, que não tem nada de ressentimento e tem tudo de vitalidade: *defenderse de los cabrones*.

E Diego — *principio / constructor / mi niño / mi novio / pintor / mi amante / «mi esposo» / mi amigo / mi madre / mi padre / mi hijo / yo / universo*[*] — foi esse instinto primordial que a fez levantar o pescoço mesmo depois de 35 operações à coluna, vários abortos, a amputação dos dedos do pé e a seguir da perna.

Talvez, se um deus a marcou, outro lhe tenha dado Diego para que ela encontrasse a cada dia uma razão maior. Se assim foi, Frida Kahlo sobreviveu devido a Diego Rivera, mas Diego Rivera existiu para que Frida Kahlo vivesse.

Que sabemos nós? Sabemos? Sim, sabemos, como diria Mário Cesariny. Alguns continuam os deuses para que todos possamos continuar, ser resgatados do apoucamento, fazer deles uma história única — a nossa.

E reparem como Frida só põe aspas em «*mi esposo*». Soube logo que Diego seria *para* ela, mas nunca achou que fosse *dela*. Achava que ele era *dele mesmo* talvez porque também ela fosse tão *dela mesma*, tão afinal auto-suficiente. Se algum deus lhe deu Diego, foi porque Diego não ia cair-lhe aos pés, pelo contrário, estaria sempre a voar, e isso acionaria o instinto de sobrevivência dela. A dor, a diferença e Diego Rivera foram o grande caos da criação.

[*] *El Diário de Frida Kahlo*, La Vaca Independiente, Cidade do México, 2001.

Há uma pintura de Frida em que ela e Diego estão de mão dada. Ele, um gigante, ela uma *niñita*. Mas é ele quem tem olhos de quem ainda vai ver tudo e é ela quem tem olhos de quem já viu tudo.

Nunca Frida se apagou perante Diego. Se ele era o sol, e ela achava que ele era o sol, ela era aquela que olhava o sol de frente. E nunca Diego deixou de se maravilhar com aquela que olhava o sol de frente. Houve entre eles insatisfação, traição, separação, e incontáveis outros amores, dele com mulheres e dela com homens e mulheres, mas não houve um grão menos de admiração comovida.

Aqui, nesta casa de Coyoacán, lhe fez ele a corte como um noivo à antiga, ele, o senhor Pantagruel. E em Coyoacán casaram, com Frida vestida de índia. E Diego comprou a casa aos pais de Frida para os ajudar nas dívidas, deixando-lhes o direito de nela viverem. E quando o pai, depois da mãe, morreu, Frida pintou a casa toda de azul índigo, a cor dos aztecas, e Diego fez-lhe um pequeno templo entre as árvores.

O próprio jardim é um templo. Os deuses estão por toda a parte, em nichos de pedra e no meio das plantas, com os seus toucados de pedra e os seus olhos oblíquos. As folhas das plantas são verde-selva. Os troncos das árvores parecem pele de elefante. Há uma esplanada sem consumo obrigatório, onde é possível estar só a ler. Ouvem-se pássaros e água a cair na fonte.

E toda a casa dá para o jardim. Cores de fora: índigo e pedra-de-lava nas paredes, portas verde-esmeralda. Cores de dentro: índigo e branco nas paredes, chão amarelo-açafrão. Tudo parece ter sido acabado de pintar.

As primeiras salas têm retratos feitos por Frida, e no retrato do pai, a quem ela chamava *papacito lindo*, lê-se por baixo:

«De caráter generoso, inteligente, fino e valente porque sofreu durante 60 anos de epilepsia mas jamais deixou de trabalhar e lutou contra Hitler. Com adoração, a sua filha Frida.»

Na sala onde ela própria aparece retratada, lê-se na parede: «Para a menina Fridita Kahlo, a maravilhosa. Dia 7 de julho de 1956. Há dois anos que dorme em cinzas, viva no meu coração.» Foi Diego que decidiu transformar a Casa Azul num santuário aberto a visitantes, mantendo móveis, loiças, livros e objetos.

Então dos retratos passamos para a sala de jantar, toda uma festa, paredes de máscaras e pinturas com frutas, aparadores cheios de potes, pratos e vidros indígenas, a mesa coberta por panos bordados. E o vigilante, um rapaz mestiço encostado à janela, lê *O Inferno* de Dante, imperturbável. Nunca me calhou tanto num museu de Lisboa, mas sei de um poeta com vários livros publicados que se candidatou a vigilante de museu porque era um bom emprego para ler.

No quarto de Diego há fotografias de Frida, e a carabina, as jardineiras de ganga, o chapéu de palha que ele usava. «Desperta coração adormecido», diz a almofada que está na cadeira.

Por toda a casa há frases assim, bordadas ou na parede. Na cozinha, os nomes Diego e Frida leem-se junto ao teto, em letras gigantes formadas por minúsculas canequinhas. A cozinha é verde, azul e amarela, e tem potes de um verde vidrado e uma receita para dez pessoas à entrada. Uma daquelas cozinhas onde imaginamos mudar de vida. Ficávamos já aqui, a aprender os mistérios do *mole* e do *guacamole*.

Mas se continuarmos, escada acima, chegamos ao ateliê que Diego acrescentou para que Frida pudesse trabalhar rodeada de janelas sobre o jardim. Há uma grande mesa com pincéis e tintas, por vezes em frascos de perfume, e a cadeira de rodas está frente ao cavalete.

Poucos pintores — algum? — terão trabalhado tanto na cama ou numa cadeira de rodas. E de tanto ser contado esse acidente tornou-se um mito, mas não é por isso que deixa de ser uma história clínica. A realidade está sempre lá, na sua toca de inverno, tão imortal como os deuses. Os contadores não a gastam, ela é que os vai gastando.

O acidente:

Aos 18 anos, Frida Kahlo apanhou um autocarro de Coyoacán para o centro da cidade. No cruzamento da rua 5 de maio com a Cuauhtemotzin um elétrico esmagou o autocarro contra a parede. Um corrimão de aço entrou pela anca de Frida e saiu pela vagina, partindo-lhe a coluna pelo caminho. E como tudo isto aconteceu no México, o seu corpo foi coberto por ouro em pó, porque o impacto apanhou um restaurador a caminho do trabalho.

É possível que Frida tenha nascido com uma malformação na coluna. O médico americano Leo Eloesser, a quem ela escrevia longas cartas começadas por *doctorcito*, acreditava que sim. Se assim era, aos genes veio juntar-se a polio e o acidente. Tudo somado, deu dores terríveis para a vida, a interdição de ter filhos e um agravamento progressivo da mobilidade. Portanto, Frida pintou boa parte do que conhecemos sentada, recostada ou completamente deitada, com a cabeça presa por faixas e cabos. Primeiro a família e depois Diego e os amigos foram engendrando soluções para que ela pintasse.

Sempre que não estava a receber amigos ou a pintar, lia durante horas, e neste ateliê estão também os seus livros.

Há neles muito de memória a refazer a realidade, desde os treze volumes de Frei Bartolomé de las Casas sobre a destruição das Índias Ocidentais aos sete volumes de Proust *Em Busca do Tempo Perdido*. Há antropologia, filosofia, medicina, poesia. Há Whitman: *America. Strong, ample, fair, enduring, capable, rich*˙.

Foi tormentosa a relação de Diego e Frida com essa América. Entre São Francisco, Nova Iorque e Detroit, os estado-unidenses abriram-lhes muitos braços e fecharam alguns, sempre com um entusiasmo moral, num sentido ou noutro. Mas por mais que o Upper West Side a irritasse, Frida preferia os estado-unidenses aos intelectuais de Paris, e Diego desafiou-os a descobrirem a sua antiguidade no vizinho do Sul: o México seria o mundo greco-romano dos Estados Unidos.

Tudo isto, claro, no tempo em que uma pessoa podia fazer aquela «longa, insana e bela viagem desde Los Angeles» ao vale central do México, como Jacques Laruelle em *Debaixo do Vulcão*, ou seja, num tempo sem muralha de ferro na fronteira, nem 28 mil mortos na guerra do narcotráfico.

Não, Dom Diego Rivera, onde quer que o senhor esteja: o México não foi o mundo greco-romano dos Estados Unidos. Tem andado ocupado, e mal pago, a lavar os pratos dos Estados Unidos, enquanto reza à Virgem para a *migra* não aparecer.

˙ *America / Centre of equal daughters, equal sons / All, all alike endear'd, grown, ungrown, young or old / Strong, ample, fair, enduring, capable, rich / Perennial with the Earth, with Freedom, Law and Love / A grand, sane, towering, seated Mother / Chair'd in the adamant of Time.* Creio que Frida nunca os terá ouvido, mas hoje estes 36 segundos do que se pensa ser a voz de Whitman estão à distância de um clique. Tradução de Maria de Lourdes Guimarães: *América. // Centro de todas as filhas e filhos iguais, / Todos, todos igualmente amados, grandes, pequenos, jovens ou velhos, / Forte, ampla, bela, paciente, capaz, rica, / Eterna na Terra, na Liberdade, na Lei e no Amor, / Eis a Mãe grandiosa, sã e imponente, / Levada em triunfo no diamante do Tempo.* Edição: *Folhas de Erva*, Relógio D'Água, Lisboa, 2010.

E a esta mesma hora recolhem-se corpos nos desertos de Sonora ou nas ruas de Ciudad Juárez, enquanto na esquina das ruas Londres e Allende eu me debruço sobre um dos espartilhos de gesso que Frida pintou, e na sala seguinte há mais um vigilante a ler.

Todas as manhãs os jornais estão cheios de executados e desmembrados, e todas as manhãs nesta casa, alegre como o relâmpago em que a morte se desencontra de nós, os jardineiros podam as árvores, os vigilantes chegam com os seus livros, e haverá alguém como eu, debruçado sobre um espartilho de gesso pintado ou aquela citação do *Chilam Balam*, o livro sagrado dos maias: «Toda a lua, todo o ano, todo o dia, todo o vento, caminha e passa também. Também todo o sangue chega ao lugar da sua quietude.»

A beleza é uma cerimónia. «Somos um povo ritual», disse Octavio Paz.

Depois de a filha ter sido atravessada pelo corrimão do autocarro, Matilde Kahlo mandou pôr um espelho numa cama de baldaquino de modo que Frida pudesse usar-se como modelo apenas olhando para cima. Foi então que ela começou a pintar, e essa cama continua no quarto de dia, onde trabalhava e recebia amigos. Há uma escada mesmo em frente que dá para o jardim.

Aqui está o painel com pequenas fotografias de Marx, Engels, Lenine, Estaline e Mao que aparece em muitas das fotografias desta cama. Frida tratava os ícones comunistas como ícones religiosos, o que não a impediu de se zangar com o PC mexicano quando Diego se zangou, ou de abrir esta casa ao exilado Trotski e ser mesmo sua amante. Tinha tudo de fiel e nada de ortodoxo.

Ao lado da cama há uma caveirinha, outro livro de Whitman, muletas encostadas à parede, lápis na cabeceira.

O quarto de noite, logo a seguir, tem borboletas na cama em vez de espelho e bolas azuis como de Natal, mais lápis, mais um espartilho pintado, esqueletos sorridentes em pasta de papel, um aparador cheio de brinquedos, uma grafonola com rádio, a cadeirinha de quando Frida tinha três anos.

Neste quarto terá dormido sem Diego ao longo do segundo casamento. O divórcio (desencadeado pelo romance de Diego com Cristina, irmã de Frida) durou apenas um ano, mas quando se voltaram a casar ela propôs que não tivessem mais relações sexuais, conta J.M.G. Le Clézio no seu *Diego e Frida*.

Diego começou a passar temporadas no ateliê de San Angel, sem nunca deixar de vir aqui. Há uma fotografia de 1951 em que estão os dois no jardim da Casa Azul, e tudo parece igual a hoje, com Frida de cabelo solto, uma raridade.

A 13 de abril de 1953, a cama de baldaquino foi transportada para a galeria de Lola Álvarez Bravo (mulher do também fotógrafo Manuel Álvarez Bravo), onde à noite se inaugurava a primeira grande exposição individual de Frida Kahlo no México. Ela chegou de ambulância, com os seus vestidos e as suas joias, deitaram-na no meio das pinturas, e amigos de toda a parte foram desfilando. Uma rainha, uma pintura viva, um ato surrealista — as descrições convergem.

Se Frida se construiu como aparição, este foi o clímax.

No verão, amputaram-lhe a perna direita, gangrenada. Tudo acabou um ano depois, na noite de 12 para 13 de julho. Frida completara há dias 47 anos.

Após a sua morte, Diego Rivera fez uma seleção de objetos que deveriam ficar em exposição na Casa Azul e tudo o mais foi guardado, sobretudo na casa de banho de Frida, contígua ao quarto de dormir. Rivera deixou indicações para que não fosse aberta antes de passarem 15 anos sobre a sua morte. Mas a responsável pelo espólio nunca a quis abrir.

A casa de banho manteve-se fechada durante 50 anos. Em abril de 2004, os novos responsáveis pelo espólio decidiram entrar.

«Retirou-se o cadeado da porta e, na nossa natureza de restauradoras, fomos convidadas a avaliar o estado dos pertences de Frida», escrevem as irmãs Denise e Magdalena Rosenzweig no álbum *El Ropero de Frida**. «Já no interior, sentimos o forte cheiro acre e doce que se desprendia do lugar, mistura de humidade, medicamentos, pó e tempo. Quando a janela foi aberta começámos a distinguir o cenário, que se ia aclarando conforme a luz dava forma aos objetos.»

Era uma casa de banho com «aproximadamente oito metros quadrados».

Em frente à porta havia «uma banheira branca com grande variedade de aparelhos ortopédicos desgastados e sujos». Num dos extremos estava «a prótese da perna direita de Frida, que ainda conservava a bota de pele vermelha com atilho oriental» e, encostada à parede, uma «grande litografia que ilustrava o processo de fecundação, desenvolvimento embrionário e nascimento».

Depois, um nicho em frente à banheira tinha uma mesa com gavetas e um roupeiro. Sobre a mesa, «vários frascos de medicamentos, perfumes, boiões de creme, gazes e uma dentadura cujo dono se desconhece». Dentro das gavetas «seringas e outros recipientes de medicamentos». Finalmente, «o pequeno roupeiro de fabrico simples» continha «o mais precioso»:

* Zweig Editores, Metepec, Estado de México, 2007.

«grande parte do guarda-roupa de Frida». E «assombrosamente as peças estavam em relativo bom estado», por terem ficado a salvo da luz e do pó.

A variedade maravilhou as restauradoras: lenços e mantos, xailes e capas, bolsas e corpetes finamente tecidos em algodão, seda, tafetá, lã ou veludo; saias, forros e saiotes «de atraentes cores e complicadas aplicações»; e dezenas de «*huipiles* espetacularmente bordados».

O *huipil* é um retângulo de tecido dobrado ao meio, com uma abertura para a cabeça, e cosido de lado até à cava do braço. Geralmente usa-se curto, pela cintura, com saia rodada até aos pés. Será a mais emblemática peça feminina mexicana.

Dentro do roupeiro achavam-se ainda os despojos de muitas hospitalizações: batas manchadas, utensílios de cirurgia, pincéis e tintas que a doente levara consigo. E por cima estava a roupa branca da casa.

As restauradoras começaram por tirar todas as peças — mais de 300 — para um inventário fotográfico e depois convidaram a fotógrafa Graciela Iturbide a olhar o espólio. *El Ropero de Frida* inclui imagens que Iturbide então fez, como a bota calçada na prótese ou os aparelhos ortopédicos na banheira, junto a um grande cartaz de Estaline que por lá andava. E nas páginas seguintes deste álbum a investigadora Teresa del Conde percorre as várias aparências de Frida até à sua imagem icónica de tehuana.

As tehuanas são, genericamente, as mulheres do Istmo de Tehuantepec, a parte entre o Golfo e o Pacífico onde o México é mais estreito. «Noutro tempo, vestia-me de rapaz, com calças, botas, *chamarra*», contou Frida (citada pela biógrafa Hayden Herrera). «Mas quando fui ver Diego pus um traje de tehuana. Nunca fui a Tehuantepec, nem Diego quis levar-me.

Não tenho relação com a gente dali, mas de todos os vestidos mexicanos o de tehuana é aquele de que mais gosto e por isso visto-me como tehuana.»

Uma tehuana capaz de combinar peças de desenho antigo com peças de desenho próprio; peças de Tehuantepec com peças de Oaxaca, Guerrero, Michoacán, Puebla, Jalisco, Nayarit ou Yucatán; e todas estas peças do México com peças da Guatemala, dos Estados Unidos, da Europa e da China.

Uma tehuana que fez de si mesma uma obra em movimento. No tempo de Frida, estes *huipiles* e estas saias circulavam pela Casa Azul como vestimentas do templo ou magias. Traziam o labor da filigrana, bordados de dias e dias, e esses milagres da justaposição, carmim sobre azul-noite, liso sobre plissado, seda sobre algodão.

Frida usou o corpo como um altar mexicano, sublimando a dor. Partido por dentro, o corpo voltava-se para fora e resplandecia. Era o seu triunfo diário sobre a morte.

Olhando este guarda-roupa, vejo peças que na minha ignorância de forasteira pareciam saídas da cabeça de Frida, por serem tão enigmáticas e ela as ter pintado em auto-retratos. É o caso daquela espécie de gola de renda que rodeia toda a cara das mulheres e se chama *huipil de carita*, explica a antropóloga Marta Turok no álbum. É como uma blusa que se começa a enfiar pela cabeça e daí não passa. A cara das mulheres fica como o interior de um sol, com os raios em volta.

Frida pintou-se assim, e pode lembrar uma pintura surrealista. Mas há fotografias da sua família materna — a parte indígena — em que as mulheres estão exactamente assim, caras metidas num sol de renda, há 120 anos, em Oaxaca.

Ou seja, a roupa mexicana continha um poder que Frida transformou numa arte. Nada nela foi artificial, tudo foi criação, e dos pés à cabeça nada se descuidou.

Dentro da casa de banho também havia botas feitas à mão e tecidos para os toucados tradicionais, em que nas tranças se misturam fitas de pano ou fios de lã. Os pré-hispânicos associavam o cabelo das mulheres a serpentes e à fertilidade. Coatlicue, a mãe dos deuses, tem duas serpentes na cabeça. Vem daí o cabelo entrançado em cima. Às suas tranças, Frida acrescentava diariamente flores frescas, e completava tudo com pinturas e joias, muitas delas pré-hispânicas. Em quase todas as fotografias pós-casamento com Rivera, tem os lábios e as unhas pintadas e traz anéis, pulseiras, colares e brincos.

Dei com *El Ropero de Frida* numa das estantes da livraria Rosario Castellanos — onde também estava o pequeno livro de fotografia que Graciela Iturbide fez, *El Baño de Frida* — quando nem sabia da história da casa de banho, quanto mais do álbum, pelo que imagino que não deve ser difícil encontrá-lo. Será, aliás, a única forma constante de ter acesso ao guarda-roupa de Frida.

Depois de limpa e restaurada, cada uma das peças foi posta entre telas de algodão e guardada em caixas de polipropileno fabricadas à medida. Agora estão armazenadas na antiga casa de banho de Diego, no piso inferior da Casa Azul, junto a papéis, telas e outros objetos. As duas janelas que existiam foram fechadas, a humidade é mantida a 45 graus e a temperatura varia entre 10 e 12. Apenas as peças em melhor estado podem ser expostas.

Mas o guarda-roupa de Frida é só uma parte da caixa de Pandora aberta em 2004.

Entre o espólio guardado por Rivera estava um arquivo fotográfico com seis mil imagens. Vai alimentar investigadores durante anos e os primeiros resultados começam a aparecer. No jardim da Casa Azul há um pavilhão onde neste momento se podem ver algumas dessas fotografias. E depois de amanhã, aqui mesmo, no jardim, será lançado o álbum *Frida Kahlo — Sus Fotos*.

Creio que esta noite vai ser a última em que olho para Frida no meu albergue. Amanhã mudo-me para o Zócalo, por uma diferença de cinco euros. Ouvi duas versões: a de que o centro histórico está morto de noite e a de que o centro histórico voltou à vida.

Sobre a Condesa, já sei que está viva de dia e de noite, e hoje, que é quinta à noite, não há um único lugar livre na *cafebreria* El Péndulo, três andares de estantes e café-restaurante.

Enquanto espero, começo a anotar os títulos dos livros recentes sobre narcotráfico, mas desisto porque são demasiados. Depois também desisto de esperar para comer porque a dinâmica está galopante. Não para de entrar gente com reserva.

Agora estou num hotel cujo nome não quero lembrar, como diria o Quixote. É um equívoco, mas fica entre o Zócalo e essa bela rua chamada Isabel la Católica, onde tocam sinos. Logo mudarei outra vez.

Pergunto pelo Portugal-Brasil: 0-0.

As ventoinhas no metro continuam a borrifar água para cima de nós. Em todas as estações a parte final do cais é reservada a mulheres e crianças, mas só em algumas estações e a algumas horas isso é respeitado, geralmente porque há polícias a vigiar. É o caso deste comboio da linha verde, onde as mulheres se concentram nas primeiras carruagens, e portanto entram e saem no fim do cais. E, talvez porque estamos entre mulheres, na minha carruagem há várias a maquilharem-se, com caixinhas de pó e rímel.

Nunca comprem um Guia Routard do México no aeroporto Charles de Gaulle. Por exemplo, o que o Routard tem a dizer sobre Tlatelolco — a praça que se tornou a Tiananmen dos estudantes mexicanos — é que se formos contra-revolucionários é uma praça dispensável. Franceses, nada de pessoal me anima contra vós, mas Tlatelolco é dos lugares mais fascinantes da Cidade do México, sejamos revolucionários, contra-revolucionários ou trapezistas.

Começo por onde? Pela pedra de jade? Pelo último heroi azteca? Pela igreja de lava? Pela urbanização anos 60? Pelos *snipers* do Comando Olímpico? Pelas munições do Pentágono? Ou pelos sete estudantes de agora que estão sentados no memorial com o nome dos estudantes mortos?

Comecemos pela saída do metro Tlatelolco. Até à praça ainda leva um pedaço, e pelo caminho podemos ver um enorme mural colorido com caveirinhas a arreganhar os dentes, e um parque infantil a seus pés com escorregas tipo aquaparque. É a cena viva do que dizia Leonardo López Luján sobre brincar com a morte.

E antes e depois atravessamos a explosão urbanística do «milagro mexicano», esse crescimento anual de sete por cento que nos anos 60 criou uma classe média e toda esta construção maciça.

Não é um espetáculo bonito. De quanta construção maciça para classe média dos anos 60 podemos dizer que é um espetáculo bonito? Mas tudo isto dará densidade ao que aí vem: se Tlatelolco se chama Praça das Três Culturas é porque à cultura azteca e à cultura colonial se seguem, por exemplo, estes blocos, com os seus alumínios, as suas varandas baças, os seus mosaicos gritantes.

E quando enfim chegamos à praça, o extraordinário é que vemos as três culturas juntas e cada uma delas parece não ver as outras: o recinto relvado cheio de templos aztecas, um pouco abaixo do chão; a igreja colonial ao fundo, como se tivesse acabado de cair do céu; a enorme praça ao lado, entre os edifícios contemporâneos.

Três imagens no mesmo espaço mas não no mesmo tempo. No tempo europeu as construções vão-se somando, no tempo mexicano parecem existir em paralelo. Não há sequência, há simultaneidade. Somos nós a ligação entre elas.

Octavio Paz chamou-lhes «três desmesuras numa desolação urbana»*.

Quando o deus Huitzilopochtli quis dar uma terra aos aztecas (ou mexicas, a ver se nos habituamos), entregou a um grupo dois paus para fazer fogo e a outro grupo uma pedra de jade. Ao chegarem ao grande lago que hoje é a Cidade do México, o grupo dos paus fundou México-Tenochtitlán, a ilha-capital, e o grupo da pedra fundou Tlatelolco, que significa «monte de areia», outra ilha.

Este é o mito da fundação de Tlatelolco.

Tenochtitlán era o poder, Tlatelolco era o comércio: tornou-se o grande mercado dos mexicas. Mas tinha o seu

* *El Laberinto de la Soledad*, Cátedra, Madrid, 2009.

próprio Palácio, o seu Templo Maior com sete etapas de construção como o Templo Maior de Tenochtitlán, e dezenas de outros templos e altares, entre os quais agora podemos passear, seguindo um percurso marcado pelos arqueólogos. Aqui se encontraram oferendas, cadáveres, e 170 crânios de sacrifícios rituais por decapitação. De resto, Tlatelolco nunca conseguiu vencer o domínio de Tenochtitlán.

Mas quando, em 1515, Cuauhtémoc foi eleito senhor de Tlatelolco, estava a nascer o último heroi mexica. Por isso, o forasteiro chega hoje à contemporânea Praça das Três Culturas e lê numa placa: «A 13 de agosto de 1521, heroicamente defendido por Cuauhtémoc, caiu Tlatelolco em poder de Hernan Cortés. Não foi triunfo nem derrota. Foi o doloroso nascimento do povo mestiço que é o México de hoje.»

A igreja colonial de Tlatelolco é a matéria mesma dessa fusão, toda feita com a pedra de lava dos templos mexicas. Uma pele antiga para um deus recém-chegado, o Deus único.

E a propaganda das novas urbanizações aqui à volta fez-se lembrando tudo isso, que este era o lugar do nascimento de Cuauhtémoc e também o lugar onde acabou o sangue puramente indígena.

O povo mestiço atravessou os séculos, a independência e a revolução, no *boom* dos anos 60 veio morar em prédios como os de Tlatelolco, e pela primeira vez pôde pôr os filhos na universidade.

Foi essa geração que saiu à rua em 1968. Não pelo ar do tempo em todo o mundo, mas porque houve uma emergência mexicana. Sim, a economia crescera, mas a repressão também. Tudo estava a ferver, sindicatos, agricultores, presos políticos.

E nesse outono o México recebia os Jogos Olímpicos, nada menos.

Quanto mais subia a contestação pacífica, mais o presidente Gustavo Díaz Ordaz respondia com violência. A invasão policial de uma escola Preparatória causou mortos. A Preparatória é a fase antes da universidade e essa escola estava sob alçada da UNAM. O envolvimento da UNAM acendeu um rastilho pelo país, verão fora.

Então, ao fim da tarde de 2 de outubro de 1968, havia uns dez mil estudantes na praça de Tlatelolco, símbolo de resistência há 500 anos. Os manifestantes tinham cartazes a dizer: «Não queremos Olimpíadas, queremos Revolução!», «A violência está contra nós, e não em nós!», «Tudo é possível na paz!»

Ao fim da tarde, cinco mil soldados cercaram a praça com 200 tanques. Ouviram-se tiros do alto. O exército começou a disparar sobre a multidão. Milhares de pessoas fugiram em todas as direções, em pânico. Havia corpos pelo chão, mortos e feridos. Os soldados espancaram centenas e detiveram mais de mil. O assalto prolongou-se pela noite, entre os prédios à volta. A tropa revistou as casas, à procura dos líderes. Testemunhas hão-de contar que viram corpos levados em camiões militares e mesmo camiões do lixo.

De onde vieram os primeiros tiros? Esta pergunta demorou décadas a ser esclarecida.

O governo de Díaz Ordaz disse que os manifestantes tinham disparado contra as tropas, o que obrigou os soldados a responder com tiros. Os jornais do regime noticiaram «provocações criminosas». Os manifestantes garantiram que os primeiros tiros vieram de cima. E só quando o regime do PRI saiu do poder e outras investigações foram feitas se soube o que acontecera.

Um grupo da guarda presidencial intitulado Comando Olímpico posicionou-se nos edifícios em volta e disparou para fazer o exército reagir contra os manifestantes. Parte das munições tinham sido enviadas pelo Pentágono, juntamente com rádios e outros equipamentos, para garantir a «segurança» no México antes dos Jogos Olímpicos. E depois a CIA ajudou *in loco* a controlar a situação.

Em suma, a matança da Praça das Três Culturas — 44 mortos identificados — também conhecida como A Noite de Tlatelolco, foi desencadeada pela guarda do presidente e executada pelo exército, com a ajuda dos Estados Unidos.

E dez dias depois foram inaugurados os Jogos Olímpicos.

Agora, nesta praça, há um memorial de pedra dedicado aos que morreram com uma lista de nomes mestiços (Cuitlahuac Gallegos Bañuelos, 19 anos. Ana María Maximiana Mendonza, 19 anos. Antonio Solorzano Gaona, 47 anos. Agustina Matus de Campos, 60 anos. Ana María Teuscher Kruger, 19 anos...), «e muitos outros companheiros cujos nomes e idades ainda não conhecemos.»

Aos pés deles estão os estudantes de agora, com as suas mochilas, os seus *jeans* justos no tornozelo, elas de cabelo liso e lustroso, eles de proa com gel, quatro raparigas e três rapazes: Carla, Sara, Leticia, Ivone, Alejandro, Fernando e Zuriel. Uns mais brancos, outros mais mestiços, Zuriel gordito e completamente índio, uns com 16, outros com 17. São todos colegas numa Preparatória perto do Zócalo e estão aqui, sentados nos degraus, porque têm de fazer um trabalho de História sobre Tlatelolco.

Estiveram a fotografar o memorial. Que sabem do que aconteceu?

«Foi um movimento estudantil», diz Carla, uma espécie de minimulher, muito feminina e muito pequenina. «Havia

marchas porque não concordavam com o presidente Gustavo Díaz Ordaz. Pagaram a agentes para matarem os estudantes. A história já a sabemos, mas viemos aqui para tirar fotografias.»
Então falamos do presente. Querem estudar Psicologia, Medicina, Enfermaria, Pediatria, Ginecologia, quase um pleno de ciências da saúde. E querem ficar no México?
Fernando, o de cabelo mais espetado, diz logo que não. «Eu tenho família em Michoacán, e ultimamente os narcos ameaçaram o meu tio: "Se não nos deres dinheiro matamos a tua família." Eu pensava ir para Michoacán, mas agora já não.»
Outros começam a dizer que já nenhum estado do México é seguro, e que também se querem ir embora.
Carla, a minimulher, discorda: «Eu não quero sair. Não é preciso irmos para outro país.»
E Zuriel, o índio gordito, está com ela: «Eu quero conhecer mais o meu país.»
Mas Ivone, que com Alejandro forma o par *guapo* do grupo, continua a falar da violência: «Agarram-te, batem-te, tiram-te o telemóvel, o dinheiro.»
Quem vos protege? Quem são os vossos herois?
CARLA: A minha mamã.
SARA: Para mim também.
LETICIA: A família.
E todos concordam: a família.
Políticos, algum?
Coro geral: «Não!» Risos.
Felipe Calderón?
Coro quase geral: «Não!»
CARLA: Para mim, sim. Ele está a fazer algo contra a violência.

IVONE: «Não! Ele é que está a criar a violência. Assim isto não se vai acabar.»
Espertos e doces, semi-recostados uns nos outros. Onde há mexicanos juntos, geralmente estão assim, ou de braço dado, ou a fazerem festas. Quando Carla lhes tira uma fotografia, abraçam-se, e depois abraçam-me para tirar uma fotografia.
O memorial termina com uma citação de Rosario Castellanos: «Quem? Ninguém. No dia seguinte ninguém. A praça amanheceu varrida; os jornais deram como notícia principal o estado do tempo. E na televisão, na rádio, no cinema, não houve nenhuma mudança de programa. Nenhum anúncio intercalado. Nem um minuto de silêncio no banquete (pois o banquete continuou).»

Mas foi em Tlatelolco que o PRI começou a perder. Ainda se manteve 32 anos no governo, mas para muita gente acabou aqui.

«Dupla realidade do 2 de outubro de 1968: ser um facto histórico e ser uma representação simbólica da nossa história subterrânea ou invisível», escreveu Octavio Paz. «E faço mal em falar de representação, porque o que se desenrolou debaixo dos nossos olhos foi um ato ritual: um sacrifício. Viver a história como um rito é a nossa maneira de a assumir.» Paz vê Tlatelolco como «a contrapartida, em termos de sangue e sacrifício, da petrificação do PRI», da sua perpetuação como templo do poder. Tal como no tempo pré-hispânico o poder central de Tenochtitlán aniquilou a rebeldia de Tlatelolco, em 1968 o poder central do Zócalo aniquilou a rebeldia da Praça das Três Culturas.

E não era sequer a revolução que os estudantes mexicanos de 68 buscavam, crê Paz. Era a democracia.

O memorial de pedra tem alguns nomes, mas podemos mesmo vê-los, a esses estudantes mexicanos de 68, no memorial-museu que foi feito ao lado da praça.

Começa cá fora, com as caras impressas nos vidros, ampliadas a partir de fotografias de manifestações. Depois, quando entramos no museu, hão-de estar minúsculas nos mosaicos de milhares de imagens que formam uma mão aberta, uma mão fechada e uma mão em V. Três caixas de luz ao som de *All You Need Is Love* ou de Bob Dylan, ou o que estiver a tocar no vídeo-instalação ao lado.

Esse vídeo-instalação tem dois ecrãs unidos como um livro aberto, e num segundo pode mostrar uma única imagem — por exemplo o mapa de África com as independências dos anos 60 — e no segundo seguinte multiplicar-se em padrões psicadélicos, a que hão-de suceder a chegada à Lua, a Guerra do Vietname, o Maio de 68, a Primavera de Praga, Lennon, Warhol, Kennedy, Fidel ou o Che.

Nas paredes a seguir estão dezenas de ecrãs com testemunhas da matança em Tlatelolco. A cada um corresponde uma espécie de campânula pendurada no teto, e quando nos pomos debaixo dela ouvimos claramente a voz. Por exemplo, Carlos Monsiváis.

E antes das manifestações, dos cartazes, da revolta, percorremos o *marketing* do «milagre mexicano», como aquele número especial da *Life* em 1965 que mostra as novas urbanizações da classe média e senhoritas com vestidos muito *sixties* a posarem no estádio olímpico. Título, *Um país em marcha*.

Cá fora é hora de almoço. Ao lado da igreja há um claustro com biblioteca, laranjeiras e bancos para sentar. Foi aqui que «os missionários ensinaram à nobreza indígena as letras

clássicas e as espanholas, a retórica, a filosofia e a teologia», diz Octavio Paz.
A igreja só reabre às quatro, como é habitual no México. Deixaram um grande coração dourado na fechadura. Talvez seja o porta-chaves.
Volto ao metro pelo mesmo caminho. Tenho um encontro marcado na estação de Tepito.

Luis fez as botas da revolução. Não a revolução mexicana de há cem anos, caramba. A última revolução mexicana, a dos zapatistas em Chiapas, em 1994. E não só as botas, aliás. «De todos os sapatos que lá encontrar, eu sou o culpado», diz ele, a descansar no seu canto, em Tepito.

Tepito vê-se do céu. Uma pessoa está a olhar para a Cidade do México como se ela cobrisse toda a terra, e de repente vê uns retângulos amarelos, laranjas, azuis, centenas de toldos coloridos. O que é aquilo? Aquilo é Tepito. E o que há por baixo dos toldos? Tudo que pode ser barato, roubado, falsificado ou proibido.

Se o Zócalo, a praça central, é do poder, Tepito, o bairro bravo, é do contrapoder: contrabandistas, traficantes, ex-presidiários com a Santa Morte tatuada no peito, crentes da Virgem de Guadalupe sem um tostão, vizinhos de pátio e da vida, mulheres *muy cabronas, muy valientes*. Aqui se comem migas de caldo de ossos e se alimentam os cronistas da história alternativa. Daqui saiu Cantinflas para Hollywood e *El Ratón* Macías para campeão (41 vitórias, 25 das quais por *knock out*). Já no tempo dos aztecas era o bairro bravo, dizem os *tepiteños*.

Em suma, na Cidade do México há duas nacionalidades: os *chilangos*, que são os naturais da cidade, e os *tepiteños*, que são os naturais de Tepito.

Por exemplo, Luis. Cá está ele, chapéu à Bogart, barriguinha, barba branca, braços cruzados. Luis Arabelo Venegas, nascido em Tepito há 70 anos. «Tocou-me nascer e crescer num pátio horizontal, e não em prédios. Há mais comunicação, mais diálogo, num pátio. Quando vives na vertical perdes contacto com a gente cá em baixo, tornas-te individualista.» Estamos diante de um crente zapatista, e portanto crente no coletivo. Não há que enganar, lá fora o muro tem a pintura de um encapuçado, olhos de fora e boné. Mas é preciso saber vir cá ter, e por isso Luis marcou encontro no metro, ali adiante.

«Eu tenho um chapéu», tinha dito ele. E não foi difícil reconhecê-lo na convulsão de gente, apesar de tudo o que sabemos sobre os chapéus: há muitos, sim, mas um Bogart zapatista nem tanto. Depois metemos pela convulsão, virámos à direita até um portão de metal, e lá dentro havia este pátio: casinhotos pintados de rosa, laranja ou azul; desenhos de estrelas e estrelícias; murais com gente de livros na mão; anúncios na parede a dizer: «Tango às quartas» e «Apoio a trabalhos de casa e inglês».

É o Espacio Cultural Tepito, o canto de Luis.

«O meu pai veio do estado de Guanajuato [centro do país] e a minha mãe também tem origens lá, juntaram-se aqui e nascemos vários, seis homens e duas mulheres», conta ele. «Era sapateiro, o meu pai. Aprendi o ofício em criança, no ateliê da casa.» Nesse tempo, Tepito estava cheio de ofícios, sobretudo sapateiros. «Era um bairro de gente trabalhadora, artesã, mas há 40 anos deixaram de saber para que servem as mãos. Já no tempo pré-hispânico Tepito era um bairro comercial, mas vendia-se o que se fabricava. Agora as pessoas não sabem fazer nada e dedicam-se a vender o asiático, o que não se pode reciclar, o que se usa e deita fora. Os jovens estão desocupados a maior parte do tempo. Mudou muito.» Mas o título — bairro bravo — já cá estava. «Quando algo nos põe em perigo, defendemos o bairro. A gente é muito nobre, recebe o que chega de fora, não é agressiva.» E a fama de violência? «Porque o bairro se descompôs. O comércio ambulante faz com que não se produza. Onde há dinheiro, há delinquência. A gente adquiriu vícios, rouba para a dependência. A droga aqui é consequência de as pessoas terem deixado de trabalhar.»

Finca-pé no bairro e combate ao mercado global, é a fé deste *tepiteño* orgulhoso. «Tenho seis filhos e todos se prepararam, têm profissão.» Ou seja, não andam a vender.

E este espaço pertence a quem? «O dono morreu, a família nunca o reclamou e há 40 anos que o utilizamos.» Luis entra num dos casinhotos-ateliês e pega num sapato de janota dos anos 40, daqueles de duas cores. É uma amostra para os seus aprendizes. «Dou aulas de fazer sapatos, uma companheira ajuda com os trabalhos da escola, outro ensina *son* cubano, porque estamos muito influenciados pela música cubana e colombiana. Tal como temos a etiqueta bravo também nos dizem *guapachosos*, alegres, de bom caráter. Gostamos de dançar.»

E o combate, hoje, é por aí, crê Luis. «Dei-me conta de que o problema do meu bairro, da cidade, do mundo, é a falta de cultura. A gente descompõe-se, deixa de se preparar e vive noutra dinâmica. Há que levar a cultura aos espaços públicos, e primeiro há que os limpar. O baile é uma das estratégias para reunir as pessoas, porque com os apartamentos perdeu-se a solidariedade que existia nas *vecindades*.»

Os antigos pátios de Tepito, como aquele onde Luis nasceu, semelhantes às «vilas» de Lisboa ou às «ilhas» do Porto.

Cara de índio, corpanzil de grande-índio-sentado, Mario Puga é um dos cronistas do bairro. Os cronistas são uma tradição de Tepito, com rivalidades e honras. Mario não se referirá, por exemplo, ao seu rival Alfonso Hernández, que até tem um sítio na Internet. O sítio de Mario é aqui, o Espacio Cultural Tepito.

«Só falta Camila e vamos dar uma volta», diz ele. Camila Chapela, 29 anos, antropóloga, prepara uma tese sobre Tepito. Cá está ela, alças e *jeans*, cabelo atado. Vai casar-se e a despedida de solteira é esta noite, mas não é razão para perder uma volta pelo bairro com Mario a abrir caminho. Diz ela, jovial: «Sou uma mosca que se pegou a Tepito.»

Então saímos. Primeira etapa, a esquina onde está a entrada do metro, submersa por todas as bancas. Olhando melhor tem um larguinho com murais. «É aqui que logo à noite vamos ter cinema», anuncia Mario. «Vamos projetar naquela parede. Às sextas, cinema, e às terças, baile.» Camila já viu e conta: «As pessoas vêm todas dançar a partir das cinco da tarde, as mulheres cortam o cabelo, arranjam-se. A gente aqui é muito *guapachosa*.» Esta palavra outra vez. Como traduzi-la? «Quente, saborosa, sensual, tropical», vai dizendo Camila, e balança as ancas. «Quem dança são os mais velhos, e à volta a gente vê.»

Mario dá as primeiras coordenadas da volta: «Vamos pela rua Caridad até à praça Bartolomé de las Casas.»

Flippers, roupa pendurada, colchões na rua a fazer de banca. Um deles está coberto por centenas de caixas de medicamentos. As receitas não são um problema em Tepito. A seguir há seringas e depois comandos de vídeo. E depois entramos na parte coberta pelos plásticos coloridos, como quem desaparece num universo paralelo.

«Tudo isso é ilegal», vai dizendo Mario, entre estendais de CD e DVD, cada um com a sua *playlist*. É uma cacofonia, e o ar cheira a podre. «Tepito está em terceiro lugar no mundo em pirataria.»

Não sabemos bem onde encontrar essa estatística, mas talvez não seja o momento de esclarecer a questão.

«Isto vem da China, da Rússia...» Parte em bancas, parte no chão. «Aqui deviam poder passar carros», explica Camila. «Mas as pessoas alugam estes espaços no pavimento.» E a polícia? «Anda por aí, mas não se nota muito.»

De facto, não.

Agora cheira a estufado, porque metemos por um corredor onde há comida. «Lupita!», cumprimenta Mario. E a ruiva Lupita, de avental amarelo, remexe o seu gigantesco panelão. São carnes, mas que carnes? «Vísceras, fígados, tripas...» Uma bomba. «Este estilo de comida, por exemplo, não há no resto da cidade», explica Mario. «É uma forma de reciclar o que os outros deitam fora.» Sem dúvida.

«A minha família está aqui há 80 anos, este negócio começou com a minha mamã, e eu já tenho 56», conta Lupita. «É um bairro *precioso*. Lamento que algumas pessoas o tenham posto mal, com a droga, os ladrões. Isso já tem muitos anos, mas nós, os que nascemos aqui, somos pessoas honradas, trabalhadoras. Eu tenho dois filhos, de 34 e 26 anos, e continuo a vir aqui todas os dias, de segunda a domingo.»

Interrompe para servir uma víscera a um cliente. O panelão é como aqueles maços de cigarros avulso. Cada pessoa chega e compra uma víscera.

«Vai ter de provar um bocadinho para saber o que se come em Tepito», decide Lupita. Paralisada, mas sem pejo, minto, balbucio que sou vegetariana. Lupita e Mario lamentam semelhante desgraça. «O que se poderia cozinhar para ela?», tenta ele. «Vamos a ver, vamos a ver», diz ela, remexendo. Felizmente ainda nos faltam quilómetros. «Bem, Lupita, temos de ir», despede-se Mario. Enfim, uma daquelas provas. Tepito não é para mariquinhas. Vai-se a ver o que valemos, e nem uma víscera.

Rua Bartolomé de las Casas. Barbies, malas, ténis. Um cheiro a marijuana. Tepito é o maior entreposto da cidade, coisa de meia tonelada por dia.

E de repente, no meio de duas bancas, Mario vira à esquerda e entramos numa *vecindad*, um pátio muito comprido, com uma escada ao meio que bifurca para a direita e para a esquerda. Há casas em baixo e casas em cima, coloridas, ao longo de um varandim. A roupa está estendida de umas casas para as outras. A eletricidade vem de uma formidável instalação elétrica com cabos emaranhados. Veem-se motoretas estacionadas e ouvem-se crianças.

Um homem aparece por trás, de cigarro na mão. Tem uma *t-shirt* com a Morte de cartola, a jogar dados e cartas. A Santa Morte faz parte dos interditos que neste bairro se tornaram culto. Um culto em que a morte usa manto e coroa, com altares espalhados pelo país e Tepito como centro. As pessoas fazem fila para levar flores à Santa Morte. Os narcos usam-na em tatuagens.

«Nasci aqui há 52 anos, sim, cem por cento *tepiteño*», diz o homem. «A alma de Tepito é o coração da gente. Um só não é Tepito, Tepito é todos. Dizem que somos o bairro bravo porque somos de batalha. O bairro é bravo em honestidade, amor, cooperação. Não bravo de maldade.» Ele mesmo, aliás, chama--se Santos.

«Mas se nos provocam, respondemos», atira Mario. «Como nos pedem, assim o damos», devolve Santos. «Mas mais que nada somos amor.» Como para lhe dar razão, saem raparigas das casas, sentam-se nos degraus à conversa, e mais adiante, por trás das escadas, uma menina com dois ganchos no cabelo e um cãozinho vem sentar-se num dos tanques do lavadouro público, enquanto as mulheres tagarelam, e trazem baldes.

Por cima, vasos de plantas, ao lado rosas para uma Virgem de Guadalupe. E quem entra ou sai da *vecindad*, tem de um lado a Sagrada Família e do outro um anjo rafaelita.

Uma paz.

Tepito é isto, mas como dizia Santos não é só um, são todos. Uma paz violenta.

De volta à convulsão, caixas que anunciam «G3» e têm a fotografia de uma espingarda, como se fossem caixas de bolachas. E na esquina um polícia à conversa com um dos vendedores, encostado à banca. «As pessoas precisam de criar esta imagem, de que é tranquilo, porque senão ninguém vem comprar», diz Camila. «Vivemos muito do mito.»

Então, lá ao fundo, como se viéssemos à superfície, abre-se o enorme terreiro da praça de San Bartolomé de las Casas, com a sua igreja e as suas balizas.

As suas balizas? «A praça foi transformada em campo de futebol», esclarece Mario. «Chamam-lhe Estádio do Maracanã.» Um Maracanã sem relva, mas com atletas a correr, se repararmos bem. «Saíram daqui importantes futebolistas do Deportivo de Tepito. É um dos poucos espaços comuns do bairro. Mas o que tornou mesmo o bairro conhecido foi o boxe.»

E Mario debruça-se num sussurro. «Agora, vais ver uma coisa incrível.»

Miúdos com pulsos enfaixados a sair, nós a entrar. Cacifos amolgados, uma porta, e lá dentro um mundo: pancadas secas, gritos, apitos, homens aos pulinhos, enganchando direitas no saco — homens e mulheres.

O rei deste lugar é Raúl Valdez, 56 anos, herdeiro do mítico Raúl *El Ratón* Macías. Um nariz de palhaço, como se fosse falso, mas é verdadeiro. Nariz de quem levou muito. «Fui campeão mundial na Tailândia em 1985 e retirei-me em 90», diz ele. «No ano seguinte comecei a treinar este ginásio. Tepito mudou muito, antes havia muita pobreza. Havia muitos *boxeurs*, lutávamos porque não tínhamos dinheiro. Mas quando entrou a *fayuca* muita gente começou a ganhar e foi para outros bairros.» A *fayuca* são as falsificações, tipo *whisky* onde se deita álcool de farmácia e marcas género Armandi e Luis Vuitrón. «A alma de Tepito sempre foi o comércio, mas vendia-se roupa usada, sapatos que se faziam, o meu papá gravava couro.»

Raúl treina 40 pessoas. Lá está ele em novo, um dos retratos na parede, entre bigodes, bíceps e brilhantina. Era um peso-leve.

Cá fora anoitece. Os vendedores contam grandes maços de notas, desmontam as bancas. Daqui a uma hora é como se todo o mercado nunca tivesse existido. Conta-se que por baixo há túneis, armazéns, o diabo.

Mas ainda há coisas para ver à superfície, e de caminho um poster que fala de *Las sete cabronas y invisibles de Tepito*, um estudo sobre as mulheres do bairro, explica Mario. Passando entre dois prédios chegamos a um lugar chamado La Fortaleza. Parece uma pracinha, cercada por prédios de tijolo, com crianças a jogar à bola. Não se dá por ela, do exterior. «É um oásis, não é qualquer pessoa que entra aqui. A polícia não entra facilmente, bem vês que isto não são entradas. Por isso é que é La Fortaleza.»

A seguir, há um bairro com casas semelhantes a pombais e pinturas feitas pelo grupo de Mario e Luis. «Chamam-lhe *Los Palomares*. As crianças aqui têm pelo menos um familiar na prisão, às vezes até a avozita. Então é importante trabalhar com elas. As pessoas dizem que "em Tepito tudo se vende, menos a dignidade". Mas isso é porque a dignidade já se vendeu há muito tempo. Essa é a grande sorte do bairro e a sua destruição. Não precisam de se preparar, de se esforçar, porque há o comércio. Toda a criatividade desaparece. A gente fica indolente, desorganizada. Há muito lixo.»

É o que vemos agora. Velhos sofás esventrados no meio de restos de comida e tábuas. A carcaça de um automóvel com uma caveira no capô e um letreiro a dizer «Imprensa e Direitos Humanos». E a torre azul e branca, carcomida, de uma antiga igreja.

«Está em cima de uma pirâmide azteca», aponta Mario. «Vês o chão afundado? Aqui era o mercado negro, onde se vendia o clandestino. E foi onde o último rei azteca foi feito prisioneiro de Cortés.»

Sim, a resistência de Cuauhtémoc estava concentrada em Tlatelolco. Mas neste exato sítio é que as tropas de Cortés o apanharam por acaso, na tarde de 13 de agosto de 1521, ia ele a sair de Tenochtitlán, onde entrara disfarçado. Seguiram-se torturas terríveis para que revelasse o suposto esconderijo do ouro indígena. Não havia esconderijo nenhum, porque o ouro não era ouro para os indígenas. Bem podia Cortés queimar os pés a Cuauhtémoc. Mas o mundo pré-hispânico estava acabado. «Foi aqui que os aztecas foram vencidos», remata Mario. «Por isso, este é o lugar onde começa a escravidão.»

O céu ameaça cair, de tanta nuvem escura. Feitas as contas, andámos quilómetros. E como Mario tem de ir fazer a projeção do filme, apanhamos um daqueles velhos carochas que nunca-mas-nunca devo apanhar.

De volta à pracinha ao pé do metro, às oito da noite há uma plateia com oito cadeiras montadas e dois espetadores. Um deles é Luis, que ainda está de chapéu mas vestiu um impermeável. Então Mario arrasta uma velha caixa de ferro verde em cima da qual põe o projetor. E no momento em que o ecrã se acende começa a chover.

Sobre aquele assunto do centro histórico, se à noite está vivo ou morto, pelo menos esta noite, que é véspera de fim-de-semana, está tão vivo que às nove não consigo sequer chegar a meio do Salon Corona.

O Salon Corona é uma espécie de Cervejaria Trindade, mas só com mexicanos, e todos encostados uns aos outros, e a *platicaren* ininterruptamente, cercados por televisões acesas. Quando uma pessoa consegue alcançar uma mesa já não deve ouvir o seu próprio pensamento.

O que de todas as formas é perfeitamente irrelevante, porque não consigo alcançar uma mesa. Além disso, *perdon*, isto é uma fila de espera?

Volto à rua para telefonar a Lizeth.

Lizeth e Carlos, foram eles que marcaram encontro comigo aqui. *Vamos a platicar*, disse Lizeth, logo no primeiro *mail* em que me respondeu. Eu escrevera-lhes de Lisboa porque eles fundaram o coletivo de fotógrafos Mondaphoto. E aqui estou, à porta do Salon Corona, para *platicarmos,* mas antes à espera que Lizeth atenda. Ela atende e tem uma solução: outro Salon Corona na rua paralela.

Leitores, se um dia precisarem de localizar os fotógrafos do Mondaphoto na grandiosa Cidade do México, há sérias probabilidades de eles estarem em algum Salon Corona. E confirma-se: o da rua paralela está quase vazio, ou seja, ainda tem umas mesas livres lá ao fundo.

Mal puxo a cadeira já há uma taça com *pickles* e *chiles* à minha frente, e um rapaz a perguntar o que vou *tomar*. *Tomar* não é tomar. É mesmo beber. Código da estrada: *Se toma, no maneje*. *Manejar* não é manejar. É mesmo conduzir. O rapaz compreende que não estou dentro do ritmo local, e vai averiguar de outras mesas. Mergulho no menu, mas passado um minuto já outro rapaz está à minha frente. O Salon Corona antecipa-se ao pensamento, pelo menos ao meu. «Ahhhhh... uma cerveja», digo, para dizer alguma coisa. Pequena, grande, escura, clara? «Pequena, escura.» E fico livre para olhar em volta, a ver se dou com Carlos e Lizeth, no receio de que não deem comigo. Claro que como sou a única pessoa sozinha no Salon Corona eles vêm direitos a mim, como se nos tivéssemos visto ontem. Cá estamos, enfim, e prontos para os *tacos*.

Os *tacos* são uma *tortilla* com alguma coisa dentro e depois enrolada, o que dito assim também serve para o *burrito*. Do que percebi até agora, a diferença é que o *taco* é mais pequeno e com *tortilla* de milho, não de trigo. No Salon Corona os tacos são mesmo mini-*tacos*, e as pessoas pedem logo às meias dúzias. É o que fazem Carlos e Lizeth, tacos de toda a sorte e feitio, mais canecas de cerveja. E para mim, sob recomendação, um *taco con mole*, um *taco con ternera y guacamole* e uma *quesadilla con pimiento*. As *quesadillas* são iguais ao taco, mas com a *tortilla* dobrada ao meio e sempre com queijo. Qualquer refeição no México envolve *tortilla*. Uma pessoa nem se lembra que as *tortillas* não sabem a nada por tudo o que têm dentro.

Ei-las quentinhas e transbordantes, em forma de tacos. Há que aproveitar bem, porque a seguir *vamos a platicar* a sério, e no México de 2010 isso não traz coisas *guapachosas,* sobretudo quando se trabalha como fotojornalista independente, que é o que Carlos e Lizeth fazem, além de serem casados um com o outro e pais de uma filha.

CARLOS: Eu tinha intenção de fazer um trabalho a mostrar o que não temos para celebrar. Os ideais da revolução estão todos desfeitos.

LIZETH: Eu vivi na serra de Guerrero, um dos estados mais pobres do país, quando acabei o curso de desenho gráfico. Fiz aí o meu serviço social durante seis meses. Fui professora, médica, arquitecta, enfermeira numa comunidade que não tinha luz, água, nem nenhum serviço público. Havia 50 famílias, das quais 49 se dedicavam ao cultivo da marijua--na e da papoila. A única família que não se dedicava a isso era um homem de 65 anos com convicções tão fortes que se recusava. Cultivava milho, cana-de-açúcar, feijões, e era o mais pobre da comunidade. E os outros não eram considerados narcotraficantes, eram agricultores. Os narcos vinham e compravam tudo, com a cumplicidade dos militares. Isto foi em 1991. Agora está pior.

CARLOS: A corrupção está na polícia, nos cidadãos, no exército.

LIZETH: Oitenta e cinco por cento do exército é corrupto.

CARLOS: Calderón necessitava de algo para se legitimar porque ganhou de forma pouco clara. E começou com esta guerra estúpida contra o narcotráfico.

As pessoas dizem que apoia um cartel.

LIZETH: Exato, e sempre foi assim: o do *Chapo*.

El Chapo Guzmán, líder do Cartel de Sinaloa, uma espécie de Houdini dos narcotraficantes. As pessoas acham que o regime do PAN o apoia porque em 2001 ele escapou de uma prisão de alta segurança num camião da lavandaria. A prisão só representa um problema para os pobres e *El Chapo* está naquela lista da *Forbes* dos homens mais ricos do mundo.

CARLOS: As pessoas assumiram totalmente que a única saída é o narco. Em muitos lugares não é mal visto. São zonas inteiras da população. A mamã sabe que o filho trafica e sequestra, e todo o mundo se cala porque entra dinheiro. É a única forma de ganhar dinheiro.

Tanto Carlos como Lizeth vêm de bairros populares em que os miúdos andam nas esquinas. Contam a história de um rapaz que conhecem, com vários familiares apanhados no tráfico e ninguém da família os culpa.

LIZETH: Jamais foram educados para terem respeito pelas outras pessoas.

CARLOS: A irmã dele passou droga para a prisão num cinto, aos oito anos. Foi ela que propôs, para ajudar, porque revistam menos as meninas. As pessoas decidem ter esta vida porque não conhecem outra.

LIZETH: Há uma descomposição social. A corrupção é muito permissiva. Se o teu filho bate ou rouba outra criança, está certo, porque não é idiota, não se fica. E quando são adolescentes são ladrões, e quando são adultos são narcotraficantes. É um problema cultural.

Lizeth sugere que eu fale sobre tudo isto com Juan Villoro, o escritor mexicano contemporâneo de quem mais gosta. E oferece-se para me arranjar o número.

❋❋

Sábado de manhã, junto à saída do metro Insurgentes. Estou à espera de Gerardo Naranjo. No cinema mexicano, 2010 também ficará como o ano do filme *Revolución*, com dez curtas-metragens de dez realizadores mexicanos, e Gerardo é um deles. A sua última longa-metragem, *Voy a Explotar* — que passou em vários festivais internacionais, incluindo Veneza — é uma mistura de *Fúria de Viver* com *Bonny and Clyde*, mas no México de hoje, e ao som de *pop* hispânico *indie*: rapariga encontra rapaz; fogem de casa, na verdade para o telhado da casa dele; ele tem um álbum *gore* com recortes de cadáveres; ela é boa a ser expulsa da escola; o que acontece quando se encontram é que deixam de se sentir sozinhos. Ou dito de outra maneira: o beco de ter 15 ou 16 anos no México, entre violência, corrupção, suborno, omnipresença das armas, políticos da direita liberal que em jovens foram comunistas e a solicitude da polícia que chama a esses políticos Dom isto e Dom aquilo, por exemplo no estado de Guanajuato, onde Gerardo nasceu.

Bigode e uma promessa de barbicha, camisa a esfiapar, *jeans*, ténis: é Gerardo a caminhar na minha direção. Está como se tivesse acordado há cinco minutos e enfiado a primeira roupa. Este homem não anda aqui para agradar. Aliás, vê-se que não é daqui. Não há nele nada de anfitrião, de paternalista. Mais depressa seria um vagabundo: olhos vivos, um traço delirante.

A ideia é falarmos a andar pelo bairro onde ele vive, Roma. Uma versão mais barata, menos chique da Condesa, mas também com árvores e casas burguesas, por exemplo entre Insurgentes e a rua Orizaba. «É a mais bonita», diz Gerardo.

Está com 39 anos. Vive aqui há 15.

«A minha história é não saber os códigos, e a minha característica é estar fora da indústria. Vim de um Guanajuato com zero de cultura para o México.»

Ou seja, para a Cidade do México, esta cidade que não acaba. Sexta à tarde, tripas em Tepito, onde aliás Gerardo compra a película dos seus filmes. Sábado de manhã, os jardins de Roma, que aliás se podem chamar, como este, Rio de Janeiro. Varandins de pedra, portadas de ripinha, cortinas brancas. Raparigas de rabo-de-cavalo a correr. Uma pequena feira da ladra.

Sentamo-nos a tomar café.

«Vim e comecei a estudar muito, a ver filmes. Os filmes que faço, sinto que os roubo. Gosto muito de não os fazer tradicionalmente. Tudo o que fiz foi com amigos que me emprestaram um ou dois meses das suas vidas.»

Quatro filmes, contando com a nova curta-metragem sobre a revolução, cem anos depois.

«O ânimo é de orfandade. Há muito poucas referências para admirar. O jovem mexicano sente que lhe ensinaram a ser ladrão e corrupto e há uma juventude que resiste a tornar-se adulta.»

Também podemos ver *Voy a Explotar* como um filme sobre dois adolescentes que não se querem tornar adultos neste país.

«Creio que chegámos ao ponto máximo da falta de espírito. Já há uma tentativa de buscar a saída. Durante muito tempo acreditámos na política, e depois demo-nos conta de que o nosso país é um desastre.»

Mas não da forma que apressadamente aparece nas notícias.

«Nos *media* há os mexicanos bons e os mexicanos maus. De onde nasceu este mexicano narcotraficante, ladrão? As oportunidades são muito limitadas e as pessoas encontraram formas

de sobreviver. Somos muito jovens, e estamos a aprender como utilizar a democracia. Há muita energia, é o que sobra aqui. As pessoas estão ansiosas por fazer coisas. Mas não sabemos dirigir a força.»
 Quando o convidaram para o filme de 2010, «a proposta foi: "O que é a revolução hoje para ti?"» Seria a resposta de uma geração de cineastas. «Então tínhamos de falar do resultado dessa luta armada que nos libertou o país. E eu fiz algo justamente sobre o mexicano bom e o mexicano mau. É uma fábula e tem a ver com essa proximidade da violência. De onde nasce a violência que temos tão arreigada? Ainda nos resta um pouco da barbaridade pré-hispânica. Quando os narcos matam as vítimas, começam a cortar órgãos, a jogar com as cabeças, põem legendas como advertências, fazem um altar. É a criação do medo, a grande história do México hoje.»
 Tantos milhares de mortos na luta contra o narcotráfico, diz Gerardo. «Vivo no medo. Há muito medo. Ao mesmo tempo há um compromisso de ficar. Seria fácil ir para os Estados Unidos fazer filmes, mas este país está num momento delicado.»
 Há o medo, e uma espécie de desordem infantil. «Na cabeça dos mexicanos não há ordem, não há respeito à lei. Se pões aqui um bairro de holandeses, em dez anos organizam-se. Nós não.»
 A aparência em volta parece contrariar Gerardo. Um bairro limpo. Orquídeas frescas na mesa. Mas a desordem é como os subterrâneos de Tepito, que podem não se ver e estão lá. «Não sabes quem te protege. Aqueles que estão aqui para te proteger roubam-te. Mas estar alerta dá-nos energia.»
 Só estar no México é uma energia.
 Da esplanada vamos ao escritório de Gerardo ver a curta da revolução. Ele vive numa rua de Roma e trabalha noutra.

«O que Roma tem de bom é que as pessoas são reais, não são só artistas, como na Condesa.»
Uma porta vermelha e lá dentro uma grande sala com computadores Mac, que Gerardo partilha. A curta foi filmada no Guanajuato. «É o único sítio onde posso cortar estradas.» Chama-se *R-100*. Podemos ler isso assim: revolução menos cem. Primeiro há a imagem de um campo paradisíaco e depois um homem desesperado a carregar um moribundo cheio de sangue. Tenta pedir boleia na auto-estrada, mas ninguém para. Com grande esforço, o homem arrasta o amigo por um muro que diz PAN, PRD, PRI. Sobe a um viaduto, pega num pedregulho, espera que venha um carro e atira-o. Acerta, mas o carro aguenta e segue. Então o homem monta uma armadilha para motas. Dá resultado, o condutor aparece numa poça de sangue. O homem revista-lhe os bolsos e puxa-o para a parede do viaduto, onde está escrito «Viva México!»
«É uma campanha que está por todo o México, e que te diz *life is good*», explica Gerardo enquanto tira o DVD do computador. «Para mim, isto fala sobre o medo. Aquele homem é bom ou mau? Não sei se o mau se sabe mau. Goethe dizia que todos os seres humanos são capazes do maior bem e do maior mal.»
O maior bem: salvar uma vida. O maior mal: matar friamente.
«Tudo é uma bifurcação. Sinto que há gente que vive desesperada. É fácil apontar o dedo e dizer que são maus. Não é tão fácil ver as causas.»
Dizer isto não é ficar à espera de quem tome conta. «Pedimos a Deus e ao governo que nos dê uma boa vida, o que não existe. Temos de a tomar em mãos. É a sociedade civil que cria o bem-estar.» Mas há que saber de onde vêm as causas. «Temos

o homem mais rico do mundo no México. Tudo vem daí, da desigualdade, da injusta repartição de bens deste país. Não tenho nenhum partido, em absoluto. Não vejo uma opção inteligente, nada a que me entregue, nem ninguém. E creio falar por muita gente que sente esse vazio. À direita e à esquerda, todos são corruptos. Mas os políticos, fazemo-los nós. Não creio no político corrupto e na sociedade limpa. Ainda não entendemos que o nosso destino está nas nossas mãos, não depende de Deus.»
O homem do filme está sozinho no bem como no mal.

Em Insurgentes meto-me no metro para San Miguel de Quevedo, uma das estações de Coyoacán. É um cruzamento concorrido, com mercado, «sítio» de táxis, centro comercial. Enquanto estou a tentar orientar-me, dois rapazes de mochila vêm pedir-me orientação em inglês.

Um espanhol, um italiano, um francês a falarem inglês revelam-se numa frase. Mas a um israelita basta uma palavra.

Dois israelitas nascidos e criados em Jerusalém à procura da praça de San Jacinto, onde aos sábados há mercado de artesanato. Calha que passei por lá com o professor Iracheta. É a praça principal de San Angel.

O meu plano era ver as livrarias que existem perto desta estação de metro, antes de ir ao lançamento do novo livro de fotografias de Frida Kahlo, mas como tenho tempo meto-me num táxi com os israelitas e vou até San Jacinto, a ver se vale a pena.

Demasiada gente, demasiados turistas, demasiados cavaletes no passeio. Prefiro seguir para as livrarias e deixar os rapazes, que ficam um pouco perplexos. Basicamente vou voltar ao sítio em que estava.

San Miguel de Quevedo: no espaço de um quarteirão três livrarias enormes, cada uma delas parte de uma cadeia. Na do meio, a Gandhi, que me parece a mais vasta em fundos, encontro livros que já tinha procurado, como a edição fac-similada do diário de Frida Kahlo. E é com ele ao ombro que chego à Casa Azul, um pouco depois do meio-dia.

O jardim já está cheio de gente a tentar fugir do sol. Senhoritas de saltos, óculos escuros e crianças pela mão, amigos que se viram no passado sábado ou se vão ver no próximo, beijinhos, beija-mãos, acenos. Um pedaço da *beautiful people* de México, D.F.

Na pequena tribuna à sombra, um orador fala da «facilidade com que Frida olha para a câmara», da personagem «intrigante que era o pai», «vaidoso do seu corpo e do seu bigode», e, a propósito de ele ser alemão, diz: «Recusamos 80 por cento dos nossos queridos irmãos centro-americanos. Só aceitamos emigrantes europeus.»

Esta plateia de peles claras é uma boa ilustração.

O livro, *Frida Kahlo — Sus Fotos*, uma bela edição de capa dura azul-índigo, inclui oito ensaios e 500 das seis mil fotografias do arquivo. A seleção é do fotógrafo e editor Pablo Ortíz Monasterio, um cavalheiro franzino de barba grisalha que parece ter uma palavra cortês para toda a gente. Quando nos sentamos a conversar à sombra de uma trepadeira, várias pessoas se vêm despedir dele, incluindo duas que ele faz questão de me apresentar.

Primeiro, um homem louro de olhos melancólicos. «Diego López Rivera», anuncia Pablo. O neto de Rivera a quem eu enviara um par de *mails* sem resposta. Sim, tem ideia disso, e dispõe-se a conversar nesta mesma tarde, depois daquela instituição mexicana que é *la comida*, ou seja, o almoço, sempre tardio. Pelas cinco, na praça de Coyoacán.

A segunda pessoa é uma mulher morena de nariz arrebitado. Diz a Pablo que ficou muito contente por ter sido ele a organizar o livro. Pablo pede-lhe: «Diz como te chamas.» Ela olha-me e diz: «Cristina.» Ele insiste: «O apelido.» Ela sorri, em silêncio. Ele diz: «Cristina Kahlo. A sobrinha-neta de Frida.»

Claro, os netos e sobrinhos-netos hão-de estar sempre algures. Mas quando encontramos Kahlos e Riveras pouco mais velhos que nós, assim num sábado em Coyoacán, percebemos de repente que os avós e tios-avós deles eram mesmo pessoas, e isso foi ontem.

Onde estavam as seis mil fotografias em que Pablo mergulhou? Também na casa de banho, junto com o guarda-roupa? «Junto à sala de jantar da Casa Azul há um pequeno quarto onde Diego gostava de dormir a sesta, e aí há vários móveis grandes onde ficaram guardados desenhos, fotografias, cartas e outros papéis, que por muitos anos estiveram selados», explica ele. «Também na casa de banho, que é muito grande, havia móveis com coisas. E quando Carlos Pellicer fez o museu depois da morte de Frida, deixou montado no cavalete o quadro que ela estava a pintar — um retrato de Estaline francamente mau —, deixou as pinturas, pincéis e o material com que trabalhava. E numa cadeira estava uma pequena bolsa tecida que tinha cerca de cem fotografias todas curvadas.»

Juntando tudo deu um arquivo de seis mil.

Entre as mais surpreendentes, Pablo escolhe os auto-retratos do pai de Frida. «Diego era absolutamente adorável e carismático, e as mulheres que escreveram sobre Frida atribuíram muito da sua arte e da sua roupa a Diego. Mas estas imagens mostram uma influência paterna fortíssima.» Sendo

pequeno de estatura, e epilético, o pai foi um homem «enorme, e um grande fotógrafo».
Guillermo Kahlo, nascido Wilhelm.

Segundo Hayden Herrera e Raquel Tibol — biógrafas de Frida — Wilhelm Kahlo nasceu em Baden-Baden, Alemanha, filho de «judeus húngaros». Terá decidido emigrar para o México aos 18 anos, depois da morte da mãe, cujo retrato podemos ver neste livro de fotografias. Frida escreveu no verso: «A mamã do meu pai, judia alemã.» Sempre gostou de se ver com antecedentes judeus.

Diego era neto de uma judia de origem portuguesa. Na América, Diego e Frida registaram-se como judeus num hotel onde os judeus não eram bem-vindos, e conseguiram levantar esse estigma. E ficou célebre a provocação de Frida a Henry Ford, cujas posições anti-semitas eram públicas. Sentaram-se para jantar e ela perguntou: «Senhor Ford, é judeu?».

Mas segundo dados recentes Frida não teria sangue judeu. Os investigadores Gaby Franger e Rainer Huhle, autores de uma biografia de Guillermo Kahlo publicada na Alemanha em 2005, revelam que o pai de Frida era um alemão sem antecedentes húngaros nem judeus. E são eles que neste *Frida Kahlo — Sus Fotos* escrevem o ensaio sobre o pai. Ou seja, o ponto da situação em 2010 sobre «o pai misterioso», como lhe chamam os seus biógrafos, é que ele não era judeu.

De onde veio o rumor de que Guillermo era judeu? Quando é que essa versão se começou a instalar? «Nos anos 40, ser filha de alemão não era "sexy", os alemães eram os monstros europeus», explica Pablo. «Foi também nessa época que Frida decidiu mudar a idade, passando a data de nascimento de 1907 para 1910. Então, esta mulher que tirou três anos à sua idade para nascer no ano da revolução não gostava da ideia de ter um pai alemão, e começou a propagar a versão de que o pai era metade judeu e metade húngaro — porque no México os ciganos eram conhecidos como húngaros —, as duas minorias mais maltratadas pelos nazis. Era mais "sexy" ser descendente das vítimas que dos verdugos.»

A mestiçagem de Frida será assim indígena e espanhola por parte da mãe, e alemã por parte do pai. E se ela desprezou logo a herança espanhola, ainda assinou durante anos com o seu nome alemão, Frieda, antes da ascensão nazi. Na construção da sua indígena prodigiosa há algo de férreo que também podemos associar a um espírito germânico, e as fotografias perpetuam essa construção.

De resto, ela, que olhava para a câmara de forma inata, era neta de um fotógrafo (o seu avô materno) e filha de um fotógrafo que se auto-retratava muito. Neste livro há, por exemplo, um nu atlético em que Guillermo expõe a juventude e proporção das suas costas, nádegas e pernas. Ao contrário do orador no lançamento, Pablo Ortíz Monasterio não vê nisto vaidade: «Creio que o nu era uma experiência, porque lhe interessava a câmara. Chegou a ser um técnico impressionante.»

Uma estética tenaz, herança do Velho Mundo.

Entre os anos 30 e 40 seria impossível pôr as coisas assim, mas a afirmação da Frida parece fazer-se também pelo que existe nela de Frieda. Ou, dito de outra forma, o conteúdo alemão ajudou a moldar a forma indígena.

Em *Frida Kahlo — Sus Fotos*, o crítico James Oles discute as virtudes de trazer mais imagens a «uma biografia demasiadas vezes contada». Que nos vêm dizer estas fotografias sobre amigos e amores? Já sabíamos que Kahlo e Rivera faziam parte de um mundo internacional, de Breton a Trotski, de Paulette Godard a Edward Weston. Que Frida mantivera relações com Trotski, ou com o fotógrafo de moda Nickolas Muray, ou com o escultor Isamu Noguchi. Mas que sabemos sobre a relação com a sobrinha de Nehru? E quem são todos estes homens e mulheres a rir e a acordar? Quem é este que dispara uma flecha, escreve por cima «Para Frida, em prova de muitas coisas...» e assina Paco? Fará sentido ver fotografias de gente que já não sabemos o que representa, pergunta o ensaísta? Que parte disto é intromissão e impudor? Ou apenas irrelevância?

Pablo Ortíz Monasterio passou três anos mergulhado no arquivo das seis mil fotografias. Que trouxe isso à sua imagem de Frida? «Dar-me conta de uma grande vitalidade, de como a pintura e a fotografia eram formas de exorcismo. Há uma estratégia de nomear a dor para sobreviver e isso parece-me admirável. Era uma artista muito mais versátil do que eu pensava. Muito inteligente, muito brilhante, com grande sentido de humor.»

Muitas vezes, humor negro, distanciador.

Em *Frida Kahlo — Sus Fotos* vêm citadas as histórias clínicas que Frida escrevia, e em que fala de si própria na terceira pessoa: «Por desespero ingere grandes quantidades de álcool (uma garrafa de conhaque quase diária).» Manter uma história clínica destas requer grande autodomínio. Há dias em que não resta sequer humor negro. O exorcismo é pura nomeação: «Desde 1946 até 1950 a doente continua em piores condições que nunca, com dores constantes na coluna, perda de peso (de 54 quilos para 42). Estado geral péssimo. Incapacitada para se bastar a si mesma. Com depressão nervosa.»

Este esforço de autodomínio está nas fotografias como está no diário. Quando lhe amputaram a perna, Frida fez um desenho e escreveu por baixo: «Para que quero pés se posso voar?»

Mas não é um teatro para o exterior, como se pode ver pela vulnerabilidade de algumas fotografias, ou nesta passagem do diário: «Amputaram-me a perna há seis meses. Fizeram-se-me séculos de tortura e em momentos quase perdi a razão. Continuo a ter vontade de me suicidar. Diego é o que me detém, por vaidade de acreditar que lhe posso fazer falta. Ele disse-me isso e eu acredito. Mas nunca na vida sofri mais. Esperarei um tempo.»

Depois, a última frase do diário foi interpretada como um sinal de que o suicídio acabou por ser a escolha: «Espero alegre a saída — e espero não voltar mais.» No seu ensaio incluído em *Frida Kahlo — Sus Fotos*, o investigador Mauricio Ortíz tem outra leitura. Como a frase aparece num parágrafo em que Frida fala do hospital, agradecendo a médicos e enfermeiras, a interpretação pode ser literal: Frida espera alegre a saída do hospital e espera não voltar mais.

Mas neste livro está também o México.

Fotografias dos dois vulcões centrais («Diego e Frida eram algo assim na paisagem espiritual do México como o Popocatépetl e o Iztaccíhuatl», escreveu um senhor chamado Luis Cardoza y Aragón em 1955).

A Catedral Metropolitana erguendo-se num Zócalo com eléctricos, jardins e fontes. As ruínas pré-hispânicas de Chichén Itzá, Uxmal e Monte Albán antes do turismo de massa. Uma fotografia de Manuel Álvarez Bravo, *Operário em greve assassinado*. As queimas de judas nas festas de rua. Indígenas, camponeses, crianças na igreja, nos campos, nos barcos, na prisão, nas aldeias, a dançar. O templo que Diego quis fazer,

Anahuacalli, a partir do nome do vale central do México, Anahuac. O líder derrubado pela revolução, Porfírio Díaz. Os líderes da revolução, Zapata, Carranza, Villa, Vasconcelos. As tropas revolucionárias, com os seus grandes *sombreros*, os seus fuzis, os seus cinturões de balas cruzados no peito. E além do México uma parte do século xx. Nazis em plena saudação. Judeus intercetados a caminho da Palestina. O Empire State Building e a Praça Vermelha. Atletas russas na natureza. Lenine, Trotski, Estaline.

Quando vou a sair do lançamento, tropeço nos dois rapazes israelitas, que entretanto vieram de San Jacinto e estão deslumbrados com a Casa Azul. Diz um deles: «Assim é fantástico ser comunista.»

Rua Allende fora, camisas, bolsas, lenços, tacos, gelados, um mercado contínuo. Todo o bairro de Coyoacán parece estar na rua, com meia Cidade do México em visita. E na praça, o coreto, balões coloridos, namorados pelos bancos, um *heavy metal* que vem em ondas de uma varanda e não parece incomodar mais ninguém — nem a Biblioteca Pública Ignacio Ramirez, que está de portas abertas mesmo sendo sábado, ou mais ainda porque é sábado, e na porta tem um cartaz de luto por Carlos Monsiváis.

Todos os dias tenho visto alguma manifestação de luto por Monsiváis.

Vou espreitar a livraria El Sótano, com livros ao ar livre, e mais uma livraria de cadeia, com mais uma mesa de títulos para 2010: *El Narco: la Guerra Falida*; *Transición: Conversaciones y Retratos de lo Que Se Hice e Se Dejó de Hacer por la Democracia en México*; *México Frente a la Crisis*; *El Desencanto*; *Los Intocables*; *Duelos en Sequestro, Información y Terapia a Victimas*; *2012:*

la Sucession — de las Escenografias Criminales a las Alianzas Turbias; *El Cartel Incómodo: el Fin de los Beltrán Leyva y la Hegemonia del Chapo Guzmán*; *Nosotros Somos los Culpables*; *Fábrica de Culpables: la Violencia de Estado en México*; *El México Narco*. E no meio de tudo isto, *El Llamado de la Selva*, Jack London.

«É um momento muito crítico, ninguém o negará, mas negro creio que não», diz Diego López Rivera. Estamos sentados numa das esplanadas da praça. À nossa volta, entre as mesas, andam dois atores-palhaços que neste momento proclamam: «Pedi uma visão, e deram-me uma televisão.» O café, reparo agora, chama-se Frida.

Falamos sobre as eleições estaduais que acontecem daqui a uma semana. Em setembro estreia o último filme que Diego produziu. «A frase-gancho é: "Neste país não se conhece a verdade." Isso era válido há cem anos e continua. Mas existem instituições e uma classe média que não existia. Somos um povo que está a custar a amadurecer, a aceitar que existem leis.»

Olho para esta cara de olhos claros. Vejo nela a do avô? Sim, vejo.

Rivera teve filhos de várias mulheres, a partir de 1916. A segunda com quem casou foi a explosiva Guadalupe Marín, para todos, Lupe. Tiveram duas filhas e à mais velha chamaram também Guadalupe. É a mãe deste Diego.

Ele tinha cinco anos quando o avô Diego morreu. «Memórias não tenho, só histórias que me contaram. Há uma divertida: o estúdio de San Angel são duas casas muito interessantes, e a minha mãe acabou por comprá-las ao meu avô.» Pergunta-me se já lá fui. Eu pergunto-lhe se podemos ir lá agora. Ele hesita, e depois propõe deixar-me lá e acabarmos a conversa pelo caminho. Então vamos ao parque de estacionamento buscar a carrinha dele, uma coisa enorme, quase um autocarro.

E aí vamos, de miniautocarro pelas ruas de Coyoacán, Diego-neto ao volante. E é neste momento que a conversa se torna inesperadamente melancólica. Não é fácil ser Diego--neto.

«A minha mãe foi a filha rebelde. Há a história pública das personagens, que não só transformam a sua época como continuam a ser objeto de análise, de polémica. E depois há a vida íntima destas pessoas. É uma parte muito pouco conhecida, a das famílias. Diego Rivera não tinha boa relação com a sua mãe, e de alguma maneira sinto que nas relações em geral com as mulheres havia um conflito.»

Dá o exemplo da relação de Rivera com Angelina Beloff, no gelado inverno de Paris, durante a Primeira Guerra, quando o filho que tinham tido, também chamado Diego, morreu numa casa sem dinheiro para aquecimento.

«Algo se passou a que o meu avô não pôde corresponder, e impressiona-me a morte do pequeno Diego. De alguma maneira, ele tinha abandonado Angelina com o seu bebé. E em 1927, quando vai ao aniversário da revolução russa, deixa a minha mãe de dois anos e a irmã recém-nascida. E deixa-as com uma mulher como foi a minha avó [Lupe]. Não era alguém propriamente maternal, nem muito cuidadosa com os seus filhos. A minha mãe esteve a ponto de morrer por desnutrição.»

Pausa ao volante.

«Diego Rivera é um pai ausente. Quando regressa, a minha avó já estava casada com Jorge Cuesta, o poeta. Ser a filha rebelde foi a forma que a minha mãe encontrou para sobreviver.» Cortou relações com o pai? «Não, mas sempre foi uma relação tensa, distante, com o meu avô a querer que a minha

mãe fosse militante comunista, espeleóloga, antropóloga, que trabalhasse para o povo. Então, por oposição, ela foi advogada e fez carreira no partido oficial. Sobretudo queria ser ela mesma. Algo mais que a filha de Diego Rivera. É uma precursora do feminismo no México. É escritora. Vais vê-la, com todos estes sucessos, e não está satisfeita. Tem um grande vazio emocional provocado por isto que te digo.»
Algo que se prolongou nos filhos.
«Eu, a minha irmã e a minha mãe somos assíduos pacientes de psicanálise, e foi isso que nos permitiu lidar com isto, porque a carga emocional é muito forte. Por mais que te esforces para ser tu mesmo, tens uma série de impedimentos emocionais. Isso é o mais importante desta herança. Tenho uma prima que morreu mal, com uma incapacidade de entender os seus problemas. Era neta de Rivera. É uma vida de destruição. A minha mãe aprendeu a lutar e foi isso que nos ensinou, por mais que nos sintamos orgulhosos de ser os netos. Eu trabalho na fundação Diego Rivera com entusiasmo, mas outra coisa são as circunstâncias emocionais e afetivas.»
Pausa ao volante. Diego pensa.
«Podes ver Paloma Picasso: a sua mãe soube educá-la de tal maneira que foi uma mulher satisfeita. É ela, e é a filha de Picasso ao mesmo tempo. Não sofreu. Creio que a minha mãe lutou para ser ela mesma, mas não se permitiu não sofrer. A sua circunstância continua a marcá-la.»
O que não a impediu de chamar ao filho Diego. «E ao meu filho também Diego! A minha mãe foi ao registo civil e pôs-se de acordo com o notário.» O bebé ia chamar-se Rodrigo e passou a ser Rodrigo Diego. «Continua o mecanismo de manter o nome. É um processo neurótico.»

Diego-neto tenta minimizar os danos usando só Diego López no meio do cinema. Embora não deva haver ninguém no meio do cinema que não saiba de quem ele é neto.
Estamos a chegar a San Angel. E essa história da compra da casa-ateliê, como foi?
«Foi algo como possuir uma coisa que não me estás a dar.»
Rua Diego Rivera. Uma cerca feita de catos. Uma casa vermelha e outra azul. «São as primeiras duas casas modernistas no México», diz Diego López Rivera.
Aqui nos despedimos, estava combinado.

Foi Juan O'Gorman, o mesmo arquiteto da Biblioteca da UNAM, que desenhou estas casas para Diego e Frida em 1931.

Paralelepípedos com escada em caracol por fora, pé--direito altíssimo com *mezanine*, jogos de duas cores, azul--betão, vermelho-betão, janelões em quadrícula.

Por dentro, isto resulta num salão com a altura de dois andares, que é o ateliê, e em quartos minimais.

Na casa de Frida, mais pequena, nas traseiras, a casa de banho não ficou fechada 50 anos, e também não teria espaço para armazenar nada. Ainda lá está uma caixa de prata em forma de coração, boiões de creme, um perfume Flor-de-Lótus, uma caixa de pó-de-arroz Jovial.

Na casa de Diego, por onde começar?

O formidável ateliê é uma espécie de bestiário. Judas de pasta de papel de todas as cores e feitios, com cornos e caninos afiados. Esqueletos em pé e nas paredes. Bonecos sentados em cadeiras artesanais de palha e madeira. A paleta de tintas secas, os tubos de tinta esmagados, um retrato de Dolores del Rio no cavalete. Gangas e lenço atirados numa cadeira, como se tivesse sido há minutos. Botas, bengala e chapéu aos pés. Frascos de pigmentos e uma balança. Árvores-da-vida coloridas e toda uma coleção de figuras pré-hispânicas. Há um busto em que Diego parece mesmo um sapo-rã e um busto pré-hispânico não muito diferente, olhos demasiado afastados.

Lá em cima, na mezanine, livros.

E o quarto é de austeridade quase prisional com mimos femininos. Uma cama de ferro estreita com uma almofada bordada a dizer *Cariño* e um grande pijama cor-de-rosa. Os vários porta-chaves na mesa-de-cabeceira, um candeeiro de ferro todo amolgado, pantufas gastas debaixo da cama, ao lado de uma caveira colorida. Também há um par de esqueletos vestidos de noivos, um busto de Mao Tsé-Tung e um retrato de Frida, com toucado e manto. O livro que se destaca na estante é *Behind Idols, Altars*, de Anita Brenner.

Saio quando as portas fecham. E os funcionários são tão gentis que me deixam esperar um táxi no jardim. É tarde, e o metro está longe.

Então, faço San Angel-Zócalo à superfície, ao fim da tarde: o viaduto com dois andares, o Paseo de La Reforma com as suas palmeiras, as suas *ciclo-estaciones* em que as bicicletas são gratuitas, as suas rotundas com estátuas douradas, os seus arranha-céus.

Quando chegamos à Avenida Juárez, está cortada por uma marcha *gay*.

Uma vez, numa cabana, na ilha da Inhaca, o filho de Mia Couto, que é biólogo, explicou-me tudo sobre o organismo das baratas, enquanto lá fora chovia torrencialmente. Eu e todos

os presentes ouvimos num horror fascinado, imaginando esse mundo pós-atómico, dominado pelas baratas.
Posso imaginar um horizonte de baratas, e ler livros sobre baratas — ou o género humano? —, mas o que verdadeiramente penso sobre baratas é que estão muito bem em Kafka e Lispector, e menos bem no meu lavatório.
Então mudo do hotel cujo nome não quero lembrar para o Hotel Gillow, que é cinco euros mais caro e, como veremos, tem o depósito de bagagens mais hospitaleiro da Cidade do México.

Domingo! Dia de missa e de futebol! Agora de manhã vou à Virgem e à tarde ao México-Argentina. Que programa. E voluntário.
Há metro para a Virgem, muito prático, só uma mudança. E afinal aquilo das mulheres a acabarem a *toilette* no metro não é só entre mulheres. Nesta carruagem mista há várias mulheres a pintar os olhos e mesmo uma mulher cheia de rolos — depois, entre duas paragens, começa a desenrolá--los, atira-os para dentro da mala, sacode os caracóis e sai. Vidas de acordar, atravessar a cidade, voltar a atravessar a cidade, deitar. Não há tempo mas há brio. E menos pedintes que em Lisboa.
Zócalo-Hidalgo, Hidalgo-Deportivo 18 de Marzo, Deportivo 18 de Marzo-La Vila Basilica, e pelo caminho um cego a vender *pop* dos anos 60, que já no cais passa a anos 80 (Billy Idol, *Dancing with Myself*).
Quando venho à superfície, estou num mercado de rua, atravessado por um formigueiro humano. Sigo o formigueiro, lembrando-me de uma frase do professor Iracheta: «O México será cada vez menos católico e cada vez mais guadalupano.»

A Virgem, claro, é de Guadalupe, mãe de todos os mexicanos. A Virgem é o México. *Treinta y cinco, la Virgen!*, apregoam as vendedoras. De um lado e do outro, é uma espécie de corredor de vendas até à basílica. Ou antes, às basílicas. Porque há a basílica antiga, ocre, barroca, e há a basílica contemporânea, azul-celeste e redonda.

Entro primeiro na basílica antiga. Um homem está a falar de Jesus pelo altifalante. Não é um padre, parece ser o líder de um grupo: *Mí Dios, mí Rei...* Ao recuar quase esbarro num círculo de fetos de plástico. É um painel anti-aborto. *Desde la concepción tus células son inequivocamente HUMANAS! Nunca hemos sido un producto!*

Saio para a imensa praça da basílica nova. Carreiros contínuos de gente. Há pessoas que caem de joelhos e vão assim até à entrada. Pessoas em cadeiras de rodas, com *bouquets* de flores, com quadros da Virgem, sempre envolta no seu manto de raios de sol. Lembro-me daquela peça de roupa das avós indígenas de Frida. Será que era para ficarem como Virgens de Guadalupe? Famílias inteiras, *papacito, mamacita*, filhos, o cão pela trela. Têm-se uns aos outros e têm a Virgem. Aqui estão, com os seus altifalantes modernos, mas abrigando-se nos deuses como os zapotecas, os maias, os mexicas.

A basílica nova está cheiíssima, com gente em pé e de joelhos entre a plateia e as portas. Parece um pavilhão de congressos, com dezenas de bandeiras lá ao fundo e uma disposição em círculo. Homens com *t-shirts* de futebol a rezar. Rapazes de cabelo espetado com a Virgem nos braços. Uma mãe com um bebé embrulhado num cobertor de felpa a avançar de joelhos. Uma velhota de bata a avançar de joelhos.

E dos dois lados do altar cabines que parecem telefónicas mas são confessionários.

«Para que possamos alegrar-nos ao receber a Tua ajuda», diz o padre lá ao fundo, ao pé das bandeiras. «Para que o tempo seja bom e possamos gozar de uma natureza limpa. Para os que são vítimas da debilidade humana e do ódio em todo o mundo. Por todas as nossas famílias e matrimónios. Pomos toda a nossa existência em Tuas mãos. Mantém a nossa liberdade com a força do Teu amor.» E as pessoas ficam de palmas voltadas para cima.

Mas vejo um corrupio de gente a desaparecer por baixo do altar, do lado esquerdo. Furando lentamente pela multidão, compreendo que há uma rampa que nos conduz ao inframundo. E então, exactamente por baixo do altar, estão passadeiras rolantes para que as pessoas possam ver em andamento, de modo a ir dando lugar a todos.

Mas ver o quê? Aquele quadro da Virgem na parede? Passo e volto a passar. As pessoas todas de queixo para cima, fixadas no quadro, enquanto a passadeira rolante nos transporta. Não percebo. Pergunto a um dos vigilantes. «Aquele é o manto original, é o mais importante de tudo», esclarece ele, apontando o quadro. O manto está dentro do quadro.

Deposite sus milagros, diz uma caixa amarela. E as pessoas vêm com as suas dores, pedem, depositam.

Esta família, por exemplo, com uma menina. Há que citá-los mesmo no original porque às vezes não há tradução para a maravilha que os mexicanos fazem às palavras: «*Venimos a pedir a la Virgen que nos ayude, porque la Pepita está enfermita, malita de su garganta.*»

Cá fora, um padre benze a multidão a caminho do jardim. É que há um jardim em patamares até à capela onde apareceu

Guadalupe, lá em cima, na colina. E em cada patamar, homens de *sombrero* com altares de flores que podem ser contratados para uma fotografia. E em cada lance de escadas arcos de plantas. E lá em cima a placa diz: «Em 1660 Cristóbal de Aguirre e Teresa Pelegrina mandaram construir uma pequena capela neste lugar para comemorar as três aparições de Nossa Senhora a Juan Diego.»
«Crianças, aqui!» chama uma freira no átrio. «Aqui foi onde realmente apareceu a Virgem.» Um homem ao microfone, lá dentro: «À nossa boa mãe, Santa Maria de Guadalupe, vimos oferecer estas 53 rosas para adornar a sua bela cabeça. Se os mexicanos querem ter paz, têm a cruz do apostolado e a nossa mãe Guadalupe.»
Descendo de volta à praça, vejo uma espécie de tendas. O anúncio ao lado de uma imagem da Virgem diz: *Nichos, 6 urnas. Uso inmediato. Planes de financiamiento. 12 meses, 25 meses*.

Estação de Bellas Artes, depois de carruagens de metro a abarrotar. Como ainda é cedo para o jogo, saio já aqui e vou ver os murais ao faustoso palácio, que é ao mesmo tempo teatro de ópera, museu e sala de cerimónias da Cidade do México.
Em 1933, quando o Rockefeller Center recusou o mural que encomendara a Rivera porque era a glória do comunismo com a cara de Lenine, todo o trabalho foi destruído e Rivera tentou refazê-lo no Palacio de Bellas Artes no ano seguinte. Cá está, no primeiro andar, *El Hombre en el Cruce de Caminos,* uma espécie de Capitalismo *vs.* Comunismo. Lenine a unir as mãos dos trabalhadores enquanto a polícia dos capitalistas espanca o povo. O autor morreu antes de este maniqueísmo se tornar obsceno, e pelo menos aqui não há Estaline. Mas que fazem do lado capitalista aquelas senhoras de unhas pintadas, aqueles

senhores a beberem *cocktails*? Frida também pintava as unhas, e todos eles beberam *cocktails* nas suas casas modernistas, nos seus jardins tropicais.

Se a realidade se sobrepõe assim a este Rivera, talvez este Rivera não tenha chegado a criar uma realidade. Não sobrevive a tudo o que sabemos, mas devia estar para além disso, não? Prefiro de longe os quatro painéis do *Carnaval Mexicano* que Rivera pintou dois anos depois, noutra ala deste piso. E quanto aos restantes muralistas que aqui estão, abro a boca e fecho-a já, sobretudo perante Orozco.

Quando dou conta estou refugiada numa exposição de Magritte, ao fundo do corredor. E sai-me uma monumental exposição de Magritte, tudo o que não me lembrava, mais tudo o que me lembro, menos o cachimbo. Crianças, adultos, turistas, um sucesso. Paro numa frase: «Aqueles que não recordam o passado estão condenados a repeti-lo.»

Desço ao átrio para ver os vitrais, os mármores, o restaurante *art déco*. Ainda tenho tempo para uma sopa. As sopas no México são toda uma *comida*. Por exemplo, uma canja. Uma canja tem arroz, pedaços de galinha, fatias de abacate, legumes e queijo.

E ainda não falámos dos pequenos-almoços, esse princípio sagrado. Fica para amanhã, até porque agora tenho de correr para o Zócalo. Já vejo as massas a caminho, com pinturas de guerra.

Os mexicanos riem da derrota como riem da morte. Quarenta (ou oitenta?) mil pessoas de pé ao sol. Cinco minutos para o fim, o México perde 3-1, mas a família Roldán — só mulheres — berra tudo por tudo.

— *Sí, se puede! Sí, se puede!*

E os jogadores mexicanos esgatanham-se no assalto à baliza. Não entram golos, mas caem argentinos como meninas, com caretas e queixinhas.
— *Maricón!*
— *Mariquita siempre grita!*
— *Chillón! Chillón! Chillón!*
Berram as filhas, enquanto a mãe explica que *chillón* é chorão. E se algum argentino se agarra mais aos joelhos, a gastar tempo, é toda a praça:
— *Puto! Puto! Puto!*
Versão forte de *maricón*, género paneleiro.
Já quando Maradona aparece, com o seu fato-e-gravata de treinador, as filhas Roldán não perdoam:
— *Che boludo! Che boludo!*
Um insulto argentino, diz a mãe.
Mas o meu favorito é mesmo o misterioso:
— Eh! *Pinche bofo! Pinche bofo!*
Por exemplo, quando aparece Messi, o pequeno génio do inimigo.
Quatro minutos para o fim.
— *No tardeis que se me arruga la «face»!* — grita a Roldán adolescente, óculos escuros e pinturas tricolores nas bochechas. À volta toda a gente ri.
Riem como riem da morte-de-brincar. Riem, como na canção, para não chorar. Mortos todos os dias, medo todos os dias. Mas enquanto houver Mundial, sempre há a Fifa Fest, os ecrãs gigantes que o governo de Calderón montou no Zócalo. E aqui estamos, 40 (ou 80?) mil de pé, ao sol, a ver a Argentina chutar o México do Mundial.
Às nove da manhã já o trânsito nesta zona estava cortado e dezenas de polícias se concentravam nas esquinas. E à uma

da tarde, o Zócalo era uma massa compacta de gente, com milhares de polícias espalhados pelo meio. Vinda a pé das Bellas Artes, só consegui avançar até ao ecrã lateral esquerdo. Por trás do ecrã, a catedral. Aos pés do ecrã e da catedral, esta multidão de mestiços, hoje quase todos vestidos de verde. Cornetas, chapéus, cabeleiras e pinturas tricolores, mesmo verniz de unhas: branco, verde e vermelho.

Uma e meia. No ecrã, Maradona benze-se. O México entra como um puma, e todo o Zócalo acompanha, mãos no ar, urros sempre que os verdes se aproximam da baliza azul.

Duas da tarde, o sol arde. É a estação das chuvas sim, mas só ao fim da tarde. Troncos nus. Guarda-chuvas a fazer de guarda-sol. Remates ao poste, ao lado, acima. Ao primeiro golo argentino, silêncio. Ao segundo, saem os primeiros desistentes. No intervalo, é um formigueiro a deixar a praça. Já há quem limpe as pinturas da cara.

Mas os que não tinham conseguido lugar tomaram os lugares livres e quando a segunda parte arranca o Zócalo continua a abarrotar.

Nada a perder, tudo para a frente.

Há caras tristes nos passeios, caras caídas mesmo, mas não há lágrimas, e junto à família Roldán a festa segue.

— O mexicano tudo festeja, se a gente ganha, empata ou perde — diz uma vizinha. E entretanto vai insultando os recém-chegados que atalham caminho por cima dos canteiros.

— Eh! Não veem as plantas!

O Mundial é lá longe, mas as plantas são aqui.

— Não levamos isto tão a sério como os argentinos — diz outro vizinho das Roldán, o *señor* Juan Sánchez.

Vieram todos de um bairro popular da cidade, porque aqui haveria *fiesta*. Quem quer ver isto em casa quando pode

vê-la de pé, na companhia de 40 (ou 80) mil? O Zócalo é todo um estádio, mas sem lugares sentados.
E merece pelo menos isto, que ao minuto 71 todos possam pular, de braços no ar:
— *Goooooooooooooool!*
E pedem logo:
— *Otro! Otro! Otro!*
É então que as Roldán desatam a gritar:
— *Sí, se puede! Sí, se puede!*
Quando o árbitro apita o final, Maradona volta a benzer-se e o *señor* Sánchez inclina-se para me dizer:
— Jogaram como nunca, perderam como sempre.

Centro histórico ao fim da tarde: gente a sair e a entrar da Zara e da Pull & Bear como em todo o mundo. Mas aqui o ar é morno, e há um realejo, e as fachadas são barrocas, e naquela esquina ondula uma faixa de luto por Carlos Monsiváis: «Obrigada pelo teu legado.»
Entro no Café del Centro para beber uma *americana*, café fraco mas aromático, em copos grandes. É a primeira vez que me lembro de preferir um café destes a um expresso. Um passo em frente para o Novo Mundo, a compensar aquilo de o ter trocado por Magritte. E à beira do passeio, estando as pernas na cadeira em frente e fico a ver a cidade passar comendo gelados, com o meu livro no colo: *Murder City*.
O céu põe-se violeta.

O tema do pequeno-almoço é isto: os mexicanos fazem três refeições por dia, mas de garfo e faca. Ou seja, o dia está a começar, portanto nada de *muesli* e suminhos, é de feijões para cima, e ponham *chile* nisso. Há tasquinhas com *desayuno*s por toda a parte, e tudo matéria para ir digerindo. Não admira que as noites de hotel não incluam pequeno-almoço. Aquilo é um fasto, um gasto. Aquilo é a sério.

Claro que se estamos na Condesa há *muesli* orgânico e por aí fora. E mesmo aqui no centro histórico já apanhei cafés que no fim de uma lista de 30 pequenos-almoços diferentes têm cereais com iogurte e mesmo fruta. Quanto a pão, género com queijo ou mesmo *tostado*, é uma espécie não autóctone.

Mas que lamentosa costela de Velho Mundo, pormo-nos a pensar nesses irmãos mediterrânicos, o pão e o azeite. Não há que pensar muito, e menos ainda lamentar. Os primos do México são a *tortilla* e a *salsa*, é assim. E quando a *salsa* é boa, *caray*.

Teotihuacán, chegou a hora. Quando os mexicas lá chegaram já estava em ruínas. Chamaram-lhe então Teotihuacán, o Lugar Onde Se Fazem os Deuses. Hoje apresenta-se ao mundo como a primeira cidade planeada na Mesoamérica, embora Monte Albán, no Sul do México, reclame essa primazia.

Vou ao Café del Centro buscar uma *americana* e caminho até às Bellas Artes para apanhar um *trolley* rumo à Central del Norte. A Cidade do México tem várias centrais de autocarros. Como não há comboios, o México é certamente o país do mundo com mais autocarros *per capita*, e isso também é válido para os *trolleys* e autocarros de cidade: passam de meio em meio minuto. Quatro pesos por um bilhete, ou seja 24 cêntimos, e vamos sempre a direito, avenida fora, até à Central.

Então, aí chegada, tenho a minha primeira visão do que realmente significam tantos autocarros. Num imenso semicírculo há dezenas de guichês de diferentes companhias para todos os destinos possíveis do Norte, incluindo Ciudad Juárez, para onde voo amanhã (são 1800 quilómetros). Os autocarros de Teotihuacán partem de 15 em 15 minutos e o bilhete custa 35 pesos, dois euros.

Arrancamos por subúrbios que não acabam, entre viadutos e lojecas. O condutor escuta Martín Espinoza, *la voz que despierta a México*, e, claro, nunca se sabe se México é a cidade ou o país. Neste momento Martín Espinoza entrevista um responsável de Chihuahua que diz que «os últimos dois anos foram basicamente para assistir a funerais e acompanhar a dor». Chihuahua é o grande estado desértico onde fica Ciudad Juárez.

O trabalhador de uma das empresas de autocarros entra com uma geleira para vender águas, amendoins e chocolates, declarando ao longo do corredor que os trabalhadores da sua empresa estão em greve. Mais adiante, numa paragem, sobe uma vendedora a apregoar pistachos e gelatinas. Martín Espinoza diz-nos que chove em Chiapas, estão 35 graus em Chihuahua e 16 na Cidade do México (ele não diz Cidade do México, diz D.F.). Dezasseis graus? Mas eu estou de manga curta. Não quero imaginar o que serão 35 graus em Juárez.

Continuamos a sair da cidade. Agora são colinas cheias de barracos de cimento. A viagem leva 50 minutos e só a meio é que a Cidade do México acaba. E à partida já estávamos na ponta norte.

Sobe um homem com uma guitarra: *Señores y señoras...*

Teotihuacán. Tinha-me esquecido que o céu era tão azul. Ar leve, catos, uma montanha ao fundo. Vendedores de artesanato de um lado e do outro. Mas depois de pagarmos bilhete o horizonte não acaba.

À nossa frente, a Cidadela: uma praça relvada com o Templo de Quetzalcoátl. E a partir daí, sempre para a esquerda, os quatro quilómetros da Calzada de los Muertos, ao longo dos quais estão as pirâmides.

Formigas gigantes no chão. Catos de folhas espalmadas com bolinhas vermelhas. Mal sei eu o segredo que contêm, nem sequer sei que há um segredo. Cada *sombrero* na paisagem é um vendedor ambulante, com o seu fardo de flautas, de obsidianas, de quartzos. Até à Pirâmide do Sol temos de dizer muitos *No, gracias*. Depois, quando chegamos à base, os degraus desaparecem no céu. Mas a minha culpa católica compele-me a subir as pirâmides que se podem subir. Culpa e curiosidade, uma amálgama infantil.

Não restam frisos nem esculturas ao longo dos degraus. A Pirâmide do Sol é uma montanha de pedra de lava, maciça, árida, erguida pelos homens. Que homens eram esses? Como foram dos primeiros na Mesoamérica, não se sabe bem. Nem se sabe como se extinguiu esta cidade tão plana, traçada geometricamente por volta do primeiro século cristão, ao longo de uma avenida de quilómetros. Quando os tetravós de Moctezuma chegaram, já cá não estava ninguém. Imaginem o assombro. Era um vestígio de deuses sobre os quais os mexicas nada sabiam. Teriam os deuses castigado todos os homens com alguma espécie de morte?

E em 2010 chegamos com as nossas garrafas de água ao topo, respiramos o ar e o lugar, tiramos fotografias uns aos outros, e continuamos sem saber nada sobre os deuses e menos ainda sobre a morte.

«Os teotihuacanos enterravam os mortos, de acordo com o seu estatuto, em covas, poços de água, cavidades próximas das pirâmides, ou ofereciam-nos aos deuses em recipientes

cerâmicos», diz um dos painéis no Museu de Teotihuacán, que está no fim do sítio arqueológico, e onde se podem ver as covas com esqueletos deitados de lado, pernas fletidas, às vezes com os joelhos quase junto ao queixo, e várias oferendas em volta. E aqui estão as inquietantes esculturas de pedra que representam cabeças de jaguar, um rosto com dois círculos unidos a fazer de olhos, relevos que podiam ter sido arrancados de um Picasso.
Antes da saída há frescos de bichos e homens com grandes toucados de plumas.

Depois esperamos pelo autocarro para a Cidade do México e em breve avistamos as grandes favelas do norte, colinas repletas, cor de fumo. Que calafrio pensar nos sismos diários que há na Cidade do México. Pequenos sismos que um dia poderão ser um grande terramoto.

Volto a meter-me no metro, porque Lizeth sempre me arranjou o contacto do seu escritor favorito, e ele marcou-me encontro em Coyoacán, onde vive.
É a minha derradeira tarde na Cidade do México.

As frases de Juan Villoro disparam numa direção e subitamente viram. Talvez por isso a escrita dele seja tão fulminante. Se víssemos logo para onde íamos, não precisávamos que alguém nos levasse lá. Em Portugal, não foi traduzido até agora, mas esse é um problema nosso. Desde que Lizeth me falou nele, procurei o que pude.
Nascido em 1956, na Cidade do México, Villoro está hoje entre os principais escritores latino-americanos. Publicou romances (o mais conhecido é *El Testigo*), livros de contos (o mais recente é *Los Culpables*), livros para crianças, ensaios e jorna-

lismo. Sociólogo de formação, foi radialista, jornalista, dramaturgo e guionista.
Mudou-se para Coyoacán depois de «20 moradas diferentes» na Cidade do México, sempre na zona sul. Este bairro não deixa de ser um centro. Por exemplo, «80 por cento dos livros do país vendem-se aqui», diz Villoro. Pensando naquelas livrarias todas no mesmo quarteirão posso perceber como.
Sentamo-nos num banco de jardim da praça, hoje sem *heavy metal*, só árvores, cafés, e gente. «Há muita vitalidade cultural», diz ele. «Muita gente a fazer coisas interessantes nas artes plásticas, na caricatura, na fotografia, em instalações. Gente na música, no cinema, no vídeo, na literatura. O que falta são públicos. Há uma falha entre produção e consumo. Bellas Artes, para a maioria das pessoas, é uma estação de metro. Também escrevo teatro, e sou dos que sofrem porque aparece pouca gente.»
Não há história na felicidade, essa é uma certeza deste autor. A felicidade é para ser vivida, e o resto é para ser escrito. Talvez isso explique a vitalidade cultural mexicana. Villoro cita aquele diálogo do filme *O Terceiro Homem*: «"O que trouxeram a paz e a estabilidade da Suíça? O relógio de cuco. Mas a corrupção e o caos de Itália trouxeram o Renascimento." Se isto está certo, então no México estamos obrigados a ser renascentistas. Há violência, corrupção, desigualdade, e ao mesmo tempo uma grande capacidade de reagir a isto na arte.»
Mas «o facto de não haver público produz o fenómeno do artista secreto», que fala para quem o conhece. «Claro que um filme como *Amores Perros* é muito visto, mas o normal é um circuito restrito. Então a arte converte-se numa especialidade, num luxo.» Villoro diz que «quatro mil exemplares de um livro é uma boa venda» no México. Em Portugal é uma boa venda

relativa, e Portugal tem dez e não cem milhões de habitantes, como o México.

Mas o grande paradoxo mexicano é este: «Como a maioria não o consome, o papel do artista é socialmente mais importante. Ao dominar uma forma de dificuldade, o artista, sobretudo o escritor, aparece como um guru, um profeta.» Villoro está sempre a sentir isso: «Fazem-me perguntas como se eu fosse um oráculo. E isto cria caudilhos culturais. O México é um país de caudilhos [líderes autoritários]. Carlos Fuentes, Octavio Paz, Carlos Monsiváis interpretam a civilização.» Súmula? «O escritor é menos importante pela sua obra do que pela sua representação como oráculo. Foi o que se passou também no Peru com Mario Vargas Llosa.» Ou aqui mesmo, em Coyoacán. «Artistas como Diego Rivera fundam partidos, são membros de tribos sociais.»

Que papel teve Monsiváis na cultura contemporânea mexicana? «Era um grande árbitro entre o culto e o popular, deixou um vazio gigantesco. Tem uma obra fragmentária, através da qual intervinha em atos sociais. Um homem da esquerda crítica, democrática. Porque o México ainda tem uma esquerda ultra fanática, estalinista, intolerante.»

Villoro crê que Monsiváis, tal como o poeta José Emilio Pacheco ou a romancista Elena Poniatowska, ainda vivos, são a última geração de escritores com um papel social. «A minha geração rompeu com isso e tem uma atitude mais individualista. Mas continua a haver uma expectativa de que o escritor seja um intérprete da sociedade.»

Por exemplo, em relação à violência, ao narcotráfico. Entre os artistas que estão a tratar o tema, Villoro refere o escritor Élmer Mendoza e a artista plástica Rosa Maria Robles, dois criadores de Sinaloa, o estado do cartel de *El Chapo* Guzmán.

Como jornalista, ele mesmo, Villoro, já foi premiado com um texto chamado *La Alfombra Roja: El império del narcoterrorismo*. E como escritor, não se sente puxado? «Vivo essa exigência de maneira muito caótica, queixando-me todos os dias do que faço e do que não faço. A mim interessa-me ser testemunha. Tenho tratado esse tema. Escrevi *El Testigo*. E não sou especialista em narco e violência, mas nos últimos 15 anos vivemos tal deterioração que me parece difícil não reagir. Há escritores que criam uma bolha e se evadem, como Borges. O acontecimento fundamental de Borges foi descobrir a biblioteca do pai. E com isso criou uma realidade fantástica, que o pôs a salvo de um mundo argentino que ele desprezava, uma realidade insatisfatória. A mim interessa-me a ligação entre o ponto de vista de quem vive os acontecimentos e os próprios acontecimentos. Preferia não escrever sobre narcotráfico, mas isso é a passividade da sociedade atual. Se não o fizer, não entenderei a realidade mexicana. Então vivo isto com tensão. Gostaria de escrever coisas mais imaginárias e depois exijo de mim próprio tratar dos acontecimentos reais.»

É a própria identidade do México que está em crise. «Não há autoridades claras, nem no setor privado nem no público. Temos uma sociedade de abuso generalizado onde cada um impõe a sua lei.» A rede de telefones é todo um caso. «Eram propriedade do Estado, privatizaram-se e deram-se a um só dono, com direito de monopólio por dez anos nas chamadas nacionais e de cinco nas internacionais. Hoje é o homem mais rico do mundo.» Carlos Slim. «Que um homem fique com um monopólio que era da nação corresponde à mesma lógica de abuso do narco. Os dois homens mais ricos do México são hoje Carlos Slim e *El Chapo* Guzmán. São cara

e coroa da mesma moeda, embora quanto a negócio e conduta sejam diferentes.» Há a convicção generalizada de que o atual regime do PAN ajuda o cartel do *Chapo*. Que pensa Villoro? «É difícil de demonstrar mas com muitas hipóteses de credibilidade. Chamam a *El Chapo* o narco do PAN. Porque estava na prisão e escapou, e porque de todas as capturas dos narcos só um por cento tem a ver com o cartel do *Chapo*. Em troca, 28 por cento são do cartel dos Beltrán, os seus principais rivais.»
O México bateu no fundo? «Não, vai piorar. Estamos numa espiral onde a violência vai assumir facetas de terrorismo social. Ser cidadão neste momento é um dano colateral. A possibilidade de morrer é por estares presente. A dimensão do problema é tão grave, que temos de reconstruir a sociedade. Por isso, neste momento os intelectuais não podem ser indiferentes. Aqui estamos, num parque agradável, mas estou certo de que todas as pessoas aqui tiveram contacto direto ou indireto com a violência.» Há que combater as redes de financiamento do narco, o governo tem de se investigar a si próprio e a educação social tem de mudar. «Esta é uma sociedade de castas, de desprezo racial, de discriminação de género e de orientação sexual, muito machista. A estrutura familiar mexicana parece-se muito com um cartel onde o pai é o *capo*, que tem o favorito que o substitui e a quem todos se subordinam.»
As drogas deviam ser legalizadas? «Não sou um especialista mas temos um exemplo nas sociedades indígenas, que para cerimónias e fins médicos podem tomar estupefacientes. É um bom exemplo. Às vezes as mudanças do futuro vêm do passado.»
Do que Villoro não duvida é que, «se tirarmos o negócio ao narco, já não há tráfico», enquanto agora o tráfico está por

toda a parte. «Tenho um filho de 18 anos e ele diz-me que naquela árvore ali se vendem anfetaminas, e se queres cocaína vais à outra praça.»

As coisas estão tão más que «a principal obrigação social hoje é manter a alegria».

Breaking news: o candidato a governador do estado de Tamaulipas acaba de ser assassinado. Faltam seis dias para as eleições.

O meu último encontro na Cidade do México é com um penalista a quem escrevi de Lisboa, Fernando Tenorio Tagle. E como eu vinha encontrar-me com Villoro em Coyoacán, e Tagle também vive em Coyoacán, sugeriu que nos víssemos de seguida. Então passo do banco de jardim para uma esplanada.

Tagle é um decano universitário. E isso vai ter consequências na minha estadia em Juárez.

A estratégia de combater o narcotráfico, diz ele, tem sido «má», a começar pelo exército, enviado para as cidades com blindados, como numa guerra convencional. «Parece que está a ajudar uns cartéis contra os outros. A violação de direitos humanos por parte do exército aumentou 600 por cento. Assassinou pessoas na rua, crianças, mulheres, embora encubra isto.» Conclusão: «A entrada do exército nesta guerra não é para combater o narco, é uma forma de disciplina social, para evitar a subversão.»

Aqui estamos, entre cafés simpáticos, namorados que passam, crianças que brincam, um lugar civilizado, com separação de lixo. E falamos sobre Juárez, para onde vou amanhã. Tenho pedido sugestões a toda a gente sobre pessoas com quem possa falar lá. Terá o professor Tagle algum contacto? «Queres falar com a procuradora? Foi minha aluna.» Boa aluna. Tem-na,

aliás, como uma intelectual. Então pega no telemóvel e telefona à procuradora-geral, a mais alta autoridade judicial na cidade mais violenta do mundo. «Quarta-feira às nove da manhã?» E depois de marcar o encontro, conta que a procuradora «perdeu 30 quilos» nos seis anos de missão em Juárez, além de se ter divorciado. «Vais ver como está.»
    Está de partida.

Parte II
Norte

Ciudad Juárez

Voo sobre o grande deserto de Chihuahua.
No verão de 1936, Antonin Artaud percorreu este deserto até à *sierra* dos índios tarahumaras.
Há um conto tarahumara que começa assim:
«Ouve — diz um velho ao seu neto —, tu serás o que fortalece o mundo. Transmitirás tudo o que te disse. Se não o disseres a outros, perder-se-á.»

O homem está deitado numa mesa de alumínio. Tem parte da cara desfeita e sangue na roupa. Vê-se a barriga, grande, peluda. Não há história, não há nome. O funcionário da morgue calça luvas de silicone, cobre o corpo com um oleado, e escreve a amarelo-fluorescente na zona da barriga: «Cadáver desconhecido — 30/junho/2010.»
Isto foi um homem.
«Já fizemos 14 autópsias, e agora entraram mais sete», diz a diretora da morgue, Alma Rosa Padilla, vestido rodado às bolinhas, sapatos pontiagudos de verniz. Alguns dos autopsiados eram mortos de ontem, mas hoje ainda não acabou. São apenas 19h25 e, como veremos, há gente por matar.

Ao fundo do corredor, dois funcionários tiram de uma carrinha os corpos recém-chegados, envoltos em oleado. Põem cada volume numa mesa de rodinhas, puxam-na até à Sala de Autópsias e estacionam junto a uma banca com lâmpadas e balanças e advertências do tipo: *Material Punzocortante*. Pelo caminho, não há sangue à vista. A nova morgue é um lugar limpo, com mosaicos onde os saltos da doutora Alma Rosa fazem tic-tic. Antes da autópsia, os mortos só se destapam para o registo fotográfico. «Depois o sistema dá-lhes um número, com as características do corpo: tatuagens, cicatrizes, amputações, cirurgias.»

E fora do sistema, na contagem dos homicídios deste ano, o cadáver da cara desfeita será um número na casa dos 1400.

No tempo em que menos de uma pessoa por dia era morta em Juárez, os repórteres tinham umas horas para tentar reconstituir a história. Isso foi há séculos, em 2007. Agora, um repórter começa a escrever sobre o último morto, e no fim do parágrafo já está desatualizado. Os mortos fazem fila para entrar nas notícias, tal como na morgue.

Em 2007, foram mortas 316 pessoas em Juárez.

Depois, em 2008, foram mortas 1623 pessoas.

Depois, em 2009, foram mortas 2754 pessoas.

Ou seja, entre 2007 e 2009, o número de pessoas mortas aumentou quase 900 por cento.

E em 2010 a tendência é para subir.

Não contando com sequestros, extorsões, violações e torturas, são estes números que fazem de Ciudad Juárez a cidade mais violenta do mundo, a grande distância de San Salvador, Cidade do Cabo ou Medellín.

Segundo o Consejo Ciudadano para la Seguridad Pública y la Justicia Penal en México — observatório que coteja as estatísticas internacionais —, em 2009 a taxa de homicídio em Juárez foi de 191 por cada cem mil habitantes, a mais alta do mundo. Em segundo lugar, vem San Pedro Sula, nas Honduras, com 119 (Bagdade, com 20, nem sequer aparece no *ranking*).

Mas Molly Molloy, uma bibliotecária da Universidade do Novo México que há anos reúne e organiza os dados de Juárez[*], tem contas ainda mais negras. Como centenas de milhares de pessoas deixaram a cidade por causa da violência, a última estimativa de população desceu para 1,1 milhões. A partir desse número, «é possível dizer que a taxa de homicídio em Juárez é agora de 249», diz Molly por *e-mail*. «E se projetarmos um total de homicídios mais alto para 2010 poderá chegar a 265.»

Um pequeno esforço dos sicários, e a inflação de mortos nos últimos três anos rondará mil por cento.

Quem são os sicários? Os que matam a mando. Cada cartel tem o seu exército. Supostamente o que aconteceu nesta cidade foi que em 2008 o cartel que sempre dominou a região — por isso chamado Cartel de Juárez — passou a ser desafiado *in loco* pelo seu grande rival mexicano — o Cartel de Sinaloa. Daí o número de mortos ter disparado.

Esta é a versão oficial, repetida pela justiça, pela polícia e pelos políticos: dois cartéis em guerra, e as autoridades a tentarem acabar com essa guerra.

Depois há a versão não oficial, de toda a gente (que as autoridades também não contestam): o narcotráfico está dentro das autoridades e vice-versa.

Ou seja, não há ninguém em Ciudad Juárez — do ex--heroinómano Jesus Hernández à procuradora Patricia González — que diga que os bons estão de um lado e os maus do

---

[*] http://groups.google.com/group/frontera-list

outro. O que qualquer pessoa em Juárez parece saber é que a qualquer momento pode ser morta.

Balanço dos quatro dias que passei na cidade:

A 29 de junho foram mortas cinco pessoas, incluindo um polícia.

A 30 de junho foram mortas 17 pessoas, incluindo adolescentes que reparavam telemóveis, carpinteiros nos seus postos de trabalho e a subprocuradora. A cabeça de um dos mortos foi deixada à porta de um político local.

A 1 de julho foram mortas sete pessoas, incluindo uma menor, todas na rua ou em estabelecimentos públicos.

A 2 de julho foram mortas cinco pessoas, incluindo um homem desmembrado e pendurado numa árvore.

Muito trabalho para a morgue, onde a ciência forense, portanto, avança. «Temos quatro refrigeradores com capacidade para 40 corpos bem acomodados», descreve a doutora Alma Rosa. «Hoje estamos a 60 por cento da capacidade. Refiro-me só a mortes violentas. Fazemos três turnos diários, incluindo fins-de-semana. Já chegámos a fazer 30 autópsias por dia.»

E, como veremos, esta morgue está na vanguarda mundial quanto a reidratação de cadáveres mumificados. Juárez é o deserto, e o deserto tem esse efeito sobre os cadáveres.

Mas voa-se para Juárez como se fosse uma cidade normal.

Rewind.

Cidade do México. Sala de espera do voo AM258. Um expresso custa dois euros, há joalharias e lojas Lacoste. Mexicanos bem vestidos veem o correio nos *blackberrys* ou atendem chamadas com aquela gentileza protocolar: *Sí, soy yo, para servirlo.*

E a duas horas e meia de voo, a morte sai à rua.
Em 2007, o grupo do *Financial Times* escolheu Juárez como «cidade norte-americana do futuro». Ainda hoje alguém deve estar a pensar como se enganou tanto. Se tivesse lido, por exemplo, *Juárez: The Laboratory of Our Future*, do norte-americano Charles Bowden, estaria a par de um futuro, sim, mas negro. Bowden, que passa longas temporadas em Juárez e escreve com a exactidão de um poeta, vê esta cidade como cobaia do capitalismo global, a antecâmara do que poderá ser um mundo de desempregados e quase-escravos.

Agora, acaba de publicar *Murder City — Ciudad Juárez and the Global Economy's New Killing Fields*, narrativa árida, devastada. E podemos embarcar a ler, por exemplo, a história da rapariga a quem ele chama Miss Sinaloa, que acabou entre *Los Locos*, aqueles que perderam a razão nas ruas de Juárez, anjos vindos do Sul do México, soprados pelo *american dream*, violados em série ou castanhos da heroína.

Avança uma hospedeira de rabo-de-cavalo: «Passageiros do voo AM258 para Ciudad Juárez, embarque na porta 64.»

Mulheres sozinhas com madeixas louras; mãe, pai e filho com um blusão luxuriante; filhos cheios de jogos eletrónicos e mãe com saco Hugo Boss. Mas isto não quer dizer nada, a não ser dinheiro novo.

Deserto, deserto, deserto, algures a *sierra* dos tarahumaras. Depois fábricas. Aterramos sob um céu de cinema, grandes nuvens brancas a rebolarem num fundo muito azul. À saída, *pick-ups* da Polícia Federal, agentes sentados e de pé, armas apontadas. Há 4500 homens assim, a patrulhar a cidade.

Em Ciudad Juárez, onde o exército chegou em 2008 com a missão de combater o narcotráfico, a Comissão de Direitos Humanos recebeu centenas de queixas de abusos por parte dos militares, e o presidente Calderón acabou por retirar os soldados do centro da cidade. Nova estratégia, desde 9 de abril deste ano: o exército à volta e os polícias federais dentro.

«Mas muitos polícias são ex-soldados com outras fardas», faz notar Julián.

Julián Cardona, 49 anos de idade e quase 49 anos de Juárez. Para a Agência Reuters escreve, para os outros fotografa. São dele as fotografias dos livros de Bowden, e fizeram juntos o álbum *Exodus*, percorrendo as histórias da fronteira — esta fronteira que agora vemos da sua *pick-up*: uma cerca à beira da estrada, com as carrinhas da Border Patrol do lado de lá.

O lado de lá é El Paso, Texas.

«Não consegues vê-lo porque está quase seco», diz Julián, «mas entre nós e eles está o Rio Bravo.» Para os americanos, Rio Grande.

Um minuto de história. No século XVI, vencido o império azteca, a coroa de Espanha continuou para norte. A esta região chamou Novo México, e ao sítio onde era preciso passar o rio chamou El Paso. Aí fundou, em meados do século XVII, uma missão, e, em volta, nas duas margens, cresceram casas. Décadas depois o México tornou-se independente, mas cedo perdeu para os EUA boa parte do território (o que hoje é Califórnia, Nevada, Utah, Texas, a maior parte do Arizona e do Novo México, parte do Colorado e do Wyoming), e a fronteira ficou a ser o rio.

Anos mais tarde, em homenagem ao estadista Benito Juárez, a cidade do lado mexicano passou a chamar-se Ciudad Juárez.

Estamos a chegar ao centro.

Vias rápidas entre postes altos com anúncios, porque toda a cidade é horizontal, feita para andar de carro e avistar as coisas ao longe. Não há passeios, há bermas, e de um lado

e do outro acessos a parques de estacionamento, bombas de gasolina, *drive-ins*. Não há passadeiras, há pontes aéreas, com campanha eleitoral e anúncios como «Em Juárez os sorrisos vencem fronteiras. Hoje sorri». Vermelho Coca-Cola. Dourado McDonald's. Verde Starbucks. E a seguir, para não nos esquecermos de onde estamos, um painel contra o céu: «Pena de morte para assassinos e sequestradores.»
Ao fundo, o recorte das montanhas. Bairros com casinhotos de cimento interminavelmente iguais. Baldios com lixo e um aquaparque abandonado. Água nas esquinas porque choveu, e drenagem, nada. Aqueles autocarros de escola americana, comprados em segunda mão para o transporte público. Um pequeno *graffito*: «Resiste.»

Sempre que aparece uma fábrica é uma *maquiladora* (ou *maquila*, como se diz, para abreviar): fábricas, sobretudo americanas, mas também europeias, japonesas ou chinesas, onde, por custos muito baixos, operários mexicanos montam peças que vêm de fora.

«Antes, a cidade vivia do turismo negro», diz Julián. «Bares, prostitutas, artesanato. Depois, nos anos 60, aceitou um novo modelo, com as *maquiladoras*. Salários de 50 pesos por dia [três euros]. Claro que décadas de salários tão baixos geraram uma descomposição.»

Ele mesmo experimentou a *maquila*, há 30 anos. Foi supervisor e saiu depressa: «Não ia passar a vida a foder a minha própria gente.»

Em qualquer sítio no México, se olharmos em volta, algo pertence a Carlos Slim, o homem mais rico do mundo.

Por exemplo, a rede de telemóveis. Acabada de chegar a outro estado, percebo que o número de telemóvel que comprei não é mexicano, é da Cidade do México. Os prefixos variam de região para região, e as chamadas regionais são mais caras. «Assim, ele ganha muito mais», diz Julián, abrindo o menu.

Por exemplo, o restaurante onde estamos, na avenida principal de Juárez, o Sanborns. É uma das cadeias que Slim tem por todo o país, espécie de restaurante-e-fnac, mas com ar condicionado no máximo e *chiles* dentro da sopa. E, como em todo o país, dão-nos música tão alta que não se ouviria um tiro.

«Já não se aguenta o argumento de que isto é como qualquer cidade violenta. Porque não há nenhuma cidade mais violenta que esta. Mas as pessoas têm medo de falar, porque têm medo de que as matem.» Julián fala a olhar nos olhos. E de quando em quando olha para a porta, para as janelas, em volta.

Ao fim de umas horas, o visitante começa a aperceber-se de que é assim que as pessoas de Juárez falam. E parecem ter sempre gotas na testa, ou por cima do lábio.

Julián propõe beber café no Starbucks, não só porque o café é melhor, mas porque «ontem houve uma execução no estacionamento». Portanto saímos do estacionamento do Sanborns e entramos no estacionamento do Starbucks/Walmart.

Um dos lavadores de carros, Jorge, 19 anos, *t-shirt* a dizer *Paris*, cabeça rapada, brinco, não viu nada. «Não estava cá, mas encontrei uma bala de 9 mm.» Qualquer miúdo em Juárez sabe distinguir balas. Os jornais estão cheios de precisões do género *cuatro casquillos percutidos de calibre .40 milímetros*. É isso e os carros dos mortos (*un Mustang modelo 95*). Mas quem era o morto, já é mais difícil. E arriscado.

O único lavador que viu a execução é um tipo de meia-idade e boné, que não quer dizer nem o nome próprio: «E se os federais vierem falar comigo, não vi nada.» E o que viu, afinal?

«Vieram executar um. Era uma carrinha com dois homens, eram umas sete da tarde. Estavam cá fora à espera, e ele estava lá dentro às compras. Eu estava aqui na esquina, e quando olhei ele já estava no chão. Saíram logo, e a polícia apareceu um minuto depois.»

Quando a polícia aparece «um minuto depois», as pessoas tendem a suspeitar que a polícia já estava lá, e não fez nada. Ou seja, que foi cúmplice. «As pessoas já estão tão acostumadas que foi como se nada se tivesse passado», remata o homem.

Depois, apesar de não revelar o nome, revela a sua história, talvez por ser tão comum. «Sou do Sul, de Puebla. Trabalhei seis anos nos campos da Califórnia sem documentos até me deportarem. E então vim para aqui, há 15 anos, quando Juárez era outra Juárez.» No estacionamento, está há sete meses. «Faço uns 200 pesos por dia [12 euros].» Julián calcula: «É quatro vezes mais do que ganha um operário da *maquila*.»

À saída do estacionamento e em cada curva somos seguidos pelos cartazes da campanha, cheios de dentes falsos. O que levará, por exemplo, este Hector Murguía a candidatar-se à presidência da câmara de Juárez? É que amanhã vai aparecer à sua porta uma cabeça acabada de cortar. São coisas que acontecem em Juárez.

«Murguía é uma espécie de Berlusconi local», resume Julián. «Parece que vai ganhar. Dizem que está vinculado ao narco.»

De toda a gente com poder, ou aspirante, se diz isso, aqui. Julián tem uma perspetiva mais radical: «Calderón é uma figura decorativa. Não creio que o poder apoie um cartel. Eles são o cartel. O narco é um tipo de economia.»

Quatro faixas de carros na mesma direção. Em Juárez fala-se muito dentro do carro. Toda a gente anda de carro, e é por isso que tanta gente é morta no carro.

As distâncias são enormes.
De repente, terras de ninguém e bairros abandonados.
Saímos da cidade? «Não, a cidade é isto», diz Julián. «Cresceu de forma desordenada, de acordo com os interesses de quatro ou cinco famílias, sem parques, sem infantários, sem escolas secundárias.»

Há cem anos, Pancho Villa chegou com um punhado de homens e 500 balas. Os habitantes de El Paso alugaram sótãos para o espetáculo da revolução mexicana, do outro lado do rio. E os livros de história dizem que a revolução ganhou. Este ano é mesmo de celebrações nacionais, embora em Juárez, assim de repente, não se dê por isso.

Por exemplo, Pancho Villa: uma estátua no meio do trânsito, num separador, e sem placa. «Os *drogadictos* arrancam-nas todas», explica Julián.

Há um lugar onde Juárez quase parece uma cidade, e esse lugar é O Centro. As ruas estreitam. Bicicletas, bancas de refrescos, lojas com letreiros dos anos 50. Um velho cinema, uma igreja com torres, uma praça com árvores e pessoas sentadas.

Mas quando olhamos de perto nada é o que parece.

Porque as pessoas estão sentadas num banco com tinta descascada e cantos partidos; o cinema está abandonado e do outro lado da rua há um outro cinema abandonado; as mulheres estão de minissaia, chinelos de salto e boca franzida num desdém; a comida é de plástico, de garrafa, de pacote, e isso vê-se nos corpos e pelo chão; um mendigo olha o grandioso céu do deserto, como se neste momento não estivesse a ser baleado mais um homem; e no subterrâneo onde deixamos o carro para que não seja roubado há uma placa a dizer *Rezemos por Juárez*.

Pendurada na grade da igreja, uma adolescente domina a praça, vestida de azul-celeste, coroa de princesa, covinhas. «Por favor ajude-nos a encontrá-la e a rezar para que nada de grave lhe aconteça», diz a primeira frase do cartaz. Depois o nome, em letras gigantes: «Yanira Frayre Jáquez.» As características (estatura, tez, sobrancelhas, nariz, cabelo, compleição, olhos, boca). A roupa (peças, cores). O lugar onde foi vista pela última vez (esquina da Avenida Juárez com a 16 de Septiembre). Os telefones de contacto. Não há idade, mas ninguém lhe daria mais de 15 anos, e deve ter desaparecido há pouco, porque o cartaz está novo.

Se agora olharmos em volta, veremos as caras um pouco desbotadas de outras adolescentes, com os seus sinais de identidade escancarados na parede ou em postes. E por cada uma delas, outras que ninguém verá porque a família teve medo de fazer queixa. Quando não há queixa nem corpo será como se nada tivesse acontecido. Há-de sobrar a placa de ferro no jardim que diz: «A uma mulher não se toca nem com uma pétala de rosa.»

Então, este é o centro de Juárez, uma boca que nos engole. De repente, podemos nunca ter existido. E cheira a hambúrgueres Wendy's, e a marijuana.

«Por toda a parte se vende droga, aqui», diz Julián, subindo as escadas da igreja, fundadora da cidade. No adro, uma estátua de Fray García de San Francisco que parece viva, e lá dentro homens que parecem atordoados, sentados ao lado de sacos. Música a bombar de um carro, e é como se ninguém a ouvisse. Mas nem só os pobres entram na igreja. «Os narcos são católicos.»

Julián volta costas para identificar os cinemas da sua infância, o Reforma, o Plaza, o Éden. Depois, continuamos para poente, até ao largo do Palácio Municipal, onde estão duas carrinhas com federais em agitação. A guarda do palácio explica que «balearam um polícia perto da ponte», ou seja, na fronteira.

Ao lado há uma minilivraria, a única que veremos em Juárez. *Lo Que los Muertos Saben* e *La Biblia del Diablo* estão em destaque, mas somos os únicos clientes. Até que começam a fechar as portas sem nos perguntarem nada. E portanto saímos.

Ruas com velhas lojas de bonecos coloridos, a Dulcería El Álamo com um leão e um cavalo para montar cá fora, bancas com *chiles* de todos os tamanhos e copos de *cajeta*, um doce de leite condensado. Mas sobretudo o comércio barato que tomou o lugar de quem morreu ou desistiu: lojas chinesas, quadros com A Morte vestida de dólares, esculturas da Virgem de Guadalupe com o seu manto de sol, revistas com raparigas de tanga, crucifixos com flores e laços para funerais, pernas-e-
-rabo de plástico com calças a seis euros.

«Não tires fotografias aqui», avisa Julián. «Toda esta zona é de venda intensa.» Passadores e *picaderos*.

E de caminho mais postes com desaparecidas: Jessica Leticia Peña García, 15 anos, sorri, fita-cola já solta por cima da testa. Atrás, uma loja de chapéus. Ao lado, a reparação de calçado El Relámpago. Roberto, o sapateiro, 65 anos, está lá dentro, com cabedais no colo. «Mudou muito, o centro, há menos trabalho. Muitas lojas fecharam porque as pessoas têm medo. Antes era tranquilo, podia andar-se às onze da noite, e agora já nem de dia é seguro.» Porquê, exactamente? «Andam aí os rapazes a pedir dinheiro para nos deixarem trabalhar.» Quais rapazes? «Os *aztecas*.»

Em Ciudad Juárez há mais de 800 gangues, mas o Barrio Azteca é o mais poderoso. Trabalha para o Cartel de Juárez e tem os seus subcontratados. Crianças de sete anos já recebem à semana como «falcões», para vigiar. Os liceus estão cheios de adolescentes que não querem a pobreza da *maquila*. Querem sucesso, e sucesso é o narco, com os seus gangues tatuados.

«Eu não pago aos *aztecas*», diz o sapateiro Roberto. Até agora não pagou, e um dia destes vai embora.

Pela rua Noche Triste, chegamos outra vez à igreja, e a partir daí temos a Avenida 16 de Septiembre, com a nostalgia da antiga alfândega.

Julián empurra a porta do café-restaurante Nova Central. Parece um grande *diner* americano, com bancos corridos. Velhotes a lerem os jornais (*Reviven 11 mujeres violadas el horror al comparecer en juicio*, *Magnicidio pone en riesgo 12 elecciones*). Em Ciudad Juárez há matutinos e vespertinos, o que é uma vantagem porque ao pôr-do-sol podemos estar atualizados em relação às mortes das últimas horas.

«Aqui, onde ponhas o dedo, sai sangue», diz Julián, sentando-se de costas para a janela. Pede dois copos de café com leite. Os mexicanos bebem muito copos de café com leite, como galões. Saem dois galões para a mesa da janela.

Falamos de livros. «Leio duas ou três horas ao acordar, de manhã», diz Julián. Coisas políticas, género os negócios de Dick Cheney, coisas de história, como as batalhas do México com os EUA. Mas não só, como verei.

Falamos de música. E quando falamos de música os olhos de Julián ficam sem véu. Até custa olhar tanto brilho. «Gosto muito das interpretações de Claudio Arrau. Tenho todo o ciclo das sonatas de piano de Beethoven.» Mandou-as vir pela Amazon.

Em certos crepúsculos, numa certa rua de Ciudad Juárez, um homem ouve Arrau tocar Beethoven. Este homem: «Beethoven é como um arquiteto. Mostra-te um tijolo, e começa a construir, e leva-te por caminhos que nem imaginas. O triunfo e o drama humano.»

Depois de Arrau, Brendel. E depois de Beethoven, Chopin. Julián também sabe tudo de Chopin.

Mas voltando a Beethoven: «Por exemplo, a sonata *opus* 106...»

Os velhos de Juárez passam as páginas dos tabloides. As ventoinhas giram no teto. O sol desce. E Bach, não? Então tiro o meu iPod e ouvimos Pablo Casals.

Saindo do café, podemos ir a pé aos Estados Unidos. Sempre em frente, pela Avenida Juárez.

Logo no primeiro quarteirão, o Salón Sinaloa avisa: *No: menores, drogas, armas.* Um templo batista, uma loja de tatuagens, polícias de calções e colete à prova de bala, encostados à parede a falar com garotas de minissaia. E do outro lado da rua, o velho Hotel Moran onde antes os gringos podiam passar a noite com alguma garota de minissaia.

Julián viu tudo: como Ciudad Juárez viveu do turismo gringo, a seguir das fábricas montadas pelos gringos, e enfim do tráfico de droga para os gringos.

«Esta era a avenida dos turistas. Os gringos vinham aqui comprar o seu *sombrero grandote*. Havia bares e prostitutas. Várias fábricas de *whisky* vieram produzir para cá.» Do lado de lá era a Lei Seca, e antes, durante e depois todo o tipo de sede desaguava em Juárez: álcool, jogo, droga, sexo. Criaram-se mitos: aqui se inventou a *margarita* e se divorciou Marilyn de Miller. Juárez era o consolo dos soldados americanos do Forte Bliss e do puritanismo de El Paso. El Paso mantinha-se limpa e Juárez sujava as mãos.

Avançamos como naqueles *westerns*, quando o forasteiro chega à cidade e avança em câmara lenta, mas Julián não é um forasteiro, é o fotógrafo da cidade, e ao lado dele eu penso que sou invisível.

À esquerda, uma rua que foi um mercado de artesanato e agora é uma ruína, lixo, lama. À direita, uma rua de grades corridas e vidros partidos. O céu continua azul-*technicolor* com nuvens recortadas e letreiros a anunciar *Billar con pista de baile*, mas não há gringos.

Vivendo en calvário por estos sicários, diz um *grafito* a escorrer tinta vermelha. E a Avenida Juárez desemboca em torniquetes, como no metro. Pomos umas moedinhas e estamos na ponte sobre o Rio Bravo, um riacho, lá em baixo. Duas faixas para os carros e passagens laterais para os peões. Um letreiro a desejar *Feliz Viaje*. No fim, os arranha-céus de El Paso, Texas. É tão perto que vemos as placas de trânsito.

Hoje, El Paso é a segunda cidade mais segura dos EUA. A violência do narco no México não prejudica os Estados Unidos, pelo contrário, dá-lhe capital e mão-de-obra. Os juarenses que podem têm casa em El Paso, filhos em escolas de El Paso, negócios em El Paso. São cinco minutos.

«Ordem», diz Julián, braço a apontar para os EUA. «Caos», o outro braço na direção do México.

Antes do controle de passaportes voltamos para trás. Juárez flutua à nossa frente como um degredo, o último lugar dos condenados. Na *sierra* que domina o poente alguém escreveu em grandes letras brancas: *La Biblia es la verdad: leela*.

O vento sopra, o sol desaparece. Em vez de regressarmos pela ex-avenida dos turistas, vamos pela rua paralela, a Mariscal. Era uma espécie de quarto escuro da cidade: «Aqui estavam os *bares de malamuerte*, prostíbulos, *striptease, topless*.» Agora, quarteirões com uma só fachada de pé a dizer *Bar La Princesita*, e um cipreste. Portas de ferro corridas até ao chão e a foto de uma *stripper* num poste. Ruínas com lixo, entulho e uma mulher de alças e calções a desaparecer atrás de um barraco que diz *Salón de Baile El Morro, miercoles de tanga, sexy*. Está descalça, e as plantas dos pés parecem uma sola castanha.

Os velhos hotéis da fronteira continuam abandonados, mas Juárez tem hotéis género Holliday Inn, e um cinco estrelas ao pé do Consulado Americano. Há negócios na cidade, muitos assuntos a tratar, e 4500 polícias federais vindos de fora que têm de dormir em algum lado. Por exemplo, o Holliday Inn do centro está cheio de polícias.

Da primeira vez que falei com Julián ao telefone, ainda de Lisboa, perguntei-lhe em que hotel devia ficar e ele sugeriu-me um central, perto de casa. Custa 70 euros por noite, o dobro do meu orçamento, mas aqui não tenho exactamente albergues de juventude. Além disso, pedi conselho a Julián, que me está a receber na sua cidade. Vou fazer exactamente o que ele diz.

Se aterramos em alerta na Cidade do México, o alerta em Juárez é permanente, o que pode ser muito cansativo. Um quarto seguro, alguém para confiar, e podemos concentrar-nos no que importa: tudo em volta.

Esta cidade é mesmo horizontal. A minha varanda domina o horizonte até à *sierra* da Bíblia. Néons entre estrelas negras, que são as copas das palmeiras.

O primeiro encontro com Irma Guadalupe Casas é breve. «Roubaram-me o telemóvel na missa e ainda quero apanhar a loja aberta», diz ela, oferecendo água fresca. É diretora da Casa Amiga, um centro pioneiro para as mulheres de Juárez.

Há mulheres que escaparam de morrer e só falam com ela. Não pode ficar incontactável.

Muito antes de as mortes explodirem na cidade, Juárez foi notícia pela morte de mulheres que todos os anos apareciam violadas e torturadas, muitas no deserto. Roberto Bolaño ficou tão obcecado com o assunto que lhe dedicou 350 páginas do seu *2666* mesmo sem cá ter vindo, e houve filmes, livros e canções sobre os *femenicidios*.

Brutais, inquietantes e não investigadas, as mortes destas mulheres representam uma percentagem relativamente pequena do total de homicídios (11 por cento, em média). Em 2009, até agora o ano mais mortífero, ficaram pelos 5,9 por cento. O que não significa que as mulheres não sejam dos alvos mais vulneráveis de Juárez. Além das mortes, há sequestros, violações e violência doméstica.

A história de Eva tem tudo isso. Ela só não morreu.

E quando Irma lhe telefona a perguntar se me recebe para falar da sua vida na *maquila*, Eva aceita.

Bairro Los Alcaldes, ruas de terra batida, casas pobres, com cimento à vista ou mal rebocadas. E todas têm grades, cercas de ferro e cães a ladrar, porque os gangues de Juárez não roubam aos ricos para dar aos pobres. É mais ao contrário.

O cão de Eva chama-se Jason. «O anterior chamava-se Killer, mas roubaram-mo», diz ela, abraçando-o como se fosse um gatinho e não um *pitt bull*. Aos 42 anos, é uma mulher obesa e risonha, vestida com uma *t-shirt* cor-de-laranja. Quando deixa de sorrir parece exausta.

Estamos num pátio inacabado, com tijolos à espera no chão e roupa a secar. «Tínhamos outra casa, com mais quartos, mas por causa da violência viemos para aqui todos juntos, os meus filhos e a minha companheira.» No caso dela, a violência é uma história desde a infância, mas disso não falará. «Irma não vos contou? É melhor ser ela. Prefiro não falar disso à frente da minha família.» Então entramos no único quarto que é a casa. Em frente, a mesa. À esquerda, um frigorífico, um lava-loiças portátil, uma frigideira ao lume. À direita, uma estante com a televisão, um filho sentado numa cama a olhar para o ecrã, a companheira deitada noutra cama a olhar para o ecrã, a cama do outro filho vazia, dois cães e um elefante de peluche ao pé da janela. O teto é de madeira e há frestas. O que acontece quando chove? «Pois, entra água», sorri Eva. A porta está aberta, mas é como se o ar tivesse parado acima dos 40 graus.

Sentamo-nos à mesa.

A *maquila* onde ela trabalha é a Cisco Systems, com sede na Califórnia. Eva nunca viu os patrões e eles nunca a viram a ela. «Só conheço os supervisores, que são mexicanos.» Cinco mil trabalhadores em cada turno, três turnos por dia. «Eu monto o que está dentro das televisões Sony. Pagam-me 600 pesos por semana [36 euros].» Esse trabalho implica soldar, o que a expõe a envenenamento por chumbo. Que acontece quando fica doente? «Dão-me um dia. Férias, temos 23 dias, mas roubam-nos sempre alguns, não sei como.»

A fábrica assegura o transporte dos operários com autocarros próprios, como acontece em geral na *maquila*, porque cada minuto conta. E dá-lhes duas refeições por dia. «Mas às vezes a comida está feia, e não a comemos para não ficar mal do estômago», diz Eva, delicadamente.

Alimentação, transporte, atendimento médico, bairros de má construção a preços baixos, «um modelo muito sofisticado de exploração em que tudo se vende como um benefício», resumirá o antropólogo Carlos González Herrera, mas na verdade «castrou as pessoas como cidadãs e divorciou-as dos serviços públicos».

Eva acha que a vantagem da *maquila* sobre outros trabalhos, por exemplo, limpezas num centro comercial, é «ter os fins-de-semana livres», e sente-se com sorte por ter um contrato quando a recente crise nos EUA levou tantas *maquilas* a fecharem ou despedirem.

De qualquer forma, se quisesse lutar por direitos não ia longe. «As *maquilas* não permitem sindicatos. O mundo da *maquila* é diferente dos outros trabalhos.»

E está cheio de droga. «Vende-se tudo lá dentro, sobretudo cocaína e pastilhas. Os guardas estão de acordo, sabem quem é. Um *globo* [de heroína] que dá para várias vezes custa cem pesos [seis euros]. Um *papel* de cocaína são 60 pesos [3,6 euros]. A maioria dos trabalhadores e dos guardas estão viciados. De outra forma, como é que os guardas aguentariam dois turnos seguidos? Dentro e fora da *maquila*, por toda a parte, há droga, e é isso que causa esta violência. Em Juárez tenho medo de ir às lojas, medo de ir para o trabalho. Entramos com medo, saímos com medo, mas temos de ir trabalhar. Há três meses mataram uma pessoa ali na esquina e aqui atrás mataram um rapaz.»

Quem matou? Ela sorri. «Pois, tapam a cara, matam e vão-se.» Nunca ninguém sabe.

Houve um tempo em que Eva se sentiu «livre»: a mãe dela trabalhava numa padaria do Novo México e tinha documentos. Isso durou dez anos, e foi há muito tempo. De vez em quando Eva pensa nisso, nos Estados Unidos. «Mas agora estou a tomar remédios, e tenho a terapia com Irma.» Além disso, a mãe morreu e ela herdou uma casa, vendeu-a e comprou esta. Aqui não paga renda.

À saída, o *pitt bull* Jason encosta-se e recebe festas. Rua deserta, só grades. «Está muito feio», remata Eva, a espreitar. «Põem-te uma pistola na cabeça...»

«Esta gente ganha menos do que os drogados gastam por dia», diz Julián ao volante da sua *pick-up*. «Dentro da *maquila* há droga, prostituição, armas. Tudo isto é o *free trade*. Temos de ter o *free trade* porque "é bom para os nossos povos"...»
Antes do NAFTA, o acordo norte-americano de comércio livre assinado em 1994, as *maquilas* já tinham poucos entraves, mas a partir daí ainda menos. Estar na fronteira queria dizer transporte barato para os EUA. Estar do lado mexicano queria dizer facilidades aduaneiras e salários baixos. E quem eram tradicionalmente os operários da *maquila*? Mulheres como Eva.

Por isso muitas mulheres, as mais desamparadas do México, vieram sozinhas para Juárez, sem rede, sem raízes. E para outras, já nascidas na cidade, o inferno foi a família. Descomposição: a palavra omnipresente em Juárez. Maus salários, lei do mais forte, ausência do Estado, álcool, droga, violência.

«Os homens em Juárez são impotentes socialmente. Não podem aceder a uma carreira, e ainda por cima bebem ou drogam-se, mas mantêm o vigor sexual», diz Julián. Usam-no como poder.

Casa Amiga. Irma já tem um telemóvel novo. Oferece água fresca e conta a outra história de Eva. «Em 2008, quando estava à espera do transporte da *maquila* às 5h30 da manhã, chegou uma carrinha, saíram dois rapazes e obrigaram-na a subir. Vendaram-na, disseram que a iam matar, e durante três horas violaram-na os três, com um sempre a conduzir. Ela acha que

teriam entre 20 e 25 anos e nunca os vira. No fim, deixaram-na nua na rua, e ela pediu ajuda a uma senhora que deu parte à polícia. Confirmaram a violação num primeiro exame, mas depois ela não quis fazer mais exames. Começou a ter ataques de pânico, gritava, saía a correr, achava que as portas lhe iam cair em cima, que os carros a iam atropelar. Até há pouco tempo não conseguia ter relações sexuais.»
Uma espécie de colapso com origens antigas.
«Durante 15 anos, Eva foi violada pelo pai, que também violava uma outra irmã. Era pastor de uma igreja evangélica, reconhecido socialmente. Ela nunca o denunciou. A irmã é uma heroinómana, conheço-a há muito, porque era uma das drogadas que andavam no meu bairro.» E a mãe? «Falava sozinha, escutava vozes. Agora o pai tem quase 80 anos e está no estado de Durango, com os sobrinhos, que têm muito poder, estão ligados ao narco. Foi ele quem matou o pai do primeiro filho de Eva. Dizia-lhe que se ela não fosse dele não seria de ninguém. Esteve dez anos preso por esse homicídio, e depois deixou a religião.»
Quando o outro filho de Eva nasceu, ela já não queria ver homens. «Ficou com uma aversão. Mas por ter um filho único decidiu dar-lhe um irmão. Então propôs a um companheiro da *maquila*, que já tinha 15 filhos, e numa só relação ficou grávida. Depois nunca mais teve homens. Foi alcoólica, mas nunca tomou drogas. Crê em Deus, é muito crente. Pedia a Deus: "Manda-me alguém." E chegou-lhe esta Ana, que já tinha dormido com várias. É de uma aldeia de Veracruz que acredita na bruxaria. A mãe diz que ela sempre teve comportamento de homem, e que foi por feitiço. O pai e os irmãos têm problemas com álcool.» Quando Eva e Ana se juntaram, as irmãs de Eva deixaram de lhe falar. «A irmã

drogada queria matar Ana. Mas os filhos aceitaram-na totalmente. Eva acha que é um pecado muito grande, mas que paga por ele.»

O primeiro mundo está cheio de pessoas que têm aborrecimentos. E este mundo está cheio de pessoas que estão vivas não se sabe como, e ainda acham que têm de pagar.

Foi para algumas delas — mulheres em risco — que Esther Chávez Cano fundou a Casa Amiga nos anos 90. As pessoas de Juárez não acreditam nas autoridades, mas acreditam em gente como Esther Chávez Cano. Depois da sua morte (por cancro), Irma levou a Casa em frente. Tem 33 anos, um filho de 10, e recebe ameaças.

Vai buscar as chaves para mostrar o abrigo secreto onde as mulheres ficam, por vezes com os filhos. Tem de ser secreto, porque os abrigos são atacados por gangues. Para além disso, parceiros de mulheres maltratadas aparecem na Casa Amiga à procura delas.

Às vezes até chegam inicialmente com elas. Irma conta a história de um par. «Ela vem do Sul, de Oaxaca, conhece-o, ele leva-a para casa, corta-lhe todos os vínculos, violenta-a, bate-lhe. Depois pede perdão e um dia diz: "Vamos à Casa Amiga." É uma forma de submeter e controlar. Acontece muitas vezes. E o homem diz sempre: "Está um *poquito loca*, deprimida, ajudem-na, pobrezita." Depois ele vai embora e elas abraçam-me a dizer: "Por favor, não me deixe!" E quando eles voltam a perguntar: "A minha mulher?", eu digo: "Não sabemos." Esta casa é totalmente secreta.»

E é por isso que recebe ameaças. «Um disse-me: "A sua vida vai tornar-se num inferno, investiguei tudo sobre si, já sei que vive no centro." Nesse dia, eu nem queria sair do escritório.»

Saiu e no dia seguinte, claro, voltou a entrar.

Julián e eu estamos parados num cruzamento. Um rapaz apregoa o vespertino *PM*. Manchete: *Un decapitado esta mañana*. Depois aparece um homem que começa a lavar o nosso vidro, apesar de Julián lhe pedir que não. «A maioria dos *media* mexicanos sempre culpa os Estados Unidos porque consomem as drogas, mas não queremos admitir que agora as consumimos tanto ou mais.» Aponta o homem que esfrega o vidro. «Gastas cem pesos por dia com isto, se deres sempre dinheiro. E é sempre para droga.»

Os centros para toxicodependentes são um fenómeno recente em Juárez, como vai explicar José Rojas, num gabinete cheio de esculturas de Dom Quixote. É um heroi bastante adequado à situação, Quixote. O doutor Rojas, de facto, combate a realidade. E a realidade é cada vez maior.

Por exemplo, este Centro de Integração Juvenil não tinha grade e seguranças, agora tem.

«Estamos no corredor central do tráfico para os EUA. E ao fim de anos de alto tráfico Juárez tornou-se também uma cidade de alto consumo, a primeira no México: marijuana, depois cocaína, heroína, anfetaminas e inalantes como gasolina e cola. Recebíamos 20 pedidos de ajuda por mês, passámos para 50, 60. O tráfico entrou por toda a cidade, e pela *maquila*.»

Ponto de viragem, 11 de setembro. «Quando derrubaram as Torres, a fronteira foi fechada, ficou mais droga na cidade e havia que utilizá-la. Então começaram a utilizar jovens para passar droga aos poucos, e pagavam-lhes com droga. Hoje, qualquer miúdo com 30 pesos [dois euros] tem acesso a uma substância.»

Perfil do consumo: a maioria tem entre 25 e 60, por cada dez homens há quatro mulheres.

«E a tendência é para aumentar o consumo feminino. Quanto a álcool, já é superior ao dos homens. E nas drogas de uso médico também.» Porquê? É neste ponto que Rojas, também ele, fala na «descomposição social» da *maquila*, que atraiu muitas mulheres sem que se fizessem, por exemplo, creches. «Os filhos ficaram ao cuidado da TV, ou da avó, ou do pai irresponsável. Há muitas mulheres sozinhas e famílias desintegradas.»

Só à volta deste centro, numa parte pobre de Juárez, funcionam «mais de 150 *picaderos*». Os pacientes são «pressionados» sempre que cá vêm. E o doutor Rojas, tranquilo? «Tenho o medo normal. Cerca de 90 por cento dos meus pacientes têm antecedentes criminais, e quando se veem bem atendidos, sem estigmatização, mudam. Isso faz com que nos protejam, nos alertem para os perigos.»

Mas há ataques de milícias a centros de toxicodependentes. Há um ano houve um massacre de 17 pessoas. Não são golpes individuais. «Estamos a investigar porquê. Há a versão de que esses ataques aconteceram porque havia gente lá que ainda tinha contas a ajustar.»

Esta é a versão oficial para a morte em Juárez: os que morrem são do narco — o que permite às autoridades continuar a resumir tudo a uma guerra contra os narcos, e a muita gente em Juárez continuar a pensar que nada lhe vai acontecer.

Entretanto morrem adolescentes, sapateiros e gente que ia a passar. E a cidade continua com mau planeamento, maus salários, sem parques, sem creches, sem secundárias. E os pobres continuam a sonhar com os EUA porque o seu país não aposta neles. E os ricos continuam a enriquecer, porque a droga continua a passar para os EUA.

O que o doutor Rojas pode fazer de melhor é continuar o seu trabalho, confiando em quem trata. Como pagam eles?

«Muitos estão isentos, e muitos pagam quando já estão a trabalhar.» Este centro faz parte de uma rede com apoios vários. «A nível nacional há um milhão de curados.» E em Juárez? «A taxa de recuperação é mais baixa. No país é 53 por cento, em Juárez 26.»

Na manhã seguinte, conversamos com um dos toxicodependentes em recuperação neste centro. Um ou uma? Quando Jesus Hernández abre a porta, não é claro: tem cara de homem sugado pela heroína e peito de mulher que deixou de pôr silicone. Um transexual na ressaca.

Aos 50 anos, sobram-lhe dois dentes em baixo e uma perna boa. A outra ficou torta num atropelamento. História breve: chegou a Juárez aos seis anos, fala da mãe e de oito irmãos, a mãe limpava casas, Jesus também limpou casas, fez a primária e pronto.

«Não houve dinheiro para mais, comecei a trabalhar muito menino.» Aos 17 estava num bar *strip* da Mariscal. «Vinham muitos turistas: americanos de cor, japoneses, alemães, chineses. As ruas estavam cheias de clubes. Pagavam-me para beber com os clientes e para dançar. Dormia de dia.»

E a heroína? «Só comecei há dez anos. Antes tomava pastilhas.» Para «ir» para cima ou para «ir» para baixo?, pergunta Julián. «Para cima e para baixo. Umas vinte por dia.» Chegou a gastar 500 pesos diários [30 euros] em heroína. Já não estava no bar, então. «Pedia na rua.»

E a polícia? «A polícia sabe e pede dinheiro aos *picaderos*.» Cada *picadero* tem os seus polícias. Agora gasta 40 pesos por dia com os remédios do centro. Como faz? «Voltei a limpar casas.» Apesar da perna três-vezes-operada.

E até ele, que foi uma rapariga da Mariscal, não reconhece aquilo em que Juárez se tornou. «Quando vou pela rua à noite,

tenho medo. Isto terá uns três anos. A violência mudou muito. A um conhecido meu, bateram-lhe, amarraram-no e mataram-
-no. A outra, La Rubi, mataram-na na Mariscal.»
 Quem?
 «Gangues de rua. A outro mataram-no à pancada...»
 No tempo em que trabalhou na *maquila*, Julián viu como «estava cheia de *gays* e lésbicas». Foi com o dinheiro da *maquila* que começou a fazer as primeiras fotografias. «Eu ia a festas de lésbicas. Nunca foi mal visto. Quando cheguei à Cidade do México, na revista onde trabalhei os portefólios eram sempre sobre zapatistas, santos ou *gays*. E eu dizia-lhes: "Aqui manifestam-se e em Juárez exercem."»

Neste mesmo bairro, há um centro de atendimento psiquiátrico em que tudo é pobre, o tamanho das divisões, os acabamentos, o calor que faz e o gabinete do diretor, Victor Acosta, figura hemingwayana, de barba branca. Formou-se na UNAM e há 35 anos que segue o que vai pelas cabeças da cidade, a partir desta clínica.

 «Os casos que aparecem não mudaram muito. O que há é uma paranoia generalizada em Juárez: "Estão a vigiar-me. Quem são aqueles ali estacionados? Aquele carro já me seguiu dois quarteirões. Porque é que tem vidros escuros?" E mesmo que não haja ninguém estranho, a presença da polícia ou dos soldados já nos põe em alerta. Porque não estamos em estado de sítio mas temos uma guerra declarada. Os rapazes já não podem andar seguros, os papás não estão tranquilos, as festas fazem-se em casa porque eles chegam e matam-te num bar.»
 E que dizem as pessoas sobre quem morre? «Que os matam porque andam metidos no narco. Mas a quantos tocou

que não deviam nada? E as extorsões, os sequestros, as ameaças? Acha que as autoridades vão fazer caso se telefonam a dizer que me vão matar? É uma sociedade que quer estar bem, mas o medo impede que se organize. O medo cria medo. Pode ser até uma tática, não sei de quem.»

Como? «As mortes podem ser uma forma de criar medo de sair, de protestar.»

Um *fast-food* mexicano. Em vez de hambúrgueres, *burritos* com *guacamole*, *frijoles*, queijo *asadero*. E mexicanos gordos como os americanos gordos comem-nos com refrigerantes.

«Juárez não é zona de passagem para os Estados Unidos», diz Julián. «A passagem é no deserto, longe daqui.» Comemos e falamos. Sobre o deserto ou aquela coisa de ninguém chegar a horas. «Porque a festa no México é a redenção. Se estás bem num lugar, quem te diz que vais estar bem no próximo lugar?»

Comunidade e violência. Este é o tema central para o Colégio de Chihuahua, o mais importante centro de investigação social em Ciudad Juárez.

O diretor, o antropólogo Carlos González Herrera, 52 anos, publicou recentemente um livro sobre a fronteira com os Estados Unidos, *La Frontera que Vino del Norte*, e é por aqui que começamos.

«Esta fronteira é produto de uma guerra, de uma imposição e do surgimento de uma grande nação imperial que vai definir o final do século xix e todo o século xx. É uma fronteira muito formada institucionalmente pelos Estados Unidos: o sistema de vigilância, a Border Patrol, o INS [Immigration and Naturalization Service]. O que se passou nela do ponto de vista mexicano tem só a ver com a desestruturação da economia

e da sociedade mexicana, e reflete-se na imigração, que tem já 120 anos. Enquanto para os EUA a fronteira é um projeto de Estado e, sendo assim, tem altos níveis de vigilância, estes elementos do estado moderno, vigilância e segurança, estão ausentes do lado mexicano.»
  E isso significa o quê? «Que em regiões como Tijuana [junto a San Diego] e Juárez, mas sobretudo em Juárez, a presença pobre do Estado permite a presença das forças de facto, por exemplo as que exercem o crime organizado. A fronteira tem esta carência estrutural e um velho domínio destes poderes alternativos, que nem sempre são violentos.»
  Carlos González dá como exemplo a indústria da *maquila*. «Rege os destinos desta cidade desde 1970. E, não sendo violenta pela imposição das armas, está na raiz da violência que vemos.»
  Porque é que essa violência disparou nos últimos anos? Porque a um cenário que já era de «debilidade institucional» vieram juntar-se três fatores: «Primeiro, a crise económica. Segundo, um novo tipo de vigilância desde 2001, que faz equivaler imigração, terrorismo e narcotráfico. E terceiro, a desestruturação dos cartéis da droga, que começam a competir de forma muito violenta.»
  Quando tudo isto acontece numa região onde já falhavam «as forças da ordem, o sistema educativo, a saúde, a defesa do trabalho», temos uma explosão.
  «Juárez é supostamente a cidade com maior população ativa dedicada à indústria, mas não é um polo de desenvolvimento industrial. É um enclave que não cria engrenagens, efeitos multiplicadores, nem uma cultura industrial como em Liverpool, Chicago ou Monterrey. Parte dessa cultura industrial, naturalmente, é a defesa laboral através dos sindicatos. Mas aqui não há sindicatos porque a *maquila* não deixa.»

Numa cidade desamparada como Juárez, a *maquila* é «o ogre filantrópico, como diz Octavio Paz». Cria «uma relação holística», de dependência.

«Fala-se no fim dos valores, mas de que valores estamos a falar quando 35 ou 40 por cento das casas têm como cabeça uma mulher só?» Ou quando «já estamos na terceira geração de crianças a crescer neste modelo de desamparo», em que se abrem *maquilas* mas não creches? «E por vezes o duplo turno é obrigatório. Então temos pessoas que passam 12 horas todos os dias sem nenhum apoio social do Estado. Aí há um caldo formidável.» Para o narco recrutar. «Todas as coisas que se associam ao Estado moderno são débeis em Juárez, e por isso a violência é tão grande. Isso explica que a entrada do crime organizado aqui seja tão profunda e extensa. Estamos a falar de uma sociedade de abandono. Há um autor, Luis Alfonso Herrera, que tem um livro chamado assim, *La Sociedad del Abandono*.»

Acresce a posição geográfica. «Muito do que sucede em Juárez faz parte de uma lógica que tem a ver com os centros de consumo e de lavagem de dinheiro, da Colômbia aos Estados Unidos. Juárez é particularmente vulnerável porque é o corredor central.

E como vê este antropólogo a perceção comum de que o narco se infiltrou nas autoridades? «É justa, mas é incompleta, porque também está nas famílias. Entre domingo e ontem fui a três funerais. Primeiro, porque mataram o irmão de uma estudante do Colégio. Depois, o filho de um advogado colega na universidade, e ontem mataram o cunhado de uma estudante minha. O que se está a passar? Sim, há acidentes, equívocos, mas sempre que investigam há alguém que está metido no crime organizado, pequenos peões do tabuleiro que é Juárez. Então, é justa a perceção de que o narco infiltrou a polícia, o exército, a política, mas o mais grave é que como sociedade estamos profundamente infiltrados.»

Carlos Herrera lembra *A Peste* de Camus. «Começa com o corpo decomposto, e o porteiro diz: seguramente essa ratazana é de fora, porque aqui não há ratos doentes. O ensinamento é: se sempre pensamos que o mal vem de fora nunca nos vamos curar.» E lembra o judeu Gershom Scholem: «Ele tinha estado num campo de concentração e opôs-se à condenação à morte de Eichmann [nazi julgado em Israel]. Disse que o verdadeiro desafio do Holocausto era perguntar porque aconteceu o que aconteceu. Há que ir à pergunta mais incómoda, mais tenebrosa, e para isso há que usar o espelho. Nestes últimos três anos, temos vivido uma violência tão extrema que está em todos os lugares, na rua, na escola, no supermercado, e essa cartografia das execuções mostra como toda a cidade está infetada, e o facto de não se poder combater diz como as autoridades estão infetadas.»

Que pensa ele de Patricia González, a procuradora? «Tem a vida familiar destroçada, mataram-lhe colaboradores importantes. Está sozinha. É uma espécie de sanduíche.» Entre poder local e federal. «O governo federal tem uma aliança com o cartel de Sinaloa, e o governo local tem uma aliança com o antigo cartel de Juárez. E não há uma frente comum contra o narcotráfico. Há uma desconfiança profunda entre a procuradora, a autoridade local e a autoridade nacional.»

Como se sai disto? Carlos Herrera acha que duas coisas podiam ser feitas. «Repensar o sistema proibicionista das drogas. E fazer uma purga no sistema político, judicial e policial.»

Juárez desenvolveu uma especialidade de reportagem: execuções. Matutinos, vespertinos, rádios, *sites* e televisões locais têm repórteres que só fazem isso, e por turnos. Pouca gente terá uma ideia tão clara da infiltração do narco como os repórteres locais. E pouca gente terá um trabalho tão arriscado.

Segundo a organização Repórteres sem Fronteiras, o «México é o país do hemisfério ocidental mais mortífero para os *media* e um dos mais perigosos do mundo». Desde 2000, foram mortos 67 jornalistas, e só este ano já morreram dez. «Os jornalistas no México vivem agora em constante medo de serem raptados, torturados e mortos. A violência é encorajada pelo facto de aqueles que matam quase nunca serem punidos.» Se é assim no país em geral, mais ainda em Juárez.

Sigamos um veterano do vespertino *PM*.

Está sentado ao volante, numa esquina, a receber informações por telemóvel, chama-se Ernesto. A seu lado, um rapaz de rabo-de-cavalo, com uma máquina fotográfica. Carro modesto e com muito andamento.

Uma rapariga foi algemada pelos federais e Ernesto arranca à procura da casa dela. A história vai dar em nada, depois de muitas ruas e alguns telefonemas. O ar está elétrico.

«Ontem prenderam o líder dos *aztecas*», diz Ernesto. E os federais chatearam um repórter que fotografou aquele polícia baleado, há dois dias. «Disseram que o iam matar.» Então Ernesto telefona ao tal repórter, a perguntar se não quer vir ter connosco, e entretanto entramos numa loja de conveniência Del Rio.

«É um ritual», explica Julián Cadona. «Quando andas a cobrir as execuções, a meio do dia paras aqui, comes qualquer coisa.»

Ao fundo da loja há comida feita e meia dúzia de cadeiras de plástico. E os repórteres sentam-se a comer *burritos* e frango com molho cor-de-rosa, junto às prateleiras.

«A gente da cidade habituou-se a ligar, quando acontece alguma coisa», diz Ernesto. «Outra fonte boa são as funerárias.» E a polícia? «Também, mas os federais são de fora, não temos relação com eles.» Estes repórteres não acompanham patrulhas, como fazem os jornalistas estrangeiros que vêm a Juárez. Por quem se sentem protegidos? Ernesto sorri, aponta para o céu. «E quem protegeu Armando? [um dos jornalistas mortos em Juárez]. Estamos sozinhos. Estamos metidos numa guerra, e somos os mais próximos. Recebemos avisos. Já me avisaram de arma na mão. Há dias em que me sinto aterrorizado. A um companheiro que fazia o turno da madrugada, puseram-lhe uma arma na cabeça para que ele não publicasse as fotos de um sicário.» E o que é que ele fez? «Não publicou. Mas isso não é normal. Publicamos tudo.»

Numa cidade assim, não pode ser cada um por si. «Fizemos uma rede para nos autoprotegermos, e agora chegamos todos juntos ao local de uma execução. Somos uns 20 a 25 repórteres sempre em contacto. Já não há exclusivos.» E o narco joga com os *media*. «Aproveitam o horário das notícias. Utilizam-nas para comunicar baixas ao inimigo.»

Chega o tal que os federais chatearam, Ricardo, do *El Diário*. «Não apresentei queixa, são ossos do ofício. Estava um federal morto no chão e eles sentiam-se impotentes. Posso compreender.» E a relação com os federais, em geral? «É tensa.»

Mas pior é o medo. «Porque não sabemos quem são os maus, realmente. Não sei quem vai estar por trás daquela pessoa, se um malandro ou um narco. E a forma de matar é cada vez mais sanguinária, partem os corpos, cortam-nos, exibem-nos, fazem-lhes desenhos, metem-se com as famílias.»

«Ainda agora detivemos *El Camello*, um dos principais líderes dos *aztecas*», diz José Salinas Frías, o cordial porta-voz da

Polícia Federal, na sede de Juárez. «Mas se neste momento houver três homicídios, as pessoas dirão: "De que serve? As execuções continuam." Posso dizer que, desde 9 de abril, detivemos três grupos de sequestradores, com mais de 30 detidos e 20 sequestrados libertados.»

Jesús *El Camello* Chávez é suspeito nos homicídios de três pessoas ligadas ao Consulado Americano e no massacre de 13 adolescentes e dois adultos num bar, casos muito noticiados. A confirmar-se como culpado, é um feito que os federais podem apresentar desde que tomam conta de Juárez.

O problema é que nestes três meses centenas de pessoas foram mortas e milhares de homicídios continuam sem responsáveis. As pessoas continuarão a falar de impunidade porque objetivamente é o que se passa. E parte dessa impunidade é atribuída à ligação entre o narco e a polícia.

«É uma questão de dinheiro, há muitos interesses, e procuram comprar autoridades locais, municipais», reconhece este porta-voz. «E é por isso que estes grupos atacam a Polícia Federal, encontraram resistência em nós.» Está a dizer que não há federais envolvidos? Em Juárez, toda a gente acha que sim. «Há federais que definitivamente se esquecem de que vêm servir e se servem a eles. Até agora temos 19 federais julgados e presos por se desviarem das suas responsabilidades. Temos de dar esse exemplo.»

Os polícias locais ganham mal, e é assim que o narco os apanha. Aqui, a regra dos federais é rodarem de três em três meses e terem salários mais altos: «Somando tudo, 18 mil pesos [um pouco acima de mil euros], mais refeições e estadia todas pagas.» Muito acima da média no México.

Ao contrário do exército, que misteriosamente parece imune, os federais têm sido de facto alvejados. E no começo de julho, quando eu já estiver noutra parte do México, serão atacados com um carro-bomba. Uma nova etapa da violência, que se vai repetir nas semanas seguintes. Mas os responsáveis políticos rejeitam a ideia de que se trate de narcoterrorismo.

A Procuradoria é outro alvo frequente. Há quase seis anos que Patrícia González aqui está baseada.

O que me disseram em Juárez é que não costuma dar entrevistas, e depois do telefonema que o professor Tenorio Tagle fez à minha frente pensei que ela arranjaria forma de me despachar, alegando algum imprevisto. Mas quando liguei ao assessor de imprensa ele confirmou o encontro. E depois ligou-me só a alterar a hora. Em vez de nove da manhã, cinco e meia da tarde.

Então dez minutos antes chego com Julián ao moderno edifício da Procuradoria. «Há dias houve duas execuções aqui», diz ele, enquanto estacionamos. Esperamos uns minutos no átrio e chega a procuradora, casaquinho e mala de folhos, perfeitamente maquilhada. É uma mulher acima dos 50, falsa loura, coquete e nervosa. Quando lhe pergunto quantos anos tem, sorri: «Muitos.» Não traz guarda-costas que se vejam. E na sala fica só o assessor de imprensa.

«Houve um grande abandono de todos os governos nesta parte da fronteira», diz. «Claro que há impunidade. Cometeram-se milhares de homicídios. Mas neste momento temos já 1500 casos em Juárez esclarecidos nos últimos dois anos.» Graças a um «reforço de 50 por cento de investigadores». No entanto, «sim, o narcotráfico está dentro de grande parte do sistema», reconhece Patricia Gonzalez. «Houve uma penetração muito forte de décadas. E obviamente há infiltração nas polícias, nos organismos que têm a ver com segurança. E na sociedade. Há uma grande dissimulação social quanto ao narco.»

Mas a mudança de sistema de justiça, crê a senhora González, vai combater isto. É o seu grande orgulho, a passagem para um sistema acusatório neste estado: cabe à acusação provar a culpabilidade, deixa de haver espaço para extrair confissões.

Entretanto, vários funcionários seus foram mortos. Não tem medo? «Nenhum, sou uma profissional.» E volta à revolução que levou a cabo, com os modernos laboratórios forenses.

É possível visitá-los? Sim, é.

Patricia González pede ao responsável pelo laboratório de Juárez que nos acompanhe numa visita.

Então daí a meia hora, noutra ponta da cidade, estamos na sala de balística onde se guardam as balas apanhadas desde 2008 (dez mil por ano, em média), e depois na sala de disparos (para comparar armas), e depois na sala da IBIS, a supermáquina com três computadores doada pelos EUA que é um mapa genético de cada bala (no primeiro computador, a marca única que uma arma deixa; no segundo, o golpe do percutor; e no terceiro o diagnóstico final).

Daí seguimos para a morgue, onde a doutora Alma Rosa tomará conta de nós, entre todos aqueles corpos recém-chegados.

E, finalmente, o orgulho dos orgulhos do novo sistema judicial de Juárez, Alejandro Hernández Cárdenas, 53 anos. É um pequeno homem moreno, de bata branca, óculos, gravata e bigode, que podia ter saído dum filme de Woody Allen dos anos 70. Um homem — vê-se — que vive para a ciência. Filho da cidade, odontologista, mestre forense.

Os seus domínios começam ao lado da Sala de Autópsias. Na porta está escrito: «Área de Reidratação de Tecidos.» Entramos e ele abre as luzes. Tudo reluz de limpeza. Prateleiras com uma espécie de *tupperwares* de diversos tamanhos. «Estes são para dedos, estes para mãos, estes para cabeças e estes para braços», explica o doutor Cárdenas. «Comecei com dedos, para recuperar a impressão digital, mas depois continuei.» Recua um passo para apontar o recipiente de acrílico ao centro da sala, grande como um caixão. «Julgamos que este é o primeiro laboratório para a reidratação de tecidos no mundo, e já podemos reconstruir um corpo completo.» Morto há quanto tempo? «O mais antigo que trabalhei tinha morrido há dez anos. Mas creio que vai funcionar em cadáveres de há 200 ou 300 anos.»

Em suma, o que o doutor Cárdenas inventou foi uma solução química para mergulhar tecidos mumificados. Ficam como quem acaba de morrer.

E aquele duche verde na parede?

«As soluções são agressivas, e se me salpicar tenho de tomar um duche imediatamente.»

Agora vamos ver imagens. Todas as experiências, desde os primeiros dedos aos corpos inteiros, foram filmadas, e a Procuradoria produziu depois um pequeno vídeo.

«Este estado de Chihuahua é uma zona desértica e os cadáveres que ficam em zonas áridas quase se mumificam, a pele fica a parecer cartão, não se conseguem ver as características da cara, a pele muda de cor», explica o doutor Cárdenas enquanto abre o filme no computador.

«Você será testemunha de um mundo mágico...», anunciam as letras no ecrã. «De algo muito especial... Um feito surpreendente...»

André Breton disse que o México era o país mais surrealista do mundo, e nem sequer foi a Juárez. Em Juárez pensamos muito nisso, e em Tarantino, mas um Tarantino que nunca existirá. Quando a arte tocar nesta realidade, a realidade já estará muito longe.

«Vê estes dedos?», pergunta o doutor Cárdenas. «Comecei com eles há sete anos, os resultados são bons, mas não ideais.» Vê-se um dedo encarquilhado e a seguir um pouco rejuvenescido. «Depois os antropólogos do laboratório encontraram uma orelha numa exumação, e a orelha é uma parte muito característica, não há duas iguais.» Vê-se a orelha reidratada, mais carnuda, com vestígios de brincos. «Depois, os antropólogos encontraram esta pele que estava há dois anos no deserto.» Vê-se o que parece pergaminho. «Os ossos estavam dispersos e a pele ali ficou, talvez os animais a tenham arrancado. Reidratámo-la.» Vê-se o que parece pele de porco com cortes. «Está a ver? A pele demonstra como a morte foi violenta. E que ela tinha sardas nas costas. E aqui o umbigo. E como se fez uma identificação mais rápida conseguiu-se deter o indivíduo. Fomos ver quem andava à procura de desaparecidas.»

Correu bem. Muita gente nem faz queixa.

«Então, depois de reidratar tudo isto, eu queria reidratar um corpo inteiro. Está a ver esta mulher?» Primeiro, vê-se uma autêntica múmia do Egito. Depois, uma mexicana com lábios de contorno tatuado e sobrancelhas depiladas. «Era uma mulher que se cuidava.» E ainda mostra órgãos reidratados: «Vê aqui o fígado? Se a pessoa morreu de cirrose percebe-se ao reidratar. Isto é um pulmão, isto é o baço, isto é sangue.»

Ver o que resta de um desaparecido é terrível, mas acaba com a dúvida. «A senhora procuradora disse-me para fazer o processo de patente. Sabemos que há um produto espanhol que devolve a flexibilidade dos membros, mas não tudo o que conseguimos aqui.» O doutor Cárdenas acredita que a sua fórmula ajudará a dor de Juárez. Talvez mesmo a História. «Em

Guanajuato há umas múmias, interessar-me-ia trabalhar lá. E do Egito, bastava que me emprestassem um dedo do pé.»

Isto é a realidade em Juárez, e de certa forma a sua própria ficção, para conseguir aguentar um dia após outro.

Regressamos já noite escura à Procuradoria, onde Julián deixou o carro. Passa das 21h. Pelas 22h30, um grupo de sicários interceta o carro da subprocuradora Sandra Ivonne Salas. Mais de cem balas são disparadas. Morrem ela e um guarda-costas. São os 16.º e 17.º cadáveres do dia.

Manhã com nuvens de algodão. Em Juárez é sempre um pouco espantoso olhar o céu e vê-lo tão cândido.

Professora de Planeamento Urbano na universidade local, Elvira Maycotte é uma anfitriã dedicada e não tem medo de nomes. «Trouxe-lhe isto», diz, ao volante do seu carro, muito rodado. «Isto» é um grande anúncio num jornal em que dez abaixo-assinados expressam a sua «sincera felicitação ao candidato do governo do estado pela sua intervenção de sucesso no debate eleitoral». Eu pasmo com a bajulice, mas onde Elvira quer chegar é aos abaixo-assinados.

«Em Ciudad Juárez, sete famílias são as donas da terra, e nesse anúncio aparecem três», explica. «Têm todo o terreno disponível para crescer, e o terreno em que a cidade cresceu nos últimos 15 anos. Isto quer dizer que o crescimento depende dos interesses deles e não sobra espaço para museus, hospitais ou parques urbanos. Orientam politicamente o crescimento. Têm os armazéns de bebidas, as lojas de conveniência, o gás natural, e depois os filhos são candidatos a deputados. É uma rede de interesses económicos e políticos que dirige o destino de Juárez.»

Resultados urbanísticos: «A cidade não se consolida. Há grandes espaços vazios no meio para dirigir o crescimento noutra direção, nos terrenos deles. Há membros do governo que organizam grupos para se instalarem nos terrenos dessas famílias, até ao momento em que o governo diz: «Bom, o que fazer com esta gente? Não a podemos expulsar, vamos legalizá--la.» E então, o governo paga ao dono do terreno o preço que ele pede, leva os serviços para lá, e o que fica no meio sobe de valor.»

Seguimos ao longo da fronteira, na direção do aeroporto.

«O que vamos ver foi construído numa zona verde. Chama--se Riberas del Bravo e é um bairro com 12500 casas para 50 mil pessoas, a preços baixos, feito para ganhar votos e dar trabalho a construtoras. Agora, 40 por cento das casas estão vazias, abandonadas. E dizia-se que era o desenvolvimento-modelo do estado de Chihuahua.»

Um ardina vende um tabloide de Juárez num cruzamento. Manchete: «Três crivados de balas esta manhã.» À esquerda, belos campos de algodão. Já andámos meia hora desde o centro.

Um muro imponente a dizer Riberas del Bravo, e depois ruas sujas, casas sem portas, janelas e telhado. «Há pouquíssimos transportes para o centro. As pessoas têm medo de sair, porque não sabem se há autocarro de volta. Vê o estado deste pavimento?»

Cada casa tem um piso e um quadrado de terreno. Algumas mantêm-se ocupadas, carros estacionados. Mas há quarteirões inteiros grafitados e esventrados. A meio, uma barricada de tábuas para proteger talvez uma horta. Adiante, crianças nuas e seminuas.

«Roubam tudo o que podem, todos os materiais», diz Elvira, fazendo ziguezagues com o carro, e fotografando. «Vê o canal de esgoto? Atravessa o bairro. Aqui viviam muitas pessoas de Veracruz [a sul] que se foram embora porque as fábricas fecharam, e deixou de haver trabalho.»

Em Juárez, os senhores da terra não costumam encontrar resistência, mas Lomas del Poleo está disposta a morrer de pé.

O que é Lomas del Poleo? Uma guerra pela terra, lá onde a fronteira do México com os Estados Unidos se transforma numa muralha de ferro, deserto fora.

Então, sigamos para as montanhas, rumo à fronteira. Aí está a crescer mais um polo de fábricas com salários baixos. Ponta de lança? A Foxconn, multinacional baseada em Taiwan que monta os iPods, iPads, iPhones, Nokias, Playstations ou Kindles. A sua maior fábrica é na China e foi notícia neste ano por dez trabalhadores se terem suicidado. A de Juárez foi notícia com turnos duplos compulsivos. Para facilitar os acessos, o governo local abriu uma estrada da cidade até lá.

«E Lomas del Poleo está no meio», resumem Cristina Coronado, 41 anos, e Juan Carlos Martínez, 48 anos. Editores e ativistas, dedicam muito tempo a esta guerra, e hoje tinham a tarde livre para me levar lá.

De certa forma, é a mesma guerra da revolução mexicana, há cem anos. Desde então, a reforma agrária no México teve avanços e recuos, mas nos anos 70 ainda se distribuíam terras desocupadas. Ao fim de cinco anos, segundo a Constituição, a terra seria de quem a ocupava. A um grupo de camponeses foi dado este pedaço de deserto, Lomas del Poleo, nas montanhas. E durante 40 anos aqui viveram, com as suas hortas e os seus animais. Até que em 2003, quando apareceu o plano de expansão das novas fábricas, também apareceu Pedro Zaragoza, um negociante de Juárez, a dizer que a terra lhe pertencia.

Apesar da Constituição e de apelos por exemplo da Amnistia Internacional, as autoridades permitiram que a milícia de Zaragoza cercasse e agredisse os camponeses. Segunda metade de 2010 e o cerco mantém-se. É uma história demasiado antiga, demasiado pequena. Quando todos os dias há gente morta a tiro ou decapitada no centro de Juárez, quem quer saber de uns camponeses?

«Eram cerca de 900, mas agora restam seis famílias do lado de fora e 14 dentro, cercadas pela milícia», diz Juan, ao volante da *pick-up*. Passamos um *checkpoint* com os militares que o presidente Calderón pôs no combate ao narcotráfico. Esta é a zona em que Juárez deixa de colar com o Texas e começa a colar com o Novo México. Chão de areia com arbustos e catos, céu tão azul como se fosse pintado, lá em baixo uma planície, e a chapa ondulante da fronteira por aí abaixo.

De um lado da estrada está Lomas del Poleo, cercada por arame farpado, com uma tabuleta a dizer «Propriedade Privada», e outra com o nome de Pedro Zaragoza.

Do outro lado da estrada, um caminho de terra e depois um casebre de cimento, com terreiro à sombra. Uma tábua assente em dois baldes, caixas de fruta para sentar: aqui estão os resistentes de Lomas del Poleo. Homens com mãos duras, dentes de metal e chapéus de palha, mulheres com velhas calças de fato-de-treino, traços índios, rugas do sol. Juan e Cristina abraçam-nos e apresentam-mos, um a um.

«Criávamos porcos e galinhas, e por isso, em 1970, o governo pressionou-nos para sair da cidade», conta José Espino, 46 anos. Veio criança, com os pais e oito irmãos, para Lomas del Poleo. «A terra estava vazia, e por isso é que a pediram à reforma agrária.» Construíram escola, igreja, um parque. Tinham «três ou quatro lojas» e um autocarro público. Assim foi, até Zaragoza.

«Os homens dele chegaram com carros, paus, machetes, armas automáticas. Primeiro ficaram ali num campo de futebol, numa tenda, e começaram a fazer umas casas de madeira para os guardas. Depois vieram invadir-nos. Derrubaram a casa da minha mãe e as máquinas esmagaram as galinhas. Foram deitando abaixo as casas dos mais fracos. Gritavam para dentro e quando não vinha ninguém derrubavam.»

Zaragoza nunca falou com eles. «Nunca o vi. Só aos guardas.» E as autoridades? «Estão com eles. A Câmara, o Estado, a Justiça. Há recursos em tribunal e nenhum avança. Pedro Zaragoza é dono de muitos negócios e estes terrenos vão subir de valor, porque estão a fazer aqui um desenvolvimento industrial, mas isso é à nossa custa.» José Espina conta que lhes ofereceram três mil euros por dois hectares, mas Zaragoza está a vender terrenos equivalentes por 110 mil euros.

A Alfredo Piñon, 74 anos, boné e bigode, afastaram-no de casa e depois derrubaram-na. «Fiquei sem porcos, galinhas, coelhos.» Era a sua forma de vida. «Querem fazer hotéis e não sei o quê. E aqui estamos a roer as unhas, a pensar como matar estes cabrões. Na revolução morreram os pobres, o que nós lutámos, e a revolução não mudou nada. Pancho Villa, Zapata, continua tudo na mesma. Continuamos a ser escravos.»

De que vivem? «Comendo essas ervas...» Aponta. «Há gente que vai trabalhar para as obras. Mas não podemos deixar as casas sós.»

«Se levarmos alimentos para os animais, não nos deixam passar», diz Martín Gaimo, 58 anos, um dos que atravessaram o cerco para vir aqui falar. «Muita gente foi embora porque já não tinha animais, ou foi molestada. Queimaram uma casa onde estavam dois miúdos e um companheiro nosso. Muita gente foi embora por medo. Mas nós estamos até à última. Se nos matam, pois que matem.»

Sentada em cima de um caixote de fruta, Lucília, 76 anos, 13 filhos, 11 netos, ouve tudo com as mãos no colo, saia às flores, *t-shirt* branca, cabelo apanhado. É uma senhora.

A sua «casa» é nesta zona, fora do cerco, e daqui a nada vamos lá. Vamos ver uma «sala» cheia de peluches e bonecas, com sofás cobertos de paninhos e tapeçarias de índios e veados. Uma «cozinha» com panelas areadas a brilhar e canecas em linha e cortinas de folhos. E se olharmos bem ainda conseguimos ler remetentes nas paredes, porque são feitas de caixotes e de restos.

Lucília é uma senhora em qualquer sítio, com qualquer material. Planta ervas e flores em baldes, tem água guardada em alguidares porque não faz parte da rede pública, e no meio do deserto, sem água, mantém tudo limpo.

«Estou aqui porque gosto de semear, de ter animais, e é onde tenho a minha casa», diz ela. «Agora chegaram estes senhores e a paz acabou-se. À noite passa um carro e ficamos num susto. Mataram-nos os cães. Tenho medo pelos meus filhos. Mas confiamos n'O lá de cima, que é Quem tudo pode.» A Lucília chamam Comandanta Lucy.

«Tem um companheiro 34 anos mais novo», diz Cristina, depois de nos despedirmos. «É um exemplo, esta mulher.»

Ainda vamos dar uma volta de *pick-up* — aqui conhecida como *troca*, corruptela de *truck* — às instalações da Foxconn. Tem bandeiras. Vai ter lojas. Bate certo com o que a urbanista Elvira Maycotte diz: «A cidade só se desenvolve nisto: fábricas e lojas de conveniência.» E quanto a Lomas del Poleo, o que ela pensa é isto: «Foi o Estado que fez a estrada. São esses favores políticos que fazem com que a cidade cresça para todos os lados sem se consolidar. O governo apoiou Zaragoza porque é um dos ricos.»

Juan Carlos, grande cara sardenta marcada talvez por acne, e Cristina, grande cabeleira negra aos caracóis, são um casal e têm dois filhos. Integram a Otra Campaña, uma rede pró--zapatista. E agora que a *pick-up* faz o seu caminho pelas montanhas, de volta a Juárez, contam como há anos tiveram em casa uns comandantes zapatistas e não lhes viram a cara.

«Nunca tiraram a máscara», lembra Juan. E para comer? «Levávamos-lhes a comida ao quarto, e eles ficavam lá a comer. São militares. Têm absoluto controle dos esfíncteres. Viajam horas por estrada e nunca param para ir à casa de banho.»

«E são todos índios», diz Cristina. «Falam muito devagar espanhol.»

Por todo este ativismo, pergunto a Juan Carlos e Cristina se conhecem um grupo de *rappers* de Juárez chamado Batallones Femeninos. Não conhecem, mas têm uma amiga que talvez conheça, Armida Valverde, porque é uma professora veterana de Juárez. Então ligam-lhe e ela diz para aparecermos.

Armida dirige uma Preparatória, ou *prepa*, como os mexicanos dizem. Mas a *prepa* dela é a única na zona mais pobre da cidade, onde vivem 400 mil pessoas. Ou seja, dá para uma minoria. A maioria deixa de estudar antes. E Armida todos os dias ouve as mesmas dúvidas: onde estão as oportunidades?, onde há um futuro?

«Sinto uma grande desesperança neles, e trabalho com os afortunados que continuam a estudar», conta ela no seu pequeno apartamento, onde a porta que dá para o patamar tem grades, e as estantes têm Naomi Klein ao lado de Freud. «Vejo os alunos recostados na mesa e eles dizem: "Isto está feio…" Há muitas vítimas na escola, rapazes a quem mataram pais, irmãos, ou que têm irmãos na cadeia porque pertencem a grupos de sequestradores. Tenho uma rapariga escondida por ameaças contra a família, enviamos-lhe as aulas por Internet. Muitos não querem falar. Há histórias terríveis que ultrapassam toda a ficção. Tenho um estudante que desapareceu três semanas e depois a mãe disse que o tinham espancado. É um rapaz brigão, apostou que conseguia tirar o boné a um outro rapaz. E os narcos foram buscá-lo a casa, porque o miúdo do boné era filho de um narco, e os vizinhos dele eram narcos.»

Depois, a geração dos 20 e 30 nem tem vida cultural, porque não há, nem sai à noite, porque é perigoso. A filha de Armida, Nayeri, 32 anos, fala em «depressão coletiva». «Antes, eu saía com amigos depois do trabalho e descansava. Agora, sais do trabalho e queres é chegar a casa depressa. Cada vez que paras num semáforo ficas em pânico, vês um carro de vidros escuros e pensas: "Quem serão?" Estamos esgotados, fisicamente, psicologicamente. Se vou a casa de uma amiga, fico lá a dormir. Se saio, não volto depois das dez. Num restaurante estou sempre a ver quem entra, quem sai. E já não vamos a bares. Aqui neste cruzamento havia muitos bares, até às três, quatro da manhã. Agora conseguimos ouvir o barulho do semáforo a mudar, porque não há sequer carros na rua.»

Estamos todos sentados nos sofás da sala, Armida, Nayeri, Juan Carlos, Cristina, e todos eles têm exemplos de como «a cidade está a morrer».

Cristina fala das centenas de milhares de pessoas que foram embora e dos milhares de negócios que fecharam. Nayeri fala das escolas de El Paso: «Todos os dias há lá crianças novas de Juárez.»

Porque é que El Paso é a segunda cidade mais segura dos Estados Unidos? «Porque a polícia apanha os criminosos, porque há investigação», responde Juan Carlos.

«Há um projeto de desenvolvimento para as duas cidades, no centro de ambas», diz Cristina. «De tirar os pobres de lá, o comércio pobre, e fazer uma coisa turística.»

Penso na cara das desaparecidas, e nas ruínas da rua Mariscal, e tenho dificuldade em imaginar esse projeto.

Nayeri fala dos amigos que foram para Nova Iorque e para Chicago.

E é com a ajuda dela que conseguimos localizar Susana, a líder dos Batallones Femeninos.

Calha que, nesta cidade de mais de um milhão, Juan Carlos, Cristina e Armida têm uma amiga poeta que vive em frente a Susana. Então saímos de casa de Armida, para passar por casa de Juan Carlos e Cristina rapidamente e depois seguirmos todos para essa rua tão concorrida.

Eles moram numa casa grande e arejada, onde ao fundo do corredor aparece um dos filhos, com uma cabeleira de caracóis, uma *t-shirt* de *surf* e pulseiras de couro. Podia ter saído da Califórnia ou mesmo da Costa da Caparica.

Semáforo ao pôr-do-sol. Nuvens cor de alperce, vaporosas, finíssimas. Uns carros param, outros seguem, um jovem malabarista faz rodopiar fitas. É um alvo exposto a todas as direções, numa cidade onde as pessoas têm medo de levar um tiro dentro do carro.

Luz verde. A casa que procuramos já não está longe. Um bairro de casas e gente na rua, árvores por trás das grades. Uma rua com rapazes de boné e calções sentados no passeio. Susana no passeio em frente, só pode ser ela: óculos de hastes verdes, cabelo com pontas roxas. Susana Molina, 26 anos, líder do trio Batallones Femeninos, as *rappers* mais ativas de Juárez.

Fecha o portão deixando aberto o cadeado porque até escurecer ainda vai chegar gente. Juan Carlos, Cristina e Armida vão ter com a amiga poeta, um pouco adiante.

Esta casa são várias: uma fiada de janelas em baixo, umas escadas de ferro, uma fiada de janelas em cima. As paredes têm tijolo à vista e por momentos parece o leste de Londres, mas há grades em todas as janelas.

Sentamo-nos no pátio.

Susana apresenta os amigos com quem está: Supa, 26 anos, tatuagem no bíceps, olhos de chinês, e Daniela, 20 anos, saída de um Botticelli mas com um *hula hoop*. «Somos todos parte do Zirko Nómada de Kombate. Fazemos malabarismo, arte urbana, cantamos, dançamos.»

Em ateliês para crianças pobres, em manifestações contra a nova lei de imigração no Arizona, em protestos contra a violência sobre as mulheres, ou no meio do trânsito para ganhar dinheiro. Aquele malabarista do semáforo era um deles.

E as Batallones Femeninos dão voz a todos. Cantam o que é ter 20 anos na cidade mais violenta do mundo, tratá-la por tu, chamar-lhe *Juaritos*, e o mundo pode ouvi-las a qualquer hora no MySpace, se quiser.

«Conhecemo-nos nas *tocadas*, os concertos de bandas locais», conta Susana, nome de guerra La Oveja Negra. É ela quem escreve as letras que canta com as outras duas *rappers* da banda: «Foi como se o *rap* me tivesse descoberto para dizer coisas. Há um estado de *rap*, um transe. Comecei há uns cinco anos, com uma amiga. Tínhamos um grupo chamado Socialismo ou Barbárie, *rap* cem por cento de protesto. Agora o protesto é enlouquecedor, porque como tudo está mal tudo sai em forma de protesto.»

Vão entrando malabaristas vindos do trânsito. A noite fecha-se sobre nós.

«O mais difícil é ver como simulamos que vivemos. Não sinto que haja uma resposta do tamanho do problema. Não compreendo como há cinco mil ou dez mil pessoas assassinadas nesta cidade e a sociedade não tem uma resposta. Quando eu era pequena, via o que se passava com as mulheres, como as violavam e matavam, e pensava como é que isso não importava a ninguém.» Para a geração de Susana, crescer em Juárez foi isto. A violência em cadáveres femininos no deserto. A explosão da morte diária na cidade. E perceber que 80 por cento dos que estão a ser mortos terão menos de 30 anos. Este ano, por exemplo, começou com um massacre de 13 estudantes numa festa. Depois os narcos disseram que tinha sido um engano.

«Quando te sentes mal, vomitas e sentes-te melhor», diz Susana. «O *rap* é esse vómito. O *rap* não é o belo canto.» E isso junta-se «a usares o corpo como queres, a ter tatuagens». Baixa a alça para mostrar as costas tatuadas. «É o deus da morte azteca, e o códice que simboliza a luta de consciência. Aqui há um gangue chamado *aztecas*. Usam tatuagens aztecas para se reconhecerem. Eu fi-lo por convicção, mas é motivo para os [polícias] federais me pararem e fazerem a sua inspeção.»

Entretanto, a morte segue.

«Sentes-te desprotegida. A desconfiança tornou-se um estado de espírito. Eu confio nas pessoas que conheço. Mas não falamos a sério do que se passa. É só: "Quantos foram ontem? Viste as notícias?" Torna-se o pão de cada dia, dois decapitados, mulheres violadas. E sobre emprego, educação, oportunidades não se fala. "Mataram aquele, era porque fazia coisas más." E já ninguém vai procurar respostas.»

Paira um rumor em volta, de conversa, de famílias. Quase uma cidade normal ao crepúsculo.

Supa, o rapaz com olhos de chinês, começou a dançar *hip hop* há 12 anos. «À fronteira chegam muitas modas, subculturas, *graffiti*, o *break dance*, as tatuagens. São formas de te expressares, de defenderes o teu grupo. E eu descobri esse mundo em que não há racismo, em que mostras na pista o que vales. Posso ir à Índia e vou ter sempre um sítio onde dormir, sempre haverá alguém que faz *hip-hop*.»

Mas em Juárez a violência destruiu a rua. «Eu vi isso, a mudança. Começou há dez anos com a matança de mulheres, antes do crime organizado.» Gente que ele conhecia. «Amigas que desapareceram, ou foram encontradas sem órgãos. Uma que foi encontrada com os olhos queimados. Outra com os mamilos cortados. E como se passam estas coisas e ninguém faz nada? Eu trato de estar o menos possível na cidade, mas nunca sabes se vais estar no lugar errado, se te vai tocar uma troca de tiros ou vão assassinar alguém, se vai haver uma bala perdida ou alguém te vai *extorsionar*, mesmo a polícia. É trágico uma cidade que não pode confiar sequer na autoridade.»

E Daniela, com o seu *hula hoop* e os seus caracóis renascentistas, em que pensa? «Tiraram-nos a liberdade. Não sabes o que te calha quando sais à rua. Conheço pessoas que foram assassinadas e são inocentes. Devíamos procurar a nossa liberdade, um lugar onde vivê-la.» Juárez não? E ela responde com aquele jeito diminutivo mexicano: «Juárez, *ahorita, no*.»

Susana também pensa ir embora? Sentada nas escadas, com o queixo na mão, ela diz: «Se pudesse levar toda a gente que quero, o meu gato, os pássaros, este deserto, tudo o que

habita nele... Esta é a nossa casa.» Pausa. «Mas claro que nos queremos ir embora, a casa está a cair e não tens ferramentas. É uma cidade sem oportunidades, sem diversões saudáveis. O único que temos é caos, desastre...»
Supa e Daniela entram na roda:
«Miséria.»
«Morte.»
«Dor.»
«Impunidade.
E repetem: «Impunidade.»
«Esta cidade deu muito ao país em fábricas e o que tem de infra-estruturas não corresponde ao que produz», diz Susana. «Não há um interesse real em que isto mude. Nós não queremos nem a *maquila* nem o narco. Queremos dançar e cantar, estar com as crianças, fazer comunidade com essas mães que não sabem onde os filhos estão, menores de 14, 15, 16 anos. São os jovens que estão a ser assassinados. Que pare a morte. Que pare a injustiça.»
Em volta, é a grande noite do deserto.

No fingiré ya mi sonrisa Mona Lisa
voy de prisa en esta vida
con el puño arriba
como Pancho Villa

Sigo firme en medio de balazos
donde sobrevivo y escribo lo que vivo
una ciudad en pedazos
una ciudad en pedazos

Ninguna Guerra en Mi Nombre,
Batallones Femininos*

São nove e meia da noite quando saio de casa de Susana. Os rapazes ainda continuam sentados no passeio, com os seus bonés. Atravesso a rua e caminho até à casa da poeta. Há um jardim nas traseiras, um pequeno oásis fresco, e é lá que estão todos. Mas Cristina tem de ir buscar o outro filho às aulas, e já é tarde. Então Juan Carlos e Armida ficam e eu vou com Cristina à universidade. Atravessamos a escuridão deserta. Juárez não é uma cidade onde os rapazes possam vir da universidade sozinhos às dez da noite. Aliás, às dez da noite as pessoas tentam não circular.

A casa chama-se Tabor, como o monte onde Jesus se transfigurou. Estamos longe da Galileia, a vários mares. Ruas áridas, um sol de chapa, ninguém à vista. É um bairro onde hoje aparece um corpo no esgoto e amanhã outro. Mas esta casa tem uma velha cerca de madeira, uma Virgem de Guadalupe e o nome Tabor pintado a branco sobre fúcsia.

Betty abre a porta, a sorrir. Parece uma rapariga que simplesmente envelheceu. E aos 76 anos é mesmo a júnior da casa, porque Peter está com 87.

---

* O encontro com Susana e os amigos aconteceu a 1 de julho e ficámos de trocar *mails* sobre as canções. Três semanas depois, enviei um *mail* a Susana. Passada uma semana, ela ainda não tinha respondido. Entre a busca das letras na Net, apareceu uma notícia que ajudava a explicar o silêncio: Susana tinha sido detida pela polícia em Oaxaca, no Sul do México, onde estava com outros membros do Zirko Nómada a apoiar um protesto de esquerda. O que sobra do ativismo de esquerda mexicano não é muito, mas é ativo, e há fotografias em *sites*: Susana aparece a ser arrastada, dia 19 de julho, um polícia em cada braço. No dia seguinte, os detidos foram soltos mediante fiança, acusados de distúrbios e sem permissão para deixar a cidade. Entretanto, centenas de pessoas foram mortas em Ciudad Juárez.

Betty Campbell e Peter Hinde, o que eles viram para aqui chegar. Talvez por isso vejam tão bem o que se passa nesta periferia do mundo, Ciudad Juárez.

Mas entremos, porque Peter vai apanhar um autocarro, tem menos de uma hora.

A sala é pequena, e inclui a cozinha, fotografias, livros e desenhos, objetos como aquele Cristo índio e panos coloridos da América Latina, mas tudo parece só o essencial. Há espaço e está fresco.

Betty há-de mostrar a casa, dentro e fora. Para já, mochila aos pés, passaporte no bolso, boné *Veterans for Peace*, Peter está pronto para falar e partir logo, ao lado de um velho amigo em visita.

A Casa Tabor só tem dois quartos e em ambos há camas extra. E além de receberem gente, Peter e Betty estão ligados diariamente a amigos de toda a América. São grandes praticantes do *e-mail*, sendo que Peter, reparem, nasceu em 1923.

«O interessante sobre esses dias em Chicago, quando eu era criança, é que eram os dias de Al Capone e da atividade criminosa ligada ao álcool. E esse é um problema que podemos relacionar com as drogas hoje. O princípio é o mesmo: se tornamos algo que podia ser legal em ilegal, estamos em apuros.» Peter defende a legalização de todas as drogas. Nada que lhe passasse pela cabeça quando era um jovem estudante de engenharia, em vésperas de entrar na Força Aérea.

«Voei sobre Nagasáqui três dias depois da bomba. Estava num avião de combate a caminho da Coreia para intercetar aviões japoneses. A algo como 15 mil pés, devia poder ver a cidade claramente, mas eu só vi onde a cidade tinha estado.» Era uma cidade portuária, portanto fácil de identificar. E o que viu? «Um ponto castanho na terra.»

Quando voltou à América, juntou-se aos carmelitas. «Tinha estudado numa escola carmelita. A ideia atravessara-me antes o espírito, mas só lhe respondi depois da guerra.» Foi «como uma chamada».

E acabou por mudá-lo politicamente. «Quando saí do serviço militar, inclinava-me para a direita, porque ouvia aquela propaganda das ameaças vindas da Rússia. Até ter passado três anos na Áustria, numa casa de contemplação, o que me deu outra visão do mundo e me tirou da bolha, da visão provinciana que os norte-americanos têm, por estarmos isolados pelos dois oceanos.»

Depois, no começo dos anos 60, quando já estava num centro de teologia em Washington D.C., houve a luta pelos direitos civis: «Ficámos imediatamente envolvidos com os militantes negros, alguns dos ministros batistas que eram líderes na luta, como Martin Luther King. Mas eram sobretudo os jovens negros que corriam maiores riscos, porque promoviam o registo de voto e a literacia no Sul, e as pessoas estavam a ser enforcadas, assassinadas por esse tipo de atividade.»

O ensinamento social da Igreja, então, era o das encíclicas de João XXIII, e este carmelita crê que, «se as pessoas no poder as tivessem ouvido, tudo poderia ter sido diferente, desde os anos 60».

Inspirado por esta atmosfera, em 1965 Peter foi para o Peru, e aí conheceu Betty, que pertencia à Ordem das Irmãs da Misericórdia e trabalhava nas montanhas como enfermeira.

«Depois desse acompanhamento da igreja peruana, especialmente dos pobres, dos índios quéchuas, começámos a perceber que um dos grandes problemas dos países latino--americanos é a política americana na região, os investimentos americanos na região, quando não o apoio militar a regimes que eram tudo menos democráticos», diz Peter.

E conta a história de como a Standard Oil tirava petróleo do Peru sem pagar os direitos devidos, e depois os militares fizeram uma revolução, e a igreja esteve ao lado dos *campesinos*.

«Eram os dias de Gustavo Gutiérrez, o [peruano] fundador da Teologia da Libertação, e eu frequentei o seu primeiro curso. Mas não era só Gustavo, eram teólogos em toda a América Latina a chegarem à mesma análise. Tinham aceitado uma teologia do desenvolvimento, a encíclica de Paulo VI sublinhava o desenvolvimento — mas em 1967 ele avisara que se não houvesse reforma drástica haveria revolução. A primeira conferência de Gustavo foi em 68. Uma nova ética estava a abrir-se. Acompanhar essa mudança, e desafiar o governo [revolucionário peruano] a ser fiel aos seus princípios, representou toda uma aprendizagem.»

Incluindo a forma como a Standard Oil quis fazer-se pagar quando deixou de poder extrair petróleo. «Foi uma lição sobre como as grandes empresas funcionam, quanta influência uma empresa pode ter num país que, comparado com ela, tem um orçamento pequeno, e como é possível comprar alguém no governo local para a agenda dessa empresa, que depois o governo americano vai apoiar.»

Em suma: «Vimos realmente o imperialismo a trabalhar. As pessoas tinham medo de lhe dar esse nome, mas hoje é bastante evidente. Então o que fizemos foi voltar e tentar ajudar os EUA a mudarem a sua política externa.»

Assim, em 1973, de novo em D.C., começaram uma pequena comunidade católica, e em breve recebiam refugiados do golpe de Pinochet no Chile, missionários que já não podiam trabalhar lá e chilenos que tinham estado no governo de

Salvador Allende. «A nossa casa tornou-se um lugar onde ia ter gente vinda do Chile, da Argentina, da Bolívia, a fugir de ditaduras que os EUA apoiavam.»

Pelo meio, Peter e Betty ou viajavam pelos EUA a falar sobre a política na América Latina, ou viajavam pela América Latina, a «tentar ver em que lugares a política dos EUA não estava a fazer coisas boas». E do Chile ao Paraguai passando pela Argentina o que pensavam era: «"Mas isto são governos fascistas. E os EUA apoiam estes governos. Então devemos ter fascistas no nosso governo." Voltámos com essa mensagem.»

Fizeram orações de protestos e uma invasão pacífica da Casa Branca.

Os EUA mandavam dinheiro a Somoza, o ditador da Nicarágua. Reagan dizia que os sandinistas eram marionetas da URSS. E entretanto desaparecia gente na América do Sul. E eram mortos padres na América Central.

Betty, que tem estado a ouvir suspensa como se fosse a primeira vez, conta um diálogo que tiveram na fronteira para entrar em El Salvador. «Perguntaram a Peter: "É padre?" Ele respondeu: "Sou professor." O que não era mentira. E eles disseram: "Ainda bem, porque aqui os padres estão a ser mortos."»

Ficaram seis meses com os refugiados de guerra salvadorenhos. Peter acredita que a cidadania norte-americana deve ser usada como um dever. «Matar um norte-americano num regime apoiado pelos EUA é arriscado, portanto sempre sentimos que tínhamos um passaporte privilegiado, como São Paulo, nos dias em que tinha de apelar à sua cidadania romana.»

No começo dos anos 80, gente que já não podia trabalhar em El Salvador ou nas Honduras exilou-se na Cidade do México, que passou a ser «um posto de escuta» para a América Central. Peter e Betty decidiram viver em San Antonio, Texas,

para estar perto do México. Continuaram as viagens latino-americanas e as *talk tours* pelos EUA.
 E em 1995 mudaram para Ciudad Juárez. «O bispo aceitou-nos. Eu disse-lhe: "Não posso assumir responsabilidade por uma paróquia, faço trabalho de solidariedade com a América Latina, e viajamos. Mas ajudaremos as paróquias nos bairros, sobretudo as mulheres."»
 O facto de El Paso, Texas, estar do outro lado do rio, a cinco minutos, foi decisivo. «Olhámos para toda a fronteira, consultámos as dioceses, este lugar tinha as duas cidades, e sabíamos que queríamos andar para trás e para a frente. Viemos para pôr os pés no sul da fronteira, por estarmos em solidariedade com a América Latina, mas ao mesmo tempo ajudámos a diocese de El Paso a ter um gabinete de direitos humanos, paz e justiça. E todas as sextas-feiras estávamos lá, a protestar em frente ao Tribunal Federal contra a guerra no Médio Oriente. Não estamos aqui para desafiar o governo mexicano sobre as suas políticas, mas estamos do outro lado a protestar contra a política americana. Porque vemos que a base dos problemas no México é económica, é o comércio livre, este modelo neoliberal que empobrece a maioria e beneficia uma classe de elite. A elite faz os acordos com as grandes empresas americanas em seu benefício.»
 O que veem agora, nestas ruas, foi plantado antes e eles viram como.
 «A verdadeira guerra aqui é a guerra económica dos ditos países do primeiro mundo com os do terceiro, e a guerra do narco é em função dessa, porque o narco colapsava se não houvesse uma tremenda desigualdade de salários, o empobrecimento do México. Os narcos não poderiam recrutar o exército, ou a polícia, ou os miúdos que não têm trabalho nem oportunidades de

estudo. É o que acontecia com as ditaduras apoiadas pelas grandes empresas americanas nos anos 70. E eles estão dispostos a limpar zonas inteiras de gente, de forma a garantir os interesses dessas grandes empresas. Portanto, essa é a guerra: as grandes empresas contra a grande maioria das pessoas. Os militares só defendem os interesses de uns ou outros. E o exército tradicionalmente defende o interesse das elites.»

É hora. Peter Hinde, 87 anos, vai sair a pé desta casinha na periferia de Juárez, apanhar um autocarro, e depois um avião para Chicago, porque o seu irmão mais novo, de 84 anos, acaba de perder a mulher.

Don, o amigo americano em visita, que foi estudante de Peter e agora é um professor de barbas brancas, também parte, de regresso ao Arizona. Betty despede-se dos dois, depois olha para a mochila de Peter, vai buscar um grande saco de lixo e mete-a lá dentro. «Não quero que as pessoas percebam que ele vai viajar e eu vou ficar sozinha», explica ela, com o seu ar de rapariga prática.

Peter e Don acenam na rua. Lá vão, ao sol do deserto, bonés e saco de lixo às costas.

Betty, que cresceu no Iowa, é a mais nova de 13 irmãos. «É por isso que adoro comunidades, cresci numa comunidade.»

E como os mortos têm nome, um por um, o que ela faz no quintal desta casa é pô-los em comunidade. Então saímos pelas traseiras, passamos uma mangueira, um tanque, uma corda. É um quintal de terra seca, um pedaço de deserto, mas com um tufo de girassóis, baldes pintados de branco onde crescem tomates-cereja, um antigo galinheiro convertido em jardim de temperos, e telheiros alegremente coloridos onde há sombra e cadeiras de baloiço para poder ver os painéis de Betty.

Cada painel tem desenhos e filas de nomes escritos à mão, em letra minúscula. No primeiro, 500 mulheres cujos corpos foram encontrados. No segundo, 50 desaparecidos. No terceiro, centenas de imigrantes. «Morreram a tentar atravessar para o Arizona. Alguns no deserto, outros no rio, outros alvejados, mas o mais comum é o deserto. Há uma organização chamada "Mais mortos não". Eles levam água para os imigrantes terem o que beber no deserto. Às vezes chegam e encontram os corpos, às vezes estão lá há meses, e não há hipótese de reconhecimento.»

Betty escreveu muitos nomes a partir de listas que tinha. Depois as pessoas que passaram aqui foram escrevendo os que sabiam. E alguém chega da Europa, e pode lê-los: Arnelio Portillo. Angel Lizarraga. Maricruz Faris. Ofelia Vincente Ixmay. Maria del Pilar Hernández Espinoza. Estiveram vivos como nós. O que Betty faz é tirá-los do deserto e dar-lhes um jardim com caras e cores por trás dos nomes.

«Eu fazia aqui os meus *workshop*s para mulheres, sobre auto-estima, sobre como não têm de viver a violência doméstica. Mas os maridos ficavam aborrecidos. Um tentou matar a mulher porque ela tentou pedir o divórcio. Foi posto na prisão. Por isso já não tenho os *workshops* aqui, embora as mulheres continuem a vir. Agora tudo isto é um santuário para a memória. A celebração da memória, acredito nisso. Vivemos melhor o presente e o futuro.»

Mais um painel: «São os mortos da América Latina. Veio uma pessoa da Colômbia e pôs 85 neste lugar, 200 neste lugar, massacres que aconteceram.» Ao lado uma cara a preto e branco. «É o bispo Romero, assassinado em El Salvador.» Em 1980, por um atirador de elite do exército. Óscar Romero acreditava que a igreja encontra a sua salvação nos pobres.

Betty abre uma pequena cerca.
«Quero que veja as minhas galinhas.» Cá estão, numa casita pintada de turquesa. A seguir, um jardim de pedras em forma de labirinto. «Quando se entra, é libertador.» Uma Terra desenhada no muro, com gente, plantas, bichos e água. Ao fundo, catos e pinheiros. «Quando chegámos, eram montes de seringas dos miúdos, um desastre.»

Compõe o cabelo preso atrás. «Bem, faz calor.»

Voltamos para dentro. Betty mostra o quarto-escritório onde Peter dorme, duas camas estreitas, livros muito lidos, um Cristo de corda, um computador antigo, cadeiras desirmanadas, um pequeno bengaleiro com cinco camisas penduradas. Tudo em ordem.

Na sala-cozinha, os pratos usados estão a secar em cima de um pano, ao lado dos copos. Uma pequena banca com temperos e por cima uma Última Ceia com homens e mulheres. Um pequeno frigorífico com desenhos de crianças e fotografias de família. Um painel com caras de toda a América Latina, velhos recortes, folhetos, crachás a dizer «A paz é patriótica». Daqui de Juárez, Peter e Betty chegaram a juntar-se ao arcebispo sul-africano Desmond Tutu e ao bispo e poeta nicaraguense Ernesto Cardenal numa greve de fome pelos prisioneiros de Guantánamo.

Hoje é o último dia de junho, e no calendário de parede todos os dias para trás estão cheios de anotações. Por cima, uma frase diz: «Faz o que podes no lugar onde estás, e sê bondoso.» Nesta casa, é possível ler estas palavras como se não estivessem gastas, porque são simplesmente o que se vê acontecer aqui.

Betty entrou ainda menina na Ordem das Irmãs da Misericórdia e voluntariou-se para as montanhas do Peru aos 18 anos. Passou a década seguinte a gerir um pequeno hospital. «Mas como adoro música e arte, também desenvolvemos um coro polifónico, a quatro vozes.» Fala espanhol como água, embora com sotaque, e fala desse Peru rural como se tivessem sido férias. «Foi um belo tempo.»

Seguiu-se toda a América Latina, como Peter já contou. Quando aterrou em Juárez, Betty já estava com mais de 60 anos.

«As mulheres no bairro perguntaram-me se eu não criaria um espaço para falarem dos seus problemas, e eu disse que sim. E comecei a perceber que as mulheres aqui eram mortas.»

E a cada ano a violência foi piorando.

«Quando chegámos nunca pensei que alguém pudesse roubar a nossa casa, mas agora o roubo tornou-se muito comum. Aqui no bairro, sempre houve drogas, mas cada vez mais gente vende droga e consome.»

Nas visitas que faz, de casa em casa, Betty está sempre a ouvir histórias. Um corpo de mulher encontrado, e depois outro. Um homem abatido ao meio-dia a sair de casa, outro apedrejado até à morte. «Houve tantas mortes aqui...»

Não tem medo?

«Supostamente podiam raptar-me porque sou norte-americana e podem pensar que tenho dinheiro. Mas eu disse à minha comunidade para não pagar um tostão se for raptada. Não creio que me raptem, porque não tenho carro, não tenho nada. Isto é o que alugo [olha em volta]. Quando os norte-americanos querem vir cá, perguntam: "Devo ir?" Eu digo: "Não sei, depende de ti, sabes que há violência." Quando estão cá, digo que não é provável que aconteça nada, porque somos dois ou três, creio que ninguém nos vai roubar ou raptar.» Mexicanos-americanos mortos, sim, houve muitos aqui. «Brancos, creio que não.»

Mas Betty é arrastada para a violência: «Porque uma das mulheres no meu *workshop* vem e diz: "A minha filha esteve raptada durante três dias." Disseram-lhe: "Vamos matar-te, vamos cortar-te os dedos." Puseram-lhe uma faca nos dedos. "Vamos violar-te, tira as roupas." Ela tirou, tocaram-lhe, mas não a violaram. Isto durou 24 horas durante três dias. A família pagou quase tudo o que pediam, e depois eles disseram: "Não digam nada a ninguém, se disserem raptamos as vossas outras filhas." Eles têm três filhas. Então a mãe diz-me: "Por favor, venha ajudar-me, quero que esteja com a minha filha, que a ouça." E eu fui. Ela estava mal. No primeiro dia nem conseguia olhar-me, não conseguia olhar ninguém, soluçava. Fiquei com ela nos braços. A cada dia ficou um pouco melhor. E depois voltou para casa, com o marido e os filhos. Mas fui vê-la um dia, e ela viu no jornal um dos homens que a raptaram, e teve medo que a fossem buscar. E a dois quarteirões de casa, cinco polícias e um rapaz que lhes vendia *burritos* foram abatidos, e ela ouviu tudo.»

Pausa. «As pessoas vivem constantemente com esta violência.»

Um dia em que Peter celebrou missa foram pedir-lhe ajuda para uma menina de 10 anos. Ela tinha visto matarem três homens, e a polícia a passar. «A polícia nunca parou, irmã! Nunca parou!», repetiu ela a Betty. «Ouço isso todo o tempo. Que a polícia está ali, ao fundo da rua, o exército ali, e não fazem nada. É o que as pessoas dizem.»

A propósito de medo, vai buscar um papelinho com a cara do bispo Romero e estas palavras dele: «O temor é algo humano.

Todos o temos. O meu dever é estar junto ao meu povo e não seria conveniente que mostrasse medo. Peço a Deus que mesmo com medo continue a cumprir um dever que considero necessário. Quando vier a morte, virá no preciso momento que Deus tiver escolhido para mim.»

Nesta sala há uma prateleira só com livros de Óscar Romero.

«Mas não sinto medo», diz Betty, pensativa. «A única vez foi quando essa mulher veio e disse: "Não posso dizer a ninguém sobre a minha filha, mas quero que venha a minha casa estar com ela." O medo entrou e depois... [larga as mãos no ar]. Passou. "Sim, vou, com muito gosto." Nem antes nem depois tive medo.»

Pausa.

«O que é duro para mim é que cada pessoa que é morta ou sequestrada aqui é um ser humano. É uma pessoa sagrada. E não quero saber se tomam drogas, ou vendem drogas, ou o que seja. Não deviam ser mortas. Acho que todas as drogas deviam ser legalizadas, e que os cartéis e o governo deviam negociar para resolver isto. E toca a ter algum desenvolvimento aqui, porque os jovens não têm um sítio para ir à noite, estão nas ruas, não têm trabalho, não há um centro cultural.»

Betty tem «um pouco de artrite e má audição», mas de resto nada. «E Peter está fantástico. É muito boa pessoa. Verdadeiro à sua chamada de carmelita. Diz sempre: "Se queres saber a verdade, tens de ir ter com os pobres."»

Quando nos despedimos, Betty olha em volta, à procura de algo. Pega numa maçã, a única que há na mesa. «Não quer? Sinto que não lhe dei nada.»

A casa de Julián por fora:
Um paralelepípedo, um cubo a sair, um janelão, refletindo as nuvens. Um pastor alemão enérgico no pátio. Um portão. Nenhuma grade.

A casa de Julián por dentro:
Betão em bruto, divisões sem portas. Casa de banho preta e branca. Sofás voltados para o janelão. Uma cama branca no chão. Uma secretária de vidro e aço. Uma estante preta, cheia.

A estante de Julián:
Dostoiévski. A história do Império Romano de Gibbon. Uma história da Grécia. *O Príncipe* de Maquiavel. *A Arte da Guerra* de Sun Tzu.

Acima, vários livros sobre Beethoven. Fotografia.

Mais acima, Robert Fisk. Eduardo Galeano. *The Politics of Heroin*. Duas biografias de Mao. *Regeneration through Violence — the mythology of the american border*. Uma biografia de Isabel, La Católica. *Gomorra*. Um livro sobre a Blackwater, a companhia de Dick Cheney. A biografia do Che de Jon Lee Anderson. *A História da Filosofia Ocidental* de Bertrand Russell. Os livros de Charles Bowden.

Julián, com os seus *jeans*, a sua *t-shirt* branca, as suas passadas elegantes. Um *cowboy* falador, mas na verdade silencioso.

Vou hoje embora, são 16h15 e ainda não vi uma execução. Foi Julián quem pôs assim as coisas: «Ainda não viste uma execução.» Ou seja, um corpo acabado de balear, caído na rua. Julián telefona a Ernesto, o repórter do *PM* para saber se há mortos. Sim, há, mas a família levou-os logo para o hospital.

Daqui a um bocadinho tenho de ir para o aeroporto. Acabarei por não ver uma execução. É estranho circular numa *pick-up* à espera de ver uma execução. Ficar numa cidade à espera de ver uma execução, e pensar que há uma falha se ela não vem. Ela veio, ainda há bocadinho, mas não há corpos. Juárez precisa de ver corpos para ter a certeza de que aquilo aconteceu, embora pouco depois seja como se não tivesse acontecido.

Último café no Starbucks. Julián fala como se fosse urgente. Quando falou das sonatas de Beethoven os olhos dele estavam assim.

«Cem anos depois da revolução vemos como no México há um sistema político totalmente esgotado e disfuncional. E o principal exemplo é Ciudad Juárez. O México não apostou no seu capital humano, apostou na mão-de-obra barata. Quando Calderón decidiu militarizar o país, o país já era uma bomba de gasolina que só precisava de um fósforo.»

A fronteira é uma maldição?

«Não, os limites devem existir sempre. O problema é o que fazes com as fronteiras. Atualmente, permitimos que passem as mercadorias mas não as pessoas.»

Molly Molloy, a mulher que todos dias regista a violência em Juárez, está em Las Cruces, Novo México. Charles Bowden, o homem que escreveu os livros mais lúcidos sobre Juárez, está algures no Arizona. A forma como vi esta cidade deve-lhes muito. Não há pós-escritos antes do fim, mas neste caso vai haver.

De um *e-mail* de Molly Molloy, a 10 de setembro de 2010:

«Juárez não é uma metáfora. É um lugar real de grande sofrimento.
Ontem, 9 de setembro, 24 pessoas foram assassinadas. Tem de haver um registo para aqueles que fizerem perguntas no futuro: o que aconteceu no México? O que aconteceu em Ciudad Juárez?
Talvez a tendência mais assustadora neste momento seja a criação de órfãos. Mais de 6800 pessoas foram mortas em Juárez desde dezembro de 2006. Podem existir entre dez mil e 30 mil órfãos.»

De um *e-mail* de Charles Bowden, a 10 de setembro de 2010:

«O futuro chegou a Juárez há anos. Ia ser a luz brilhante que guiaria toda a América Latina. Hoje é uma ruína. O destino de Juárez é ser devorada pelas mesmas políticas que agora a estão a matar, porque admitir o falhanço óbvio destas políticas põe em causa as premissas de várias gerações de políticos e académicos.
Juárez é o lugar onde a teologia moderna do desenvolvimento encontrou o diabo e foi destruída.»

«O sicário [no livro *Murder City*] falou comigo porque o patrono o protegeu durante meses quando ele estava a ser perseguido pelo cartel. Eu conhecia o patrono e pedi-lhe um favor — algo que quase nunca faço. O favor era que ele convencesse o sicário a falar comigo. O sicário fez o que lhe foi dito. Depois desenvolveu-se uma relação e ele gostou de se livrar de um peso. Sei que muito do que ele me contou nunca tinha contado antes. O sonho do sicário era ser arquiteto. Vem de uma família muito pobre. O pai trabalhava numa *maquila*, a mãe limpava casas. Ele escolheu deliberadamente uma vida de crime porque queria ascender. É um homem muito inteligente. Se tivesse nascido em El Paso, teria estudado na universidade e hoje seria um profissional.»

«Não há terrorismo em Juárez, há simplesmente terror. O terrorismo é uma tática dos fracos contra os fortes e tem sempre uma agenda. A matança em Juárez não tem uma política e não é dirigida a um grupo ou grupos. O que estamos a ver é uma guerra de todos contra todos. Mas académicos e governos insistem em ver grandes jogadores por trás da violência. Os seres humanos tendem a ver tudo aquilo a que se opõem como um espelho de si mesmos.

Hoje, em Juárez, os académicos e o governo insistem que a violência é uma guerra de cartéis porque enfrentar os factos reais — uma explosão de violência que vem das raízes — significaria duas coisas: o Estado falhou e o Estado não tem o poder para controlar a violência.

Este não é um caso em que o rei vai nu. Este é um caso em que o rei não tem reino. As doutrinas do mundo moderno estão a morrer em Juárez e algo novo e terrível está a nascer.»

Voltemos a Juárez para a despedida.

Saio com Julián para o aeroporto ao poente, entre os cartazes com sorrisos e promessas. PAN ou PRI? Quem quer

tomar conta da terra da morte? Há dinheiro, muito dinheiro, para quem pode, e para quem está disposto a morrer.
Cuentas claras!
Fuera los narcopolíticos!
Internet gratis para todos!
Útiles y uniformes escolares gratis para todos!
«Se continuarmos por esta avenida sempre em frente vamos ter à Cidade do México», diz Julián. «Vinte e quatro horas seguidas a guiar.»

Atravessando todo o deserto de Chihuahua e a *sierra* que Artaud percorreu no verão de 1936.

Se em vez de três semanas para todo o país eu tivesse três semanas para o norte, podia agora ir até à cidade de Chihuahua e apanhar o último comboio de passageiros que resta no México. Foi o que Artaud fez, e depois continuou a cavalo até Sisoguichi e Norogachi, lugares que parecem no Japão mas são tarahumaras, e onde um avô disse a um neto: tu contarás a história.

Parte III
Sul

Oaxaca

O voo parte de Juárez cheio. Desço para a Cidade do México já noite, aquele manto negro coberto de joias. Tantas luzes acesas, tantas vidas às 22h45. Tanta esperança e dor e *fiesta* e luto. Tanta gente traída. Que vai morrer para que outros fiquem vivos. Que vai limpar para que outros sujem. Que vai abrir caminho para que outros passem. Outros, sempre muito poucos.

Durmo umas horas do Hotel Gillow. Desfaço e refaço as malas para deixar tudo o que posso na mochila grande. Guardo-a no depósito de bagagens e parto com a mochila pequena para o resto da viagem.

Um táxi até à estação de Tapo, onde os autocarros vão para sul. Filas e filas em todos os guichês. Compro o primeiro bilhete disponível para Oaxaca. Às 13h30, na companhia AU.

No México há várias classes de autocarros: segunda, primeira e luxo. Este é de segunda, embora eu não perceba porquê. Lugares confortáveis, com grandes janelas limpas. As pessoas queixam-se sempre da lentidão, porque os autocarros no México não passam o limite de velocidade. Mas para mim, que há anos fiz um *rally* a morder as mãos e não tenciono fazer outro, a velocidade está ótima.

Arrabaldes da Cidade do México, agora para sul: lojecas de material de casa de banho, armazéns, favelas, mercados, *stands* de automóveis, bairros sociais de tijolo, um motel com duas pistolas cruzadas, bairros de cimento mal pintado, lojas de pneus e de móveis, mais favelas ao fundo, a trepar pela colina. E depois a interminável favela na auto-estrada Cidade do México-Puebla. Demoramos quase uma hora para sair da cidade e estar entre colinas verdes com nevoeiro.

O tempo mudou.

Este é o grande vale de Anahuac que domina o centro do México, com os seus vulcões, «o» ativo Popocatepétl, e «a» extinta Ixtlacihuatl, de acordo com o sexo que os mexicanos lhes atribuem. Eu não me posso pronunciar porque estão cobertos de nuvens.

Florestas, boa estrada, boa sinalização. *Ruta 2010*, vão dizendo as placas. De quando em quando aldeias com casebres de cimento e campos de milho. Camponeses de chapéu de palha, ovelhas.

«Bem-vindos a Puebla, o lugar onde todos somos aztecas», leio pela janela. Uma Virgem de Guadalupe, com flores frescas de cada lado, abençoa todo um campo de milho. E na portagem uma guarita com um soldado, como um *checkpoint*.

É sábado, ao começo da tarde, véspera de eleições. Oaxaca será mesmo o centro de todas as atenções, porque aí o PRI nunca perdeu. Está no poder desde que existe.

Cartaz do PRI: *No a la violencia en el país.*

Atravessamos Puebla. Quase duas horas de viagem até aqui. Uma viagem também é todas as viagens que não fazemos dentro dela. Hesitei ir a Cuernavaca por causa de Malcolm

Lowry, e não fui, ficou para trás. Tal como hesitei vir a Puebla. Foi em Puebla que Benito Juárez venceu o invasor francês, há 150 anos. Mas antes mesmo de eu saber isso, Puebla era «o lugar de onde os cozinheiros vêm», segundo o livro do *chef* Anthony Bourdain que o meu amigo João Pacheco me emprestou na véspera de eu partir para o México: *A Cook's Tour*. Bourdain percorreu o mundo à procura da refeição ideal e todos os cozinheiros que encontrou na América vinham de Puebla. Então um dia foi a Puebla investigar.

Nunca saberei como são os cozinheiros de Puebla, nem as ruas de Zacatecas ou que efeito terá o *peyote* dos índios huichol, em San Luis Potosí, pelo menos desta vez. O México não acaba.

Faltam 319 quilómetros para Oaxaca, revela uma placa. Umas cinco horas, à nossa velocidade de cruzeiro. O que é que este país verde e voluptuoso tem a ver com aquele deserto onde eu estava ontem?

Um camião passa a dizer *Cemento Moctezuma, un nuevo México en construcción*.

Chove.

Paramos em Tehuacán. Metade do autocarro sai para ir comprar pacotes de bolachas e doces. De repente cheira a *chile* em todo o autocarro, porque a senhora à minha frente depois de comer uma torta com *chantilly* foi comprar dois tacos.

Há uma coisa que sabemos sobre o futuro, além de que o México vai ser cada vez mais guadalupano: o México vai ter um problema de colesterol.

Depois de comer, também ela, dois tacos que o marido lhe trouxe, a senhora a meu lado lê a *¡Hola!*, com o príncipe Alberto do Mónaco na capa. Como entretanto estica as pernas para a coxia, não consigo deixar de reparar que usa umas peúgas com aquele passarito esperto que está sempre a escapar àquele gato.

O céu continua de chumbo, e eu continuo a ler sobre mortos, e torturados antes de mortos.

O sol aparece. Atravessamos um esplendor de montanhas verdes, mansas, macias. Depois fica tudo escuro e desata a chover. E para tão de repente como começou. Agora a terra é vermelha e verde, vermelha no chão, verde no que cresce. Precipícios, cumes, um horizonte ondulante. Catos finos e altos como paus, largos e espalmados como panquecas. Montanhas e montanhas cobertas por catos.

Anoitece. Continuo a ler sobre mortos.

Quando sinto alguém levantar-se por trás de mim e erguer os braços, encolho-me instintivamente. É um velhote com dentes de metal e *sombrero*. Está só a tirar o seu saco da bagageira.

Chegamos de noite, mas com ruas repletas como num mercado. Apanho um táxi para o centro histórico, onde vou ficar a dormir. Oaxaca não é a Cidade do México. Qualquer táxi é bom.

O meu jovem taxista chama-se Adolfo. Conta-me que o Zócalo da cidade, ou seja, a praça principal, «esteve tomado por professores contra o governo» local durante semanas. Saíram agora mesmo, ao fim da tarde. Amanhã, nas urnas, o PRI enfrenta uma aliança de todos-contra-um, PAN-PRD-Verdes, portanto, direita liberal, esquerda e ecologistas. Adolfo vai votar na aliança porque «Oaxaca está ingovernável». Mas as ruas, assegura, «estão muito tranquilas». Posso andar sozinha às três da manhã.

A qualquer hora, confirma a anfitriã da Casa Oaxacalli, o meu albergue, uma casa branca, caiada, com um pátio e mesas de madeira tosca. Largo a mochila no quarto e saio em busca do restaurante que me recomendam, La Bisnaga.

É um casarão com pátio interior, e mal entro ouço *jazz*. Há uma árvore gigante ao meio e à volta mesas cheias. As paredes são cor de açafrão, os aparadores vermelhos e o menu está escrito em duas ardósias gigantes de cada lado da entrada. Entradas, saladas, sopas, carnes, sobremesas, tudo parece delicioso e custa uns cinco euros. Acabaram-se os *burritos fast-food*. É agora que vou provar um *mole*, esse mistério escuro e espesso, feito de *chiles*, chocolate, canela e mais 20 ingredientes. Na lista há um «frango com *mole*, queijo, cogumelos e arroz» e é isso que peço. E uma cerveja.

«Ah, por causa das eleições não estamos a servir álcool, é proibido», diz a empregada.

Os votos são amanhã, a preparação começa hoje, no caso de dar para o torto.

Sim, Oaxaca é outro país mas não deixa de ser o país de Ciudad Juárez. É noite, está tudo na rua, no La Bisnaga há mais mulheres que homens e ninguém as vai matar, mas um fio de alta tensão percorre todos os lugares e chega a este pátio onde agora se ouve uma versão daquela música que Nat King Cole cantava, *mujer, sí puedes tú con Dios hablar*...

E uma menina entra, com as suas tranças, as suas pequenas roupas de Frida Kahlo, um tabuleiro a vender chicletes e chocolates. Depois senta-se num canto e come uma comida que traz num embrulho de alumínio. Uma menina sozinha que não devia estar sozinha.

※ ※

Nove da manhã. Saio da Casa Oaxacalli e as lajes brilham. Ruas para andar de sol na cara, a ver as cores das casas, vermelho--carmim, amarelo-torrado, verde-esmeralda, portas de madeira maciça e uma ondulação de montanhas ao fundo.

 Desço em direção ao Zócalo, um jardim tranquilo, cheio de balões a balouçar na mão dos vendedores. Subo uma paralela, e há lojas de artesanato ao longo dos quarteirões. Mantos, saias, brinquedos e blusas bordadas. Ninguém. Estarão todos a votar? A meio da rua vejo uma mesa eleitoral. Tem uma pequena fila e três urnas: *Diputados, Gobernador, Concejales*. Entra uma eleitora com um *pin* do PRI ao peito.

 Vou dar à Plaza de Santo Domingo. E esta, sim, é a grande praça de Oaxaca. O esplendor ocre da igreja barroca com um átrio imenso cheio de catos e acácias-rubras, a que os mexicanos chamam *flamboyants*, à sombra das quais as índias vendem blusas bordadas.

 Gonçalo M. Tavares tem um editor em Oaxaca a quem escrevi, e que me deu vários contactos. Um deles é o diretor do jardim que fica por trás da Igreja de Santo Domingo.

Neste canteiro está um segredo da criação humana. É um canteiro banalíssimo, espigas verdes para as quais nem olharíamos se Alejandro Ávila não parasse nele, a dizer: «Estas são as plantas mais importantes de todo o jardim.»

 Dizer isto não é pouco, porque estamos no Jardim Etnobotânico de Oaxaca, e Oaxaca é a região etnobotânica mais rica do México. E dizer isto também não é pouco, porque o México é «o quarto país mais rico do mundo em biodiversidade». Em suma, estamos num dos jardins mais importantes do mundo. E o seu diretor vai explicar agora, colhendo uma pequena espiga, como dentro dela está um segredo da criação humana.

Careca e bigode, género Poirot em versão magra, Alejandro Ávila é nada menos que antropólogo, biólogo e linguista, com um percurso académico do México a Berkeley. Aos 53 anos, trabalha no jardim que ele mesmo plantou para guardar a história dos homens e das plantas em Oaxaca. E estamos a falar de um estado do tamanho de Portugal.

O que Alejandro tem na mão é milho, mas não o atual.

«É o antepassado do milho. Não tem maçaroca, está a ver?» Abre a espiga, revelando um pequenino talo verde, formado por triangulozinhos duros. «Esta é a planta silvestre, antes de ser modificada pelo homem. E a partir daqui os indígenas criaram o milho de hoje. É um mistério como isso aconteceu. Na verdade, a maçaroca é uma monstruosidade biológica, porque as sementes não se podem reproduzir. O milho, tal como o conhecemos hoje, depende inteiramente dos homens. Sem eles, morreria, tal como os homens sem o milho morreriam.»

É assim tão importante? «Ocupa a maior extensão mundial em cultivo. Usa-se para combustível, há óleo de milho, açúcar de milho, fibras sintéticas de milho. Quando escassear o petróleo, há patentes para produzir a partir do milho. Há mesmo o desenho de um telemóvel biodegradável a partir de milho. É a planta mais importante para a indústria mundial. E tem a sua origem em Oaxaca. Na mesma gruta onde apareceram sementes de abóbora com dez mil anos, apareceram sementes de milho com seis mil anos.»

Serão as mais antigas com sinais de domesticação. E isso significa o quê? «Aqui, nestes genes, está a possibilidade de adaptar o milho a outros terrenos, de desenvolver novas variantes. O México, e especialmente Oaxaca, é uma reserva do milho original.» O milho atual suga muita água. Uma variante sem esse problema, por exemplo, faria êxito.

Mas talvez seja hora de levantar a cabeça do milho, porque o resto da história está à nossa volta, e o céu ajuda, leve, transparente.

Oaxaca!

Os manuais escolares mexicanos diziam que esta região era como «uma folha de papel que se amarrota e depois se volta a estender».

Montanhas, centenas de quilómetros de montanhas onde são faladas «mais de 150 línguas» (zapoteca, mixteca, chinanteca, ixcateca, mixe, mazateca, amuzgo, popoloca, huave, chontal, cuicateca, triqui, chatina, chocholteca, zoque, nahuátl, e por aí fora, incluindo os vários dialetos de cada uma).

À nossa frente está a montanha verde onde há 2500 anos os zapotecas ergueram os seus templos, e daí reinaram sobre os vales: Monte Albán.

E nas nossas costas a igreja dominicana onde a fé colonizou os indígenas e acumulou ouro nos altares.

Hoje, o convento contíguo alberga o Museu das Culturas de Oaxaca, e, quando passam de umas celas para as outras, os visitantes veem lá de cima este jardim, com os seus diferentes ecossistemas, frio, quente, seco, húmido, os seus catos e os seus espelhos de água.

Alejandro mostra plantinhas usadas pelos indígenas para «dissipar a tensão» ou «curar uma bebedeira». «Estamos a trabalhar com médicos tradicionais que nos vão indicando plantas.»

Depois para diante do que parecem couves, mas na verdade representa a origem da civilização. «O Sul do México é um dos poucos berços da agricultura. Isto é abóbora.» Por causa das tais sementes com dez mil anos. «É a mais antiga prova do início da agricultura neste continente.»

E o canteiro foi desenhado em forma de *greca*, uma espiral quadrangular que se vê em Monte Albán e noutros sítios pré-hispânicos. Quando os arqueólogos europeus viram esta forma aqui, chamaram-lhe *greca* por lembrar a dos vasos gregos, mas é prodigioso como, sem comunicação com a Grécia, os zapotecas chegaram ao mesmo desenho. «A arte angular desenvolveu-se de forma independente aqui. Além da abóbora, quisemos mostrar essa bagagem cultural. Monte Albán é a mais antiga cidade pré-hispânica planeada, traçada.» O que Alejandro está a dizer é que é mais antiga mesmo que Teotihuacán, a cidade venerada pelos aztecas.

Os canteiros seguintes revelam outra sabedoria. A das plantas com que os indígenas supriram a necessidade de vitaminas ou proteínas básicas. «A gente não tinha leite, ovos, carne, e tinha de ir buscar o que faltava.» Ao feijão, sim, mas também ao amaranto. «É muito rico em proteína. Ao feijão falta um aminoácido e ao milho faltam dois. O amaranto tem todos, então é como comer carne.»

Por fim, avançamos para os catos, alguns dos quais se podem ver ao longo dos 500 quilómetros sinuosos desde a Cidade do México: *bisnagas* (catos gordos com estrias e espinhos), *organos* (catos altos e magros como paus) ou *nopales* (catos de folhas largas e espalmadas).

E entre eles está mais um segredo da criação descoberto pelos indígenas.

Alejandro para diante de uma variedade de *nopal* com umas bolinhas vermelhas, como se fossem quistos. Agarra numa e aperta-a entre os dedos. Sai uma maravilhosa cor carmim.

«Esta é a tinta da *grana cochinilla*, um inseto parasita.» O que se esmaga nos dedos é a fêmea. «A *grana cochinilla* foi usada em Florença, em Paris, nas lacas chinesas, na pintura de El Greco. Com ela se fazem os vermelhos, os roxos, os negros. Todos a usaram, Rembrandt, Van Gogh. A *cochinilla* de Oaxaca pintou o mundo e foi isso que permitiu construir a igreja de Santo Domingo, tanto ouro, tanto esplendor numa cidade perdida entre montanhas. Foi o que fez de Oaxaca a terceira cidade do México, depois da capital e de Puebla.»

Imagine-se o trabalho, esmagar todas estas bolinhas. «Por isso era tão valiosa. Foi o produto agrícola mais precioso do mundo. Então neste canteiro está o vínculo entre a planta, os homens, a história e Santo Domingo. Os dominicanos promoveram as comunidades que trabalhassem na *cochinilla*.» Viram os indígenas a tingirem as suas roupas e perceberam que estava ali uma mina. «E para manter o monopólio de *cochinilla*, proibiam que os visitantes europeus, franceses, portugueses viessem a Oaxaca.»

E agora, que é feito da *cochinilla*? «Produz-se mais barato na Bolívia ou no Peru, porque não tem inimigos naturais. Aqui, há insetos que a comem.»

O museu do antigo convento, sempre com vista para o jardim, vale bem um pedaço de domingo. Entra-se pelo claustro, onde a esta hora estão índias sentadas à sombra. A biblioteca fica logo adiante, e tem uma exposição sobre a escrita mixteca desde o tempo colonial. É uma biblioteca antiga, com estantes a cobrirem as paredes até ao teto, e vitrinas para os livros mais preciosos.

No átrio que leva às salas do museu há um painel a anunciar a *Pieza del mes*, uma iniciativa para comemorar 2010. A peça do mês, neste mês de julho, é uma faca de obsidiana.

Na minha cabeça, a obsidiana é uma propriedade de Herberto Helder. Descobri-a nos textos dele sem saber o que era. Era uma palavra que fazia parte de um mundo. Depois um dia vi obsidiana nos Açores. Esse vidro vulcânico «que se forma quando as lavas incandescentes, a 600 graus, com alto conteúdo de sílica, esfriam rapidamente», como explica agora o painel em Oaxaca. Geralmente é negra, mas «também pode ser avermelhada, cor de café, verde, ou com raios de cores diferentes». A sua transparência, translucidez e brilho «dependem da espessura do fragmento e da luz debaixo da qual o observemos». O conhecimento da obsidiana no México antigo «provém de tempos pré-históricos do povoamento da América, pelo menos desde 10 000 a.C.».

Afiada, corta. Polida, faz de espelho. Nela se miraram imperadores, perscrutando o futuro. Pode servir para tudo e para nada, só a acumular energia séculos fora.

É o que podemos dizer da poesia, quando podemos.

Subo as escadas do ex-convento e vou de cela em cela: deuses de olhos oblíquos e grandes toucados, bocas e narizes perfurados, mãos nos joelhos ou à altura do peito; homenzinhos de pernas cruzadas e olhar alucinado como se estivessem a ver o apocalipse; caras bicéfalas homem-fêmea, terra-céu, trevas-luz, chuva-seca; ratos com corpo de homem; velhos com corpo de anão; figuras de espanto.

E de cela em cela a moldura viva que são as janelas abertas para o jardim de Alejandro, lá em baixo.

Passamos a época colonial, com as suas armaduras e os seus altares. Chegamos à independência e à revolução, aos vários povos indígenas de Oaxaca. Temos então fotografias de mulheres com diferentes trajes espalhadas num mapa. Este estado abrange o Istmo de Tehuantepec, todas aquelas roupas que Frida Kahlo popularizou.

E se há turistas para tudo isto, também há mexicanos, e jovens, como aquele de crista *punk* que vê as esculturas zapotecas abraçado à namorada, ou aquele de calças *hip-hop* que lê um códice mixteca com um bebé ao colo.

Na igreja, o ouro brilha, cobrindo chão e paredes numa renda minuciosa. É uma igreja para subjugar os homens desde a entrada, com uma fantástica árvore em relevo no teto, onde os frutos são cabeças de santos.

Cá fora o ar está morno, os turistas passam de chinelos, os namorados deitam-se à sombra, há café expresso na Italian Coffee Shop e mil prendas possíveis ao longo dos passeios, incluindo uma orquestra de *mariachis* composta por simpáticos esqueletos em madeira, todos de *sombrero*.

É fácil gostar de Oaxaca.

Quatro e meia. Falta meia hora para as urnas fecharem.

Desço ao Zócalo, que de manhã mal vi. De caminho há a Igreja do Sangue de Cristo, onde estão a montar «um castelo de fogos», que à noite será incendiado. É que hoje, domingo, é a festa anual desta igreja. Uma banda ensaia estrondosamente. E rua abaixo, é sempre um mercado com sumos, tapetes, brincos e pulseiras.

Dentro da *pick-up* de Juan Carlos e Cristina, em Ciudad Juárez, ouvimos canções da oaxaquenha Lila Downs, e Cristina contou-me que antes de se tornar uma estrela internacional ela costumava vender artesanato aqui.

Quase à beira do Zócalo há um Burger King, mas sobretudo cafés e restaurantes mexicanos, e lojas de artesanato. De manhã tudo parecia dormir, mas agora está definitivamente acordado.

E em pleno Zócalo trabalha-se. O cenário é de ordenamento geral do território: entre os vendedores de balões e de gelados, os namorados e as famílias em passeio, todos os canteiros têm a terra revolvida e o pavimento está repleto de plantas novas, à espera de serem postas na terra.

«Milhares de professores, a dormirem aqui, a fazerem aqui as suas necessidades», suspira Jessel Galicia, de pé, de luvas de borracha. «Teve de se lavar tudo com cloro, com água de pressão.»

Não contem com ela para este levantamento popular. Não que Jessel não seja parte do povo. Reparem bem: uma índia mixteca, cabelo bem puxado, olhos de esquimó, boca em arco, mãe de filhos, e sem dinheiro para os pôr numa escola privada. «Tenho um de 13, outro de nove e outro de sete, e tenho de os mandar para a escola pública.» Quando a «qualidade da educação pública aqui é medíocre», diz. «Os professores é que deviam ajudar-nos a sair desta paralisia. Mas aqui contam-se pelos dedos as semanas em que trabalham cinco dias. Para nós, que não temos o privilégio de um posto de trabalho sindicalizado, é muito difícil quando fecham as lojas e tomam as ruas.»

Ela é jardineira por conta própria. Por isso está aqui: teve uma encomenda para replantar todos os canteiros do Zócalo estragados por semanas de protesto. Dezenas de jardineiros andam de um lado para o outro, com carrinhos de mão e dentro dos canteiros.

«Lírio persa, amaranto vermelho, pasto lidíope, la-niña--en-barco, chocolatas...», enumera Jessel, olhando para o festim que tem aos pés. E as árvores do Zócalo, o que são? «Loureiros da Índia.» Esta jardineira estudou administração de empresas, mas depois percebeu o que queria mesmo. Aprendeu à sua conta o nome de cada planta, e quando saiu para ver o mundo descobriu que Oaxaca era o mundo.

«Nos jardins encontrei a minha forma de viver. Esta região tem uma natureza tão rica que não temos de estar à espera que o Estado faça algo. Oaxaca cresceu de forma natural. Por exemplo, a zona mixteca é árida, mas tem uma grande variedade de catos. Eu via os estrangeiros a dizer: "Ah, esta planta é endémica de Oaxaca." Porque sabiam mais que eu? Então comecei a estudar.» Ganhou mesmo uma viagem de estudo ao Brasil, onde aprendeu «muitíssimo» no Jardim Botânico do Rio. «As pessoas aqui não sabem por exemplo o valor económico e cultural de uma "bisnaga" [o cato gordo e espinhoso]. Pensamos que nos falta muito e temos tudo para ser auto-suficientes.»

Um dos rapazes nos canteiros vem pedir-lhe orientações.

Bom momento para atravessar o Zócalo e procurar o bar La Farola.

Malcolm Lowry passou muitas horas a escrever no La Farola. Oaxaca foi para ele a cidade da noite terrível. Aqui vamos, prontos para um mezcal, que o sol já se vai pôr. Aqui estamos, diante do número 3 da rua 20 de Noviembre. E cá está o nome, sim senhor, La Farola. Conta-se que lá dentro já não é coisa a sério, de taberneiro. Que tudo está composto para turistas, mesmo os mais lowryanos, amantes do *alcolmalcolm*. Mas, claro, na cidade da noite terrível será noite de lei seca.

O La Farola fechou, não vá o vulcão rebentar.

Volto ao Zócalo. Meninas de cabelo puxado e blusas bordadas, com cestos de doces. Carrinhos de pipocas e de bolos. Índios a tocar debaixo das arcadas.

Paro no quiosque. *Los comicios de hoy, ensayo rumbo a 2012*, titula o *La Jornada*, de esquerda. *Hoy, todos a votar*, incentiva o *Noticias, Voz y Imagen de Oaxaca*. A revista *Proceso*, o melhor jornalismo de investigação mexicano, tem Calderón na capa com uma palavra só: *Claudicando*.

Subo para Santo Domingo. Em frente à igreja do Sangue de Cristo já dançam dois gigantones, a banda toca a valer, o castelo cresce. Logo adiante anuncia-se Oro de Montalbán. Uma joalharia sem grades, com vitrinas expostas à rua. Penso nas placas que os toxicodependentes arrancam em Juárez. Oaxaca seria uma overdose.

Às sete tocam sinos. O céu nublou-se, levantou-se um vento, mas não frio. A polícia espera, encostada ao muro. O chão está cheio de flores de acácia.

Numa esquina vejo um grande casarão com fotografias expostas. Entro. É o Instituto de Artes Gráficas. À esquerda, uma pequena loja com edições de poesia, cadernos artesanais, colares e pulseiras de cartão pintado. E à direita, a exposição que vi da rua. A grande coincidência é que daqui a dois dias conto estar em Ixtepec, onde há um centro de acolhimento a imigrantes centro-americanos, e esta exposição é justamente sobre esses imigrantes. Chama-se Frontera Sur, foi organizada por Cristian Pineda Flores, reúne 16 artistas, e algumas fotografias são excecionais.

No albergue falaram-me de um restaurante mesmo ao lado da Igreja de Santo Cristo e é aí que vou jantar. Outro casarão, outro pátio, água, plantas, fotografias, velas. E a meio, o céu começa a rebentar.

O PRI ganhou. O PRI perdeu. É a guerra. O vulcão.

Depois lembro-me. É o castelo de fogos da igreja de Santo Cristo, mesmo aqui ao lado. Então saio a correr para a rua deixando o chá a fumegar em cima da mesa, e quando chego cá fora está o castelo a arder e fogos-de-artifício no céu, e nem se consegue passar na rua. Centenas de pessoas estão como crianças, de nariz no ar, e batem palmas.

É domingo à noite na praça de Santo Domingo, Oaxaca, Sul do México. Eu venho do Norte, de Ciudad Juárez, onde não vi ninguém como crianças, nem as crianças, e salto ao primeiro rebentamento.

Todo o México é bravo, mas há um México solidário *ahorita*. Um México bravo e doce que se despede dizendo *que le vaya muy bien*. Um México que borda fios de cor no algodão e no veludo, e põe faixas à cintura, e cuida da terra como do céu. Um México airoso e orgulhoso, mesmo depois de ver o Brasil e sem precisar de ver os Estados Unidos.

E neste México o fogo é mesmo de artifício, e antes a gente passeia, compra maçarocas ou pica *tortillas*. As pessoas não estão sempre a ver se alguém as segue ou tira uma arma do bolso. Apanham táxis na rua e falam ao telemóvel enquanto andam. Andam a pé, numa cidade feita para andar a pé. Uma mulher volta a pé do jantar e ainda é uma pessoa.

Os artistas fotografam o que acontece aos imigrantes centro--americanos que tentam chegar ao México como os mexicanos tentam chegar aos Estados Unidos. E o ouro mais polido brilha na Igreja de Santo Domingo e nas joalharias de porta aberta para a brisa de julho, mês de calor e chuva no sagrado vale de Oaxaca.

Depois alguém estala os dedos. É noite de contagem de votos. O partido do poder está no poder desde sempre. Os outros não têm nada que os una, mas uniram-se para o vencer. E um, dois, três, quatro carros blindados com soldados de pé atravessam o centro da cidade, armas apontadas para baixo, para nós.

Quando acordo os votos ainda não estão todos contados, mas o resultado parece seguro. A aliança conseguiu derrotar o PRI.

Meto-me num táxi e vou a Monte Albán, a megacidade dos zapotecas, fundada há 2500 anos. Ninguém sabe porque decaiu, e também ninguém sabe como foi feita ali em cima da montanha. A estrada ondula no meio do verde e quando subimos a ladeira de pedra que leva ao primeiro terraço vemos todas as montanhas em volta. É uma vista gloriosa, com recortes verdes, silhuetas negras e neblinas.

E aqui onde temos os pés, amplos terraços verdes com pirâmides e templos, acácias-rubras e árvores de grandes copas redondas com raízes brutais. Um dos templos chama-se Los Danzantes, por causa dos relevos de figuras que parecem dançar, sempre de perfil, e ligeiramente boquiabertas. Também há figuras a nadar, talvez numa destas ribeiras da montanha, ou mesmo no mar, que está a umas horas de distância.

O sol sobe, os pássaros cantam, os insetos zumbem, pequenas iguanas aparecem e desaparecem, os vendedores ambulantes caminham com esculturas de jade, mas não há ninguém para as comprar. Em boa parte do passeio estou absolutamente sozinha.

Se Teotihuacán é monumental, Monte Albán é um jardim suspenso no teto do mundo.

Graciela Cervantes de Ortíz, 66 anos, tem a sua Galería Quetzalli ao lado de Santo Domingo. É um casarão amplo e fresco, com objetos depurados.

Mas no escritório de Graciela cabe só mais uma pessoa, além dos livros. E no que toca a Oaxaca ela arregaça as mangas.

«Sou orgulhosamente oaxaquenha. Somos conflituosos, lutadores, guerreiros, mas orgulhosos.» Nasceu e cresceu num daqueles casarões vermelhos «com pátio, árvores, horta». Depois, porque o marido foi trabalhar para lá, viveu 15 anos na Cidade do México, «quando era uma cidade muito bonita e tranquila». Vivia perto de Coyoacán. E fazia parte de um grupo que levava as crianças a ateliês e exposições.

«Quando regressei a Oaxaca em 1985 vinha influenciada por essas vivências e comecei a procurar uma galeria para comprar arte oaxaquenha. Dei-me conta de que havia galerias do Estado em que se fazia uma exposição e depois fechava-se a galeria, mas não havia galerias privadas. Então no ano seguinte abri a Quetzalli, a primeira galeria privada de Oaxaca, sem ter ideia nenhuma do que significava isso.» Foi aprendendo com os artistas e 25 anos depois promove-os na Alemanha, em França, Espanha ou Estados Unidos, além da América Latina.

A começar por Francisco Toledo, «o mais importante pintor vivo mexicano», também natural desta região.

«Quando Toledo regressou a Oaxaca, em 1990, fez uma grande diferença na cidade. Criou o Jardim Etnobotânico, o Centro Fotográfico Manuel Álvarez Bravo, o Museu de Arte Contemporânea, o Instituto de Artes Gráficas, uma biblioteca para invisuais, a mais importante biblioteca de artes plásticas da América Latina, a fonoteca, o mercado orgânico, a sala de cinema El Pochote, para ver filmes todos os dias sem pagar... Há uma Oaxaca antes e outra depois de Francisco Toledo.»

Esta é, Graciela não hesita em dizê-lo, «a cidade culturalmente mais importante do México», com «uma vantagem» sobre a capital: «Aqui, caminhando, pode encontrar-se Gabriel García Márquez ou quem seja. Os artistas mais importantes passaram por aqui.»

A propósito dessa riqueza, é possível encontrar Francisco Toledo?

Graciela olha para o relógio e faz uma chamada. Sim, é possível, se for agora mesmo.

Então sai para me acompanhar. E enquanto vai falando dos feitos de Francisco Toledo, encontra uma amiga que a abraça: «*Tocaia*!» Tocaios são o que têm o nome igual ao nosso. E uma pergunta como está alguém. E a outra responde «*está padrísismo*». Ou seja, muito bom. No México, quando uma coisa está bem, é *padre*, e quando está mal é *madre*. O que os estudos de género não farão com isto.

As duas *tocaias* falam sobre uma urbanização que está a crescer em Monte Albán, a colina do sítio arqueológico zapoteca, contra a qual querem lutar. «Creio que chegou o momento de nos unirmos.»

Quando passamos em frente à igreja, Graciela benze-se.

E a eleição, que tal?

«Vai ser uma mudança total. Oitenta anos de PRI. Era preciso uma mudança. É importante ver que a cidadania saiu e opinou.»

Com a sua figura de eremita mestiço, um pouco desgrenhado, Francisco Toledo podia ter sido pintado pelos tenebristas espanhóis, por Zurbarán. E é tão tímido que temos de nos inclinar para o ouvir bem, mesmo no canto mais tranquilo do café. Estamos num dos vários centros que ele criou, o Instituto de Artes Gráficas, onde ontem vi a exposição dos imigrantes.

Toledo nasceu em Oaxaca-estado (na cidadezinha de Juchitán) e depois cresceu em Oaxaca-cidade. «Cheguei aqui com 12 anos. Há uma frase de um escritor espanhol que diz que uma pessoa é de onde fez a secundária. E isso será certo porque não voltei ao lugar onde nasci, voltei aqui.» Daqui saiu para a escola de Belas Artes, na Cidade do México. Podia ter ficado em qualquer parte do mundo com o dinheiro que ganhou, mas decidiu voltar para Oaxaca e partilhá-lo. E porquê voltar? «Queria que em Oaxaca houvesse o que não havia quando fui estudante. Há 60 anos não havia museus, não havia bibliotecas, não havia galerias. Formei-me com instituições muito pobres. Então, quando tive possibilidades económicas, quis fazer o que nos faltou. Para além de que a cidade tem uma beleza, uma tradição, tem sido um centro cultural. Agora, temos estas instituições, e elas geraram muitas coisas. Dá-me gosto ter contribuído para isso.»

Mas continua a pensar no que falta. «Oaxaca necessita de bibliotecas nas línguas indígenas. Creio que é o estado com mais falantes indígenas, que mais conservou as tradições. Com Chiapas e o Yucatán, é dos estados mais índios. Cada zona tem uma comida, um traje, uma história.»

Esse orgulho sente-se como se fosse outro país quando se vem do Norte, onde há mais desenraizamento. «É uma sociedade mais complexa que as do Norte. Aqui tudo está muito dividido, ouve-se falar muitas línguas. Mas também se está a perder o orgulho de pertencer a uma etnia.»

E a violência que todos os dias está a fazer mortos no México, como a vê Toledo? Ao longe? «Até agora manifestou-se mais nos estados do Norte, mas é certo que a droga vem do Sul e passa por Oaxaca, seguramente. Toda a imigração centro-americana passa por aqui, segue a via do caminho-de-ferro. Sim, o problema da violência está aí, e não sabemos como se vai solucionar.»

Mas a Toledo não ocorre partir. «Por preguiça. Não sei. Tenho este amigo que sempre me diz: "Vá-se de Oaxaca! Porque insiste em estar aqui? Vá a Paris, tem lá um lugar." Mas fui ficando, adiando essa saída, e já tenho 70 anos, e creio que passou o tempo de me aventurar.»

Diz um rapaz de 28 anos, a vários quarteirões de distância: «Francisco Toledo foi o ponta-de-lança da sociedade civil, o gerador cultural mais importante de Oaxaca.»
 Estamos no sótão da livraria escolar La Proveedora, que na verdade vende tudo, de canetas aos clássicos gregos. O rapaz, Guillermo Quijas, é neto do fundador, mas como gerir três andares a transbordar de livros não lhe chegava fez uma editora, a Almadía, onde traduz por exemplo Gonçalo M. Tavares ou Le Clézio, para citar dois dos seus autores favoritos, além de editar alguns dos melhores poetas e prosadores mexicanos contemporâneos.
 E os livros são de lhes tirarmos o chapéu: papel, desenho, rigor, humor.
 Mas a quem Guillermo ainda não acabou de tirar o chapéu é a Toledo. Porque além de tudo o que já sabemos, o grande artista da cidade «liderou a oposição para o McDonald's não entrar no Zócalo». O máximo que a *fast--food* conseguiu foi abrir um Burger King perto do Zócalo. «Oaxaca é a única cidade do mundo em que a sociedade civil conseguiu impedir que o McDonald's se pusesse na praça principal. E Francisco Toledo mandou fazer 500 *tostadas* e mil *tamales* oaxaquenhos para as pessoas que estavam a visitar a praça, a promover a comida local. Foi muito bonito, cheio de música.»
 Um exemplo de como Oaxaca se mexe. «Aqui, somos orgulhosos do que temos e queremos mostrá-lo. Aqui, por qualquer coisa ou por muitas, a sociedade organiza-se. Tanto para

se sentarem umas semanas no Zócalo como para protestarem contra a urbanização de Monte Albán.»
 E se a eleição de ontem não tivesse derrotado finalmente o PRI, ao fim de décadas, Guillermo está «seguro de que agora haveria violência, manifestações, marchas, porque o governador que estava, Ulises Ruiz Ortíz, foi talvez o pior em Oaxaca».
 A atual tensão no ar vem de há anos, desencadeada por lutas de professores contra o regime de Ortíz. «Todos os anos, os professores pediam um aumento e tomavam o Zócalo. Em 2006, o governador mandou a polícia com helicópteros. Havia 20 mil professores a encher todas estas ruas e a polícia retrocedeu. Isso acendeu a chama: tentaram derrubar Ulises com marchas gigantescas.»
 E fundou-se uma associação popular, a APPO, como poder alternativo. «Oaxaca esteve praticamente em guerra civil, e tudo por negligência do governo. O comércio fechava às cinco da tarde porque os trabalhadores tinham de ir para casa porque não havia autocarros. Havia barricadas com tiros. Entraram grupos guerrilheiros para ajudar a APPO. Já não sabíamos o que se estava a passar. O comércio ia a pique, cancelámos a feira do livro de 2006, não podíamos sair de casa à noite. E o exército entrou em Oaxaca e foi lutando com a APPO quarteirão a quarteirão. Mas esta tentativa de que o governo escutasse acabou por molestar tanto as pessoas, que elas ficaram fartas. Havia gente ferida em agressões e quando o exército entrou as pessoas já só queriam que a APPO acabasse. Nasceu como um movimento importante, mas desvirtuou-se completamente. No fim, só se estragou a cidade.»
 Foram os professores ligados à APPO que estiveram a ocupar o Zócalo até ontem.

No meio de tudo isto, Guillermo continuou a vender livros. E na sua Almadía já vai com 80 títulos. Vendem-se tão bem que todos os volumes da coleção de poesia foram reeditados. Gonçalo M. Tavares teve «mais de 50 notas ou críticas na imprensa» e Guillermo trouxe-o ao México, tal como trouxe 500 escritores à cidade, desde que é o organizador da feira do livro. «Os escritores adoram vir a Oaxaca. É uma cidade de que toda a gente gosta. Mesmo com problemas políticos, sai de pé.»

Basicamente, no México, «os livros vendem-se na Cidade do México, em Puebla e Oaxaca». E quanto a autores portugueses, «depois de Saramago, Pessoa e Lobo Antunes, Gonçalo é o que mais se conhecerá agora». Guillermo também pensa editar Mia Couto, que lhe parece «sensacional».

É verdade que tem só 28 anos, mas anda nos livros desde criança.

«Comecei a trabalhar com o meu avô, Ventura López Sánchez, o fundador da Proveedora. Trouxe-me para aqui desde pequeno, eu ajudava-o, e ele mandava-me ajudar os trabalhadores. E desde pequeno deu-me literatura, poesia. Começámos com lendas e mitos de Oaxaca, depois Roald Dahl, Hemingway, as memórias de Pancho Villa, Juan Rulfo. Gosto muito de Rulfo.»

Guillermo foi estudar em Puebla e esteve um ano na Dinamarca, mas em 2001 o avô adoeceu. «E morreu, tinha eu 19 anos. No dia antes disse-me: "Já não vais estudar, ficas aqui, a tomar conta da Proveedora Escolar." Não pude dizer-lhe que não. Não sabia no que me estava a meter, mas tenho prazer nisto todos os dias. Amanhã abrimos a quarta sucursal. Quando cheguei só havia esta e éramos 200 a trabalhar aqui. Amanhã seremos 350, só em Oaxaca. Vendemos cem mil títulos. Somos talvez a livraria no México com mais títulos.»

E para quem não entra numa livraria, há a feira do livro, mesmo em frente à catedral. «As coisas na rua funcionam muito bem em Oaxaca. Agora fazemos ateliês, teatro, dança, concertos.»

A ideia de fazer uma editora era para completar o triângulo, «produzir, distribuir e com a feira promover». O nome, Almadía, vem do nome de «um barquito que antes era usado em Espanha para transportar manuscritos». E Juan Villoro agiu como locomotiva da editora.

«Em 2008, quando publicámos o primeiro livro dele, Juan gostou muito do projeto e disse: "Vamos fazer um giro por todo o México." Creio que fizemos umas 50 apresentações em todo o país. E Juan também nos ajudou muito ao convencer autores a vir para a editora. Vendemos 17 mil exemplares de Villoro. Nenhum dos seus livros anteriores vendera tanto.» Qual é o segredo? «Não me ponho a pensar nisso. Fizemos coisas mal, mas a equipa sente este projeto como seu e, se falhamos, continuamos. Gostamos do nosso trabalho. Metade das pessoas que trabalham na editora também trabalham na livraria e na feira. Somos amigos de escola, Conhecemo-nos há 15 anos. Talvez tenhamos mais recursos porque temos as três coisas. Então temos uma editora pequena mas que pode publicar um autor como o Gonçalo e tem os meios para o trazer e o promover. E ter a livraria permite um contacto direto com o leitor, saber do que gosta, o que quer. As outras editoras não têm esse contacto. Os nossos autores estão completamente casados com a editora.»

Um desses autores é mais pai da editora. Até ajudou Guillermo a encontrar o nome Almadía. Chama-se Leonardo da Jandra e vive numa aldeia da montanha, San Gabriel Etla.

Vou de táxi até lá.

Pássaros, água a correr, bananeiras, laranjeiras, pinheiros, um cheiro doce. É o Éden.

Depois o Éden sobe por uma rua que se chama Revolución. A morada que procuro é Revolución, 27. Uma casa amarela com um portão de canas que no muro tem escrito Casa de la Luz.

O portão abre-se e aparece Leonardo, um daqueles homens grisalhos que tanto podem ter 40 como 70, corpo rijo, cara e braços de quem trabalha ao sol.

«A água vem toda destes cerros», diz. Aponta para o cimo das montanhas. E entramos pelo portão de canas.

Logo à direita há um ateliê cheio de telas, fotografias, búzios, conchas, crânios de animais. É aqui que trabalha a mulher de Leonardo, Agar, pintora.

O chão «é brunido, como as paredes de Santo Domingo». Subimos a um terraço por cima da casa para ver o telhado. «É em matéria vulcânica, com uma membrana que vem da Alemanha, para se fazer um jardim com uma capa de terra.» Paramos diante de um mosaico branco e azul em forma de sol. «Este é um dos símbolos alquímicos mais antigos, para a concentração de força.» E ao lado está um cilindro de alumínio para a concentração do sol. «Põe aqui a mão», diz Leonardo. Está quente.

«A nossa ideia é tirar à natureza o mínimo. Foi o que vivemos na praia, quando não tínhamos telefone nem luz elétrica.»

É uma longa história, nem eu sei bem o que me espera. Quando Guillermo me deu este contacto só tive tempo de espreitar a Net, onde encontrei textos sobre a saga político-ecológica que forçou Leonardo e Agar a sair da tal praia, Cacaluta, onde as tartarugas iam desovar e eles viveram quase 30 anos.

«Aqui também recolhemos a água da chuva em tanques e tiramo-la com esta mangueira, estás a ver?» Mostra-me um tanque coberto e uma mangueira a descer para a cozinha da casa.

«Agar vai-te explicar melhor o símbolo alquímico.» Agar aparece, *mignone*, com o seu cabelo curto, um daqueles sorrisos em que os olhos ficam fechados. Seria francesa se não fosse mexicana. Também pode ter 40 ou 60 anos.

«Leste Jung?», pergunta, a propósito do mosaico que agora pisamos, à porta de casa, e que em latim tem escrito: «No interior do homem habita a verdade.» O desenho é uma serpente a morder a cauda. «É a conquista de si mesmo de Jung, o encontro com a tua verdadeira sombra. Mas a maior parte das pessoas tem pânico do que está dentro delas.»

Entramos para uma cozinha que se prolonga numa espécie de pátio coberto com duas redes estendidas. É toda uma outra imagem do Éden. Aparadores, estantes, plantas junto às paredes, e ao centro só as duas redes, a que os mexicanos chamam *hamacas,* com livros e papéis espalhados no chão.

Toda a casa parece uma utopia, alegre, ampla, minimal, com os seus toros no teto, as suas cores de pigmentos naturais, as suas janelas debruçadas para o vale, para as montanhas. Sentamo-nos à mesa. E o que se segue é a história do que eles chamam «a utopia mínima, a dois».

Ou: Robinson Crusoé *goes New Age* na selva mexicana.

AGAR: Nasci na grande cidade, no D.F., a 16 de dezembro de 1955. A minha família vivia em Coyoacán, a minha mãe conhecia todas as famílias, então não sabes o golpe que foi para ela eu ir para a selva com... um selvagem! [gargalhadas]

Uma família confortável?
AGAR: Classe média, média-alta.

Que fazia o seu pai?
AGAR: Tudo. Teve de manter cinco filhos e duas filhas.
LEONARDO: Era contabilista de profissão.
AGAR: Era contabilista, mas também artista. Escultor, pintor, poeta, mas deixou tudo a meio. O que herdei de artista é dele. O meu avô pintava miniaturas, o meu bisavô pintava calendários, o meu pai dedicava-se a isso ao fim-de-semana, então alguém teria de dedicar-se a isso a tempo inteiro.

Estudou Belas Artes?
AGAR: Sim, em São Miguel de Allende. Casei-me para sair de casa. Fui com um noivo que tinha, que era muito boa onda. Foi ele que me pagou o curso. Conseguimos uma bolsa os dois. Eu queria ir para Londres estudar, para estar perto do meu pintor favorito, que era Turner. Em vez disso fui fazer um «doutoramento» na selva.

E como conheceu Leonardo?
AGAR: Antes que ele me conhecesse. O meu irmão mostrou-me uma fotografia de um tipo muito estranho, e desde que a vi disse: "Quero conhecer este homem."

(Vai buscar a fotografia a preto-e-branco: Leonardo, cabelo e barba tipo Che, um Che esbelto, de cigarro na boca, a escrever sentado num catre. E na parede está escrito: *La mejor manera de eliminar un facto aberrante es combatir la causa que lo produce.*)

Que idade tinha quando viu essa fotografia?
AGAR: 22, 21. Então fui ouvir umas conferências em que Leonardo estava.

E que aconteceu?
AGAR: Pois, disse para comigo: «É este.» O meu marido estava empenhado em que tivéssemos uma relação aberta, que cada um pudesse estar com quem quisesse. Então eu disse-lhe: «Quero uma relação aberta com este.» E ele disse: «Não, com esse não.» «Como com esse não? Porque não?» E acabou-se tudo, boda e despedida.

Então foi uma coisa imediata.
AGAR: Da minha parte sim, mas da parte de Leonardo não. Ele conta.

Leonardo, nasceu quando?
LEONARDO: Em 1951, num rancho de Chiapas. O meu pai tinha cidadania norte-americana, mas era galego. Durante a Segunda Guerra Mundial saiu da Galiza e instalou-se em Nova Iorque. E comprou um rancho ao cônsul mexicano em Nova Iorque por 50 mil dólares, um rancho impressionante, entre Chiapas e Tabasco. Chamava-se El Morral. Eram cinco mil hectares com crocodilos, pumas, jaguares. A selva-selva. Agora encontraram petróleo lá, imagina, podia ser um multimilionário... Então o meu pai tinha essa ideia de vir para um lugar um pouco selvagem, como eu. Mas quando chegaram, a minha mãe, que é muito branca e estava grávida de mim, sofreu muitíssimo. Esperou que eu tivesse oito meses e levaram-me para a Galiza, onde passei 20 e tantos anos. Estudei em Santiago de Compostela e depois fui para a Complutense de Madrid. Como o

meu pai odiava filosofia, tive de me matricular em engenharia de telecomunicações, mas ia era às aulas de filosofia. Em 1969 houve muitos problemas com Franco, repressões terríveis, e saí de Espanha por Lisboa. Tomei um transatlântico que vinha das Canárias para Londres. Em Londres estive um ano. Bem, andando por toda a Inglaterra.

Fazendo o quê?
LEONARDO: Era uma mistura de *hippie* com aprendiz de filósofo. Trazia uma mochila cheia de pura filosofia alemã. Levava os livros comigo como se fossem um tesouro e estava a fazer os primeiros esboços como escritor. Ia às praias do Sul e pescava. Dormia em qualquer esquina. Tinha um pequeno fogão a gás. E trabalhei num hotel extraordinário, onde ia toda a classe política de Londres, o Mayfair. Trabalhava na *coffee shop*, mas mantinham-me fora da vista, porque eu tinha uma cabeleira, uma pinta terrível, e aquilo era tudo porcelana chinesa.

Estamos no começo dos anos 70?
LEONARDO: Sim, exactamente. No fim de 1971 ou 72 fui para Nova Iorque e percorri todos os Estados Unidos. Fui de universidade em universidade. Nessa altura, para mim, a filosofia alemã era o monólogo eterno de Deus consigo mesmo. Os romances eram sucedâneos, o fundamental era a razão, o pensamento. E então cheguei ao México.
AGAR: E mudou toda essa mentalidade, felizmente!
LEONARDO: Mudou tudo.

E porque decidiu vir para o México?
LEONARDO: Queria um lugar para escrever, gosto do mar e da selva, sempre tive essa ideia. Mas cheguei à UNAM diretamente,

com um endereço que me tinham dado em Madrid, e na UNAM conheci vários estudantes. Fiquei cinco anos na UNAM. Formei um grupo, vivíamos juntos. Não era uma comuna *hippie*, porque éramos muito metódicos. Eu sempre fui obsessivo com a metodologia, devo isso à cultura alemã.

Vê-se por esta casa.
LEONARDO: Em qualquer coisa pequena temos uma ordem. Sempre insisto nisto: o pior método é o antimétodo. Para mim é fundamental o método. Tudo o que escrevo tem um método.

Onde vivia na Cidade do México?
LEONARDO: Em Coyoacán. Porque uma rapariga do grupo que estudava Ciências Políticas vinha de uma família com muito dinheiro. Então tínhamos um apartamento muito bonito. Tudo estava muito ordenado, tínhamos uma biblioteca muito boa, selecionávamos as peças de teatro que queríamos ver, o cinema. Tínhamos uma vida independente de tudo, menos da universidade.

Tinha que idade?
LEONARDO: 21 ou 22. Em 1973 veio toda a onda dos refugiados do Chile, depois do golpe militar. Era uma linha do marxismo, a defender que os países da América Latina fossem auto-suficientes. Foi muito importante, porque o México tinha ficado um pouco fora de todas essas correntes participativas. Apesar de 1968, e de Tlatelolco, depois não houve nada. Todas estas personagens chegaram à UNAM, e eram professores. Deram-lhes casa, e aí nos reunimos com eles. Mas havia uma que era especial, Mercedes, paralítica de pernas. Tinha sido assessora de Salvador

Allende, e os homens de Pinochet detiveram-na e torturaram-na. Com ela fiz um mestrado em modelos de transição. Como se vão dando os passos nas formações sociais, escravatura, feudalismo, mercantilismo, capitalismo, socialismo, comunismo. E em 1978 houve brigas no grupo, definitivamente sexuais, parti com um amigo, e conheci Agar.

Quando reparou nela pela primeira vez?
LEONARDO: Nas tertúlias. Ela fez-me uma pergunta.
AGAR: O meu marido dizia: «Não lhe perguntes nada»!
LEONARDO: Quando fez a pergunta reparei nela. Vi uma menina bem, com o seu marido.
AGAR: Convidámos-te para o nosso apartamento. E ficaste a dormir lá.

Que aconteceu a seguir?
LEONARDO: Pois, à uma da manhã ela meteu-se na minha cama. Eu disse-lhe: «Por favor, vai ter com o teu marido.» E ela dizia: «Tenho autorização.» E no dia seguinte eu disse ao marido: «Olha, leva-me esta mulher.» Eu tinha cinco mulheres, então. Cinco! Três solteiras e duas casadas. Era muito filho da puta. Então vejo esta mulher, com esta ingenuidade. E disse: «Não te metas nisto. É outro mundo, muito perverso.» Mas ela insistiu. Começámos a sair, íamos para o campo. E depois propus-lhe fazermos a utopia a dois, porque já tinha vivido num grupo. Disse-lhe: «Porque é que não vamos para a costa e procuramos um lugar?» Passámos três meses a percorrer toda a costa. Estou a falar de 1979.

Explique-me isso da utopia a dois.
LEONARDO: Eu tinha conhecido muitas mulheres, mas a experiência mais importante tinha sido de grupo. Aí tínhamos vivido

todas as utopias, a platónica, Saint-Simon, Fournier. E pretendíamos que a experiência grupal era a mais avançada numa sociedade de esquerda. O nosso modelo era o II volume da *Crítica da Razão Dialéctica* de Jean-Paul Sartre, que tentou fazer isso com Simone de Beauvoir, e não funcionou. Nós tentámos durante cinco anos, partilhávamos as tarefas, mas falhou a sexualidade, como seguramente aconteceu com Sartre. Então quando conheci Agar o que me faltava era o par. Uma utopia a dois. Mas queria sair da cidade. Então deixei a UNAM, tudo, e começámos a procurar um lugar. E gostámos muito do que encontrámos em Cacaluta.

Não havia estrada...
AGAR: Felizmente.
LEONARDO: A primeira vez que fomos demorámos... Uf. Agar ficou em estado de choque porque havia um tipo crivado de balas no caminho. E tinha a língua de fora, e as crianças estavam a brincar com a língua, com um palito, com todas as moscas e tudo.
AGAR: Leonardo disse-me: «Bem-vinda ao trópico.» Eu desatei a chorar: «Para onde venho?»
LEONARDO: Era um matadouro. Os meus três primeiros livros, da história da costa, são um matadouro.
AGAR: Não chegam a velhos nessa zona.
LEONARDO: Muito poucos. Porque se matam entre eles. Agora já acalmou. Mas quando chegámos os corpos apodreciam na praia. Matavam um tipo e não vinha polícia nem nada. Era terrível.

Mas porquê?
LEONARDO: Por vinganças. Questões de honra, de terra. Ali a gente mata por qualquer coisa. Que o teu cão mordeu o meu. Que o teu porco montou a minha porca. Qualquer pretexto dá.

Agar: E o clima, também. Eu nunca tinha sentido tantas ganas de matar alguém como em maio. Em maio está tudo seco. É um tipo de selva que perde todas as folhas. Quase não há água. Imagina que vais beber água, e chega um tipo que diz que o poço é dele e atira lá para dentro um cão morto. Que fazes? Tens ganas de o matar.
Leonardo: A gente ali era de uma incivilidade...

E porquê fazer uma utopia aí? Só pela beleza do lugar?
Leonardo: Não, não. O fundamental da utopia a dois é a auto-sustentabilidade. Pesca e caça. E ali lançavas a rede e os atuns atacavam-na, enchia-se de sardinhas.
Agar: Era a abundância.
Leonardo: Saíam nove e dez tartarugas a desovar na praia. O paraíso total. Mas infernal. Eu andava todo o tempo armado.

Sabia pescar e caçar?
Leonardo: Sim, claro, aprendi a pescar na Galiza, porque ia com os pescadores. Caçar, sabia o mínimo. Em Cacaluta tive os melhores mestres. Ensinaram-me a matar veados. Podes fazer uma utopia em qualquer espaço, uma cidade, um monte, a costa. Mas tens de saber prescindir. Porque estás num lugar onde não vais fazer dinheiro, não há comunicações, o correio demora meses, quando chega. Então como obténs a tua subsistência? Tens de aprender a consegui-la. Aprendi a caçar e a pescar e isso era a proteína básica. E o mínimo de que necessitávamos para café, açúcar, vinha de quando saíamos duas ou três vezes por ano, para Agar vender alguns quadros e eu editar. Eu não desperdiçava nada. Nem de caça nem de pesca. Aprendi a salgar o peixe.

Porque não tinham frigorífico.
LEONARDO: Exato. Aprendi a assá-lo, e a fazer carne seca de veado. Tinha um baú de cedro, cortava os filetes de veado, punha-os a secar ao sol três dias e guardava-os. Durava um ano. Matava veados, javalis, pombos. Tínhamos de ter uma reserva porque podia vir algum furacão, uma tempestade. Ficávamos meses isolados.

E a água?
LEONARDO: Da chuva.
AGAR: Nos primeiros anos íamos ao rio, dois quilómetros.
LEONARDO: A carregar a água, eu vinte litros, ela dez.
AGAR: Com burro levávamos mais, mas a água apodrecia. A água do rio tem muita vida e apodrece facilmente.
LEONARDO: A água da chuva aguenta anos.

Chovia bastante?
LEONARDO: Sim.
AGAR: Mas passámos quase seis anos de secas.
LEONARDO: Então todas estas experiências meti-as nestes livros [uma trilogia da selva]. Eu vinha da experimentação pura. Os meus autores favoritos eram Hermann Broch, Musil, Roth. Estes livros têm muita filosofia, mas também têm muita vida. Todos os momentos de caça.

Foram viver para a praia exactamente quando?
LEONARDO: Em 1979.

E o primeiro livro saiu quando?
LEONARDO: Em 1985.

AGAR: De que vivemos entretanto? Tínhamos umas poupanças pequenitas, que nos davam dois mil pesos mensais, que era do que precisávamos para viver.
LEONARDO: Uns 200 dólares.

Como era o quotidiano?
AGAR: Muito bonito. Acordávamos com os pássaros e deitávamo-nos com eles. Eu tive de mudar muito, porque era muito notívaga. Leonardo ia pescar ao amanhecer, eu ia correr na praia, e depois fazia o pequeno-almoço para quando chegava o pescador. Se havia pesca, porque nos encanta comer sardinhas, fazíamos um grande prato de sardinhas.

Assadas?
LEONARDO: Ou fritas. As pequeninas.

Ah, carapaus, daqueles que se comem todos?
AGAR: Sim, se é pequenino, todo. E depois, trabalhar. Eu a pintar e ele a escrever. Proibido falar.
LEONARDO: Era só um estúdio de cinco metros num lado e sete no outro, tínhamos um canto para dormir, Agar estava numa ponta e eu noutra. Eu sempre na *hamaca*, porque escrevo sempre sentado na *hamaca*. E ela nas suas pinturas. E caladitos. E ao meio-dia íamos comer, nadar.
AGAR: Se não tinha havido pesca de manhã, íamos fazer caça submarina. Eu também pescava e também caçava. Veado, não.
LEONARDO: Porque é preciso subir a uma árvore de dez metros. Tínhamos de pôr umas *hamacas* pequenitas e ficar aí sentados à espera.

Porque não no chão?
LEONARDO: Porque o veado te cheira e vê. Nem penses.
AGAR: Subíamos para as *hamacas*, e às vezes passávamos o Natal ali em cima. Era como o cinema!
LEONARDO: Toda a noite.
AGAR: Era muito bonito. Da noite ao amanhecer. E vêm todos os medos, porque há serpentes, formigas, lacraus, e à noite saem todos. Então tens de lutar contra os teus medos, e com a ideia de que queres ir para casa.
LEONARDO: Para matar veado, de dia não dá.
AGAR: E tinhas de ouvir o veado, e há muitos ruídos de noite.
LEONARDO: A 30 metros já se ouve assim... Tcha... Tcha... Tcha... E se eu fazia isto [bate palmas], já ouvia e fugia.

O veado era muito importante por causa da quantidade.
LEONARDO: Sim, eram 50 quilos de carne.

Então, depois de o caçarem, tiravam a pele?
LEONARDO: Sim, tirava a pele, guardava-a. As vísceras — o coração, o rim, o fígado — comíamo-las de manhã.
AGAR: Hum...! Com cebolita.
LEONARDO: Tínhamos um forno de lenha, muito bonito, e aí metíamos as costeletas. Isso durava-nos uns três dias. E o resto era para bifes, como os índios nos Estados Unidos com os bisontes.

E não lhes dava medo estar nessa casa com as serpentes e tudo isso?
LEONARDO: No princípio disparavam contra a nossa casa.

Os indígenas?
LEONARDO: Sim. Porque diziam: «Quem são estes cabrões que

se vieram meter aqui?» E disparavam. E eu também, ta-ta-ta-
-ta!, e eles saíam a correr.
AGAR: Era o cartão de apresentação!
LEONARDO: Eu era bravíssimo.

Tinha de provar que era bravo.
LEONARDO: Era a única maneira de me respeitarem. Primeiro disseram: estes não vão aguentar. Então, como viam que aguentávamos, tinham de nos expulsar. E depois fui eu que comecei a proibi-los de matar animais. Aparecia-lhes de pistola a dizer: «Que andas a fazer por aqui, cabrão?»
AGAR: Porque vinham de fora, com burros, levar iguanas e tartarugas.
LEONARDO: Chegávamos à praia e víamos sacos cheios de ovos de tartaruga. E quando eu via as iguanas, dizia-lhes: «Soltem-
-nas.» Ameaçavam-nos de morte.

As iguanas são protegidas?
AGAR: Agora sim, mas antes não.
LEONARDO: E depois eu deixei de caçar animais. Só pescava. Deixámos de comer veado.
AGAR: O que te aborreceu muito tempo! Porque para ele era bonito ir caçar. Era uma aventura. Mas quando começámos a pensar fazer ali um parque, se estávamos a proibir as pessoas de matar os animais, tínhamos de ser congruentes. E chegou o furacão Paulina e acabou-se toda a caça.

O furacão Paulina?
LEONARDO: 250 quilómetros por hora, em 1997.

Que fizeram no furacão?
LEONARDO: Uh, eu tenho uma cicatriz aqui, de me ter caído um tronco em cima. Mas a casa aguentou, impecável. As pessoas na cidade ficaram sem comida, mas nós tínhamos sempre comida. Quando vieram saber de nós, a ver se estávamos vivos, já tínhamos tudo limpo.

Também tinham uma cabana para os amigos, não?
LEONARDO: Sim, muito bonita.

E eles vinham?
LEONARDO: Sim, claro. Um pouco assustados. À noite viam as serpentes. Eu matei cascavéis de dois metros.

Entram em casa?
AGAR: Na época da chuva, sim.
LEONARDO: Lacraus deste tamanho nas paredes.
AGAR: Mas não matavam.
LEONARDO: Mas picavam.
AGAR: Eu andava descalça, nunca nada me mordeu, mas a ele sim.

E que fizeram nessas mordidas?
LEONARDO: Nada. Sim, dói, ficas com a língua dormente. Até me picaram na cama.
AGAR: Os indígenas diziam que ele tem o sangue muito quente, e por isso os animais o procuravam.

E como faziam quando ficavam doentes?
AGAR: Éramos muito saudáveis.
LEONARDO: E muito fortes.

AGAR: E sabíamos como tratar-nos. Por exemplo, a Leonardo deu-lhe duas vezes dengue e uma vez paludismo, de tremer. Mas tínhamos medicamentos.
LEONARDO: Antibióticos, seringas, bisturi.
AGAR: Tens de saber de medicina.
LEONARDO: Eu posso cortar-me e coser.
AGAR: Tínhamos antídoto contra as serpentes, mas aprendemos uma coisa muito importante. Fazer um torniquete, chupar o veneno e meter a perna em água quente com muito sal. Porque chupa o veneno. E assim salvámos a vida a um dos miúdos que sempre iam à noite tomar banho no poço.
LEONARDO: Éramos umas bestas, na verdade. Tínhamos uma força... Mas o resultado era a nossa obra. E Agar pintava, e estávamos fascinados ali.

E filhos?
LEONARDO: Bem...
AGAR: Leonardo não estava preparado para ter filhos. Quando vi como tratava os cães...
LEONARDO: Era muito selvagem.
AGAR: E muito egoísta. As duas coisas.
LEONARDO: Mas o egoísta ainda o podia superar, o selvagem não. É que o meu pai foi muito violento. Esteve na guerra franquista, do lado de Franco, em batalhas terríveis, e na Segunda Guerra Mundial foi mercenário.
AGAR: E depois dedicou-se a matar animais.
LEONARDO: Era um tipo violentíssimo. Então o meu avô, para que o meu pai não se metesse com os vermelhos, meteu--o com os franquistas. O meu pai dizia que graças a Franco tínhamos pátria. E ficou com essa mentalidade. Quando eu era criança todos os dias brigava na escola. Todos os dias.

E graças a isso, a essa fúria, sobrevivemos na selva. Um veado de 55 ou 60 quilos, deixo-to pronto em menos de duas horas.
AGAR: Por isso os indígenas tinham medo dele.
LEONARDO: Tive os melhores mestres.

E não gostaria de ter ensinado isso a um filho?
LEONARDO: Em vez de filhos, preferi ter discípulos.
AGAR: Isso foi depois. Tinha pânico de ter filhos. Todos os homens têm pânico de ser pais.
LEONARDO: Não, não, não. O que eu sentia era que não podia garantir a vida de uma criança ali. Sem pediatras, sem médicos.
AGAR: Teria sido muito mais fácil se houvesse uma pequena comunidade de indígenas, porque então há comadres. Mas estávamos completamente sós.
LEONARDO: Cercados de animais.
AGAR: Eu pensei muito nisso. E não me arrependo da decisão. Ou te decides a ter um companheiro e a viver na selva, ou regressas à civilização para ter o teu filho. Não podia ter tudo. Isso era muito claro. E era muito claro que ele não estava preparado para isso.
LEONARDO: Agora dou-me conta disso. Eu sei que ter um filho é uma tarefa cósmica, e tens de a cumprir. Mas tenho muitos alunos. Tenho um ateliê em Oaxaca.
AGAR: E houve vários pares que tentaram viver a dois, por causa de nós. Um par foi para um rancho e agora vive do rancho.
LEONARDO: Mas como vivíamos nós, não.

Perderam o vosso paraíso infernal.
LEONARDO: Sim, expulsaram-nos.

E isso tem a ver com o que é a política mexicana?
AGAR: Não só no México. É uma tendência planetária, privatizar as poucas áreas verdes que há. Quando chegou o governo de direita foi terrível. A primeira coisa que fazem é uma junta, e dizem: «Aqui as reservas têm de dar dinheiro.» Menos dez por cento deste país está conservado como área protegida, e querem fazer negócio. Então dão as áreas protegidas aos ricos para que façam hotéis.

Que se passa agora no vosso paraíso?
AGAR: Felizmente a crise parou tudo. Eram uns espanhóis que iam investir ali.

Saio de casa de Leonardo e Agar ao fim de duas horas e meia. Agar dá-me maçãs do quintal e uma flor de jasmim chinês.

☀☀

Há muito jasmim em Oaxaca. Pelas oito da noite, o chão da livraria La Jícara está cheio de flores que caíram da trepadeira. A Jícara fica no fim de uma daquelas longas ruas que sobem do Zócalo, já quase a sair do centro histórico. É uma livraria-restaurante com um par de anfitriões, Pablo e Violeta.

Na livraria compro *20 y 10: el Fuego y la Palabra,* de Glória Muñoz, uma espécie de «biografia autorizada» do movimento zapatista, para preparar a etapa seguinte da viagem, Chiapas.

No restaurante como o menu do dia: pão escuro com *salsa* verde, salada com nabo, alface e tomate, sopa de beterraba com creme e um pimento recheado com milho, queijo e abóbora e molho de guacamole por cima. Tudo excelente.

E agora sento-me junto à trepadeira, à espera que Pablo acabe de atender os clientes para conversarmos. Cabelo pelos ombros, brinco na orelha, sandálias, Pablo faz por vezes reportagens. Esteve aliás em Ciudad Juárez recentemente para uma história sobre os jovens mortos e conheceu gente do Zirko Nómada de Kombate. Também andou entre os comboios que os imigrantes centro-americanos agarram para atravessar o México. Durante dois anos viveu na selva de Chiapas, mas não se habituou aos bichos. Traz-me um mezcal artesanal num pequeno recipiente de casca. O mezcal tem um cheiro tão intenso que se sobrepõe ao jasmim. E a que sabe este mezcal? A mim sabe-me a chouriço. Pablo dobra-se a rir, mas é mesmo como se tivessem metido um chouriço dentro de um litro de aguardente. Assim dito parece mau, mas não, a cada golo fica melhor. E depois deixa de saber a chouriço. Um álcool quente e ligeiramente picante onde rapidamente uma pessoa se pode perder. Por exemplo, o meu já acabou, e pareceu-me cedo de mais.

(Carlos de Oliveira: *tépido mezcal / para inventar / a mezcaligrafia / gémea do som / ou da sombria / pauta musical / onde as notas florescem / em breves / compactas corolas, / e hastes / que sobem, descem / esguiamente / os degraus / dum jardim*.)

Entretanto Pablo conversa com um homem e uma mulher que acabam de chegar com muitos exemplares do mesmo livro de fotografia. Sentaram-se a uma mesa e o homem vai comer uns *gnocchi* com orégãos, ainda. Entre cá e lá, Pablo acaba por nos apresentar. O homem é Antonio Turok.

Apontei este nome quando vi a exposição de fotografias no Instituto de Artes Gráficas. As dele eram excepcionais.

É um mexicano grande, louro, de olhos azuis. Nisso será atípico, mas quanto à *platica* é daqueles que chegam já a contar uma história. Está com a mulher, Marietta Bernstoff, e convida-me a sentar na mesa deles.

Falamos das eleições. Turok quer acreditar no melhor. «Aqui nunca houve democracia. Então, se não se juntam estas alianças, não se pode ver até onde haverá coincidências. O México tem tantos problemas que temos de explorar todas as vias. E esta é uma delas. Vamos ver se há uma vontade real dentro da estrutura política mexicana. Ou se é o que nós, cidadãos, suspeitamos, que tudo é tão corrupto que não importa.»

Cita Bertolt Brecht: «Uma pessoa pode ser desonesta, uma família pode ser desonesta ou corrupta, um clã pode também sê-lo, mas uma população em geral, um país em geral, não podem sê-lo. O povo acabará por vencer nas suas exigências autênticas. Há que dar oportunidade a que tenha mais voz e mais voto.» E a que o México fortaleça o que lhe é próprio. «Que odiamos nós nos Estados Unidos? Que a família seja inexistente. E que privilegiavam os mexicanos? Que a família fosse o mais sagrado. Vivias isso: "Não toques na minha mamã." Todas as sextas se juntavam os irmãos, e uns pensavam umas coisas e outros outras, mas entendiam-se como família. Talvez segunda-feira voltassem a lutar, mas vinham à refeição de fim-de-semana. Isso nos últimos 12, 15 anos foi-se perdendo. E creio que há muita gente no México que não quer que isso se perca. É um rasgo cultural mexicano.»

O povo, diz, não estava «tão preocupado em saber se o candidato era de direita ou de esquerda ou do centro», na coligação que ganhou agora. «O que querem é um governo que não seja repressor, que não mate os membros da sua família, que os escute. O que vivemos nos últimos seis anos em Oaxaca foi um governo totalitário, repressor, assassino. Não nos deu nada durante seis anos. Foi o "tudo para mim e para os meus dois ou três amigos". Levantou pisos de pedra antiga e levou-os para Espanha, roubou portas de catedral e levou-as para Espanha. A gente já estava farta, saiu à rua em 2006 a gritar "Fora!". E ele não se foi. Cinismo total.»

Então, cem anos depois da revolução, onde está a revolução no México? «Creio que se vive muito melhor. Até o mais pobre hoje em dia vive melhor do que há cem anos. Não é o ideal, mas há mudanças.»

O exemplo que Turok vai dar é Chiapas. Mas talvez essa parte possa ficar para quando chegarmos lá.

A propósito de Chiapas, Turok e Marietta recomendam-me uma igreja sem padre, e a propósito disso falamos da Virgem de Guadalupe. É então que Pablo arregaça a perna esquerda das calças, revelando uma grande Virgem de Guadalupe tatuada: «E sou ateu...»

São quase onze da noite quando saio da Jícara a pé, descendo a Porfirio Díaz. Há cem anos o México fez uma revolução para derrubar o ditador Porfirio Díaz, mas hoje não sei quantas ruas centrais se chamam Porfirio Díaz.

Uma lojeca de tacos com famílias a comer, e depois nada.
O vulcão dorme.

Juchitán

Às dez da manhã arranco para Juchitán num autocarro ADO. Este é de primeira, e então percebo a diferença. Um autocarro de primeira tem casa de banho e sobretudo televisores. Leio o livro de Glória Muñoz sobre os zapatistas enquanto o ecrã passa desenhos animados de abelhas, naturalmente dobradas em espanhol: «*Que dices, abejita?*»

E rolamos pelo vale de Oaxaca.

Mais montanhas, mais catos, mas agora já são velhos conhecidos, até sei como se chamam. Precipícios com a estrada cheia de pedras por causa das chuvas onde os carros passam incrivelmente inclinados. Uma hora depois de partirmos, um posto militar. Águias a voar por cima de nós.

O estado de Oaxaca inclui Juchitán, o meu destino de hoje, e Ixtepec, o meu destino de amanhã.

Numa grande pedra a meio do caminho está escrito em letras brancas: «Salmos.» E umas tantas curvas a seguir: «Levítico, 26.»

Quando passamos por uma aldeola leio no muro: «Elimina as larvas e evitarás o dengue.» Não é a primeira referência que vejo ao dengue.

Seguem-se horas de mais montanhas luxuriantes. Quanta riqueza. Não admira que o Jardim Etnobotânico se sinta o centro do mundo.

Outra pedra: «Cristo ama-te.» Alguém andou a ter muito trabalho.

A televisão agora passa um documentário sobre bebés leões e depois um filme sobre futebol americano.

Mais uma pedra bíblica: «Lucas 19, 40.»

Mais um *checkpoint* do exército, mas o autocarro não para. Há um painel em inglês que nos chama *ladies and gentlemen* e explica que o exército mexicano está em guerra contra a droga e é por isso que «precisamos de revistar o seu carro».

Paragem em Tehuantepec. É a cidade que dá nome ao Istmo, portanto já estamos no Istmo. O meu álbum sobre o guarda-roupa de Frida cita académicos e artistas que ao longo de anos se deixaram fascinar pelas terras do Istmo, com a rivalidade entre Tehuantepec e Juchitán.

E o Istmo é isto: planícies, palmeiras, gado.

À entrada em Juchitán vejo num muro *Lenin Presidente* e fico sem saber se é uma metáfora ou um filho de pais ambiciosos. Depois o autocarro entra na estação, e quando saio para a rua há uma vendedora de bolos que parece saída, ela mesma, da casa de Frida Kahlo. *Huipil* às rosas, saia comprida, cabelo apanhado com uma flor vermelha. Deve ter perto de 70 anos e é uma pintura.

Estou à espera de um juchiteco chamado Beto. Em Oaxaca, ao ver a exposição sobre os imigrantes, li que o curador, Cristian Pineda Flores, era de Juchitán, então pesquisei o *site* do projeto e escrevi-lhe. Ele está na Cidade do México, onde vive agora, mas deu-me três contactos em Juchitán. Escrevi aos três, e calha que este Beto tem um pequeno hotel no centro da cidade. Como tenho de passar aqui uma noite para de manhã cedo ir a Ixtepec, nem procurei mais. Então Beto ficou de me apanhar na estação.

E aqui está ele, um rapaz escuro como um índio, vestido de branco e com óculos. Leva duas cadeirinhas de bebé no banco de trás. Podia dar-lhe 20 anos, mas já tem 33 e dois filhos. Propõe darmos uma volta de carro pela cidade.

É uma cidadezinha tropical, ruidosa, suja, colorida. O centro tem asfalto, mas com passeios altos porque não há drenagem. À volta é terra batida com palmeiras. Os porcos andam pela rua e os porquinhos investigam o lixo. Também há galinhas, cães, cavalos. O calor é húmido e pica. Faz tanto calor que toda a gente dorme em *hamacas* penduradas nos pátios, diz Beto.

«Este é o bairro de pescadores. Aqui os bairros chamam-se secções, e esta é a Sétima Secção. Toda a gente diz que é a brava, a perigosa.» Cheira intensamente a peixe. Peixe e terra molhada. Os caminhos estão cheios de lençóis de água, porque acabou de chover.

«Aqui governa o PRD, a esquerda, e o que eu vejo é isto: gente sem esgotos. Em Oaxaca, as pessoas lutam pelos luxos, aqui pelas coisas básicas.» Sim, estamos no mesmo estado e parece que passámos da casa senhorial para a barraca da lavoura.

Uma igrejinha azul. «É dos pescadores.» Vamos em direção ao mar, onde Beto sugere que almocemos.

«Em Juchitán é onde mais se fala zapoteco. O centro é todo zapoteco. A minha mulher para ir fazer compras ao mercado teve de aprender o básico. Senão, não te dão atenção e querem cobrar-te mais caro.»

Beto é um filho abastado de Juchitán. Viveu em Monterrey, Cidade do México, Oaxaca e Barcelona, onde estudou comunicação e conheceu a mulher. Aqui estão agora, uma jovem família catalã-juchiteca nos trópicos.

«Queríamos ter filhos e eu queria voltar para o México. Não gostava muito da Europa para viver. Para férias, sim, mas a vida quotidiana europeia é a exploração do trabalho. As pessoas têm pouco tempo para elas, e por isso é tão importante o tempo. Os espanhóis sobrevivem com mil euros em casa dos papás aos 35 anos!»

A estrada atravessa o mato, com bostas no chão, e uma manada de vacas. Até que aparece um arco com o patrocínio da cerveja Corona a dizer: *Bienvenidos — playa Vicente*. «Agora chama-se Vicente, mas antes chamava-se Vitória, que era a minha *abuelita*», diz Beto. «O meu avô tinha um rancho aqui perto.» E por um caminho de lama chegamos a uma cabana onde um pescador remenda a sua rede. Do lado de lá está o mar, e que mar. Uma água de barro.

«Este é o nosso mar castanho. Está assim por causa do vento. Quando não há vento fica transparente, em abril, maio.» Na verdade não é bem o mar. É a laguna antes do mar.

Sentamo-nos numa das mesas enterradas na areia e Beto pede duas sopas de peixe e dois peixes assados. O avô do rancho era músico, tocava marimba e guitarra. «Mas também era costureiro, e foi isso que lhe deu dinheiro. Então ajudou os bairros do mar, para se abrir um caminho para que as pessoas pudessem ir de carroça e carro, e não só de cavalo. Por isso quiseram que a praia se chamasse Vitória. E compuseram *corridos* com o nome do meu avô e da minha avó.»

A sopa é uma pobre água com um camarão. O peixe vem dentro de uma prata e está bom, mas falta-lhe algo. Servem-nos numa indolência silenciosa.

Mar nublado, sem horizonte, o contrário da leveza, do brilho.

De volta ao centro, temos o exército em frente ao Palácio Nacional. É um palacinho airoso e branco, com infindáveis arcos. O hotel de Beto, que se chama mesmo Hotel Central, fica do outro lado da rua, embora de início seja difícil dar com a entrada, tal a profusão de gente e toldos de lojas com roupa pendurada. Tem um café-internet no átrio e quartos em cima. Dão-me um quarto sem janelas, por causa do barulho e do calor. Pouso a mochila e vamos a casa de Beto, ter com a mulher e os filhos. É uma casa com quintal, pátio, cachorrinhos, *hamacas* e brinquedos espalhados. Beto pega na bebé, que se chama Nisa, o que quer dizer água em zapoteco, e é uma indiazinha com um totó minúsculo no cimo da cabeça. Pai e filha sentam-se na *hamaca* a balouçar, enquanto Ana, a mãe, se apura. É uma catalã alta e ossuda, chinelo no pé, cabelo atado atrás, um minivestido, com ar de quem está radiante por não estar na Europa. O outro filho ficou em casa de alguém.

Saímos a pé pelas ruas brilhantes da chuva.

«Como não há grandes lugares públicos, cinema, teatro, as pessoas encontram-se na rua», diz Ana, a chinelar tranquilamente, enquanto Beto leva a bebé. «Só existe a Casa da Cultura e o Jardim Ecológico.»

Sentamo-nos no Café Internacional, um dos dois cafés novos de Juchitán, que aliás são no mesmo quarteirão. Outro dos contactos que Cristian me deu foi um pintor local, e vamos esperar por ele aqui.

Pergunto a Ana de que é que ela gosta em Juchitán. Fica uns bons 20 segundos a pensar. «Creio que é desta energia. Em Barcelona eu trabalhava num escritório todo de vidro, com conselhos de administração, toda a gente muito arranjada. E naquele mundo perfeito eu sonhava com o ruído, as árvores, os *huipiles* feitos à mão, roxos, laranjas, verdes.»

Beto está recostado. «Este lugar é tão livre, que até os porcos andam pela rua. Se queres fazer ruído e molestar o vizinho não faz mal porque és livre. Aqui não se pede a ninguém que fale mais baixo ou ponha a música mais baixa. Se não gostas, vais-te embora. Esta liberdade leva ao caos.» Ainda para mais com calor. Por exemplo, no sexo: «Qualquer pessoa se atira.»

A contrapartida é o à-vontade de praia com que Ana está, no meio de um café cheio. «Na Europa tens de andar com casaco, aqui andas sempre de chinelas e um vestido.» E enfiando as mãos por dentro do vestido, tira o *soutien* e começa a dar de mamar à bebé. «O tempo aqui é diferente. Mas custou-me muito a entender essa filosofia. Se encontro alguém e paro a falar vinte minutos, essa pessoa não me está a roubar vinte minutos. Não há que ser produtivo e eficiente. Não se busca a perfeição. Não há *stress*. O calor e ter dinheiro para comer já é *stress* suficiente. A gente é muito direta, pergunta-te tudo. Se vens de fora isso é cansativo, mas quando vives aqui há tão poucos estímulos que se torna bom. Então vou comprar tomates, e se falo dez minutos com a mulher dos tomates já faço algo diferente.»

Não é aborrecido?

«Sim, a tua mente atrofia», diz Ana. «É tão aborrecido como todas as cidades pequenas», concorda Beto. «Mas aqui posso aborrecer-me nadando numa paisagem incrível, passando muitíssimo tempo com os meus filhos. Prefiro aborrecer-me com os meus filhos do que no escritório.»

«No escritório, as pessoas na Europa sentem-se importantes», resume Ana. «Mas sabes do que sinto falta aqui? Das amizades profundas, das conversas de olhos nos olhos. As pessoas em Juchitán não conversam profundamente. As mulheres são muito reservadas. Não se pode falar de sexo, se corre mal.»

«Faz-se, mas não se fala», distingue Beto.

«Não podes dizer que te sentes frustrada porque só cuidas dos teus filhos.» E muda a fralda à bebé, à mesa do café. «Conheço mil homens infiéis aqui, mas nenhuma mulher. O mais difícil de entender para mim, aqui, é a relação do par. Quase toda a gente, 95 por cento, dorme numa *hamaca*, e isso quer dizer que se dorme sozinho.»

Há *hamaca*s de duas pessoas, mas não se dorme tão bem.

Soid Pastrana, o pintor, chega ao Café Internacional. Vem de boina, com um livro. Ao contrário de Beto, dava-lhe uns 60 anos, mas ele tem só 40. A partir de janeiro será o novo vereador da cultura de Juchitán. Uma estreia na política.

«Vivi fora 20 anos, no D.F., sempre a pintar, e voltei há cinco anos. Nasci aqui, tenho aqui a minha família, o centro do meu universo é aqui. Juchitán é uma aldeia mágica. Venho da Sétima Secção.» O bairro dos pescadores, o bravo. «Andei anos descalço, nas ruas de terra, com os animais, para toda a parte. Jogava-se a pelota pré-hispânica, em que não podes tocar na bola com as mãos, um círculo de 12 pessoas, o que deixa cair a bola sai. A maioria das pessoas na Sétima Secção são zapotecas e falam zapoteca, pescadores, agricultores, comerciantes. E eu estou muito orgulhoso da minha língua. Apesar de 20 anos no D.F., não perdi o contacto com a língua nem com o bairro onde nasci. Continuo a viver lá.»

Como foi na Cidade do México?

«O primeiro ano foi muito difícil, tantos carros, tanta gente que não se conhece, o metro. Tens de abandonar a língua,

usar sapatos. Eu estudei na Escola de Belas Artes e toquei a muitas portas para poder entrar numa galeria. Mas depois, ser extravagante ajuda. Para mim, o mais complicado foi que todos me associavam a Francisco Toledo.»
O pintor de Oaxaca. Se na capital acabou por ser uma vantagem ser tão indígena, em Juchitán por vezes Soid Pastrana não se sente suficientemente indígena. «Há racismo na sociedade, aqui. Eu sou mestiço e há quem seja mais indígena que eu, e me olhe mal. As pessoas são respeitosas quanto à escolha sexual, à raça, mas mesmo assim há racismo.»
Além da Cidade do México, conheceu Cuba, Indonésia, Chicago. «Mas aqui posso viver como melhor me convém. O tempo passa menos rápido. Gosto da comida: os *tamales*, a iguana. Gosto da gente, da calidez, do trato, das festas que se fazem, das ruas em que caminho desde a infância. Eu ia ao mar a pé. Não é um mar bom para nadar, mas gosto da minha praia.»
Quando é que tem vontade de sair? «Quando quero ir ao cinema e não há filmes, quando o calor é insuportável, quando me molesta o mau governo, o estado em que as ruas estão. Mas de cada vez vou e venho. Quando estou fora tenho saudades.
O comércio à volta está cheio de plásticos, de fibras, de roupa *made in* China. E de *Estéticas*. Em Juchitán há muitas *Estéticas* Unisex. E toda uma tradição *gay*. «Não sei se é o Trópico de Câncer, algo se passa que os faz destaparem-se», diz Soid Pastrana. «E fazem as suas festas como querem, e andam pela rua como querem, vestidos de mulher. E alguns vão à casa de banho das mulheres.»
Não são exactamente *gays*, estão um bocadinho além.

Felina é presidente das Auténticas Intrépidas Buscadoras del Peligro.

Saia rodada e tesoura na mão, ei-la no seu salão de Juchitán. Digo ela, como ela diz, porque é preciso dizer algo, mas na gramática latina não há pronome para Felina. Felina é o terceiro sexo de Juchitán.

Em todo o mundo haverá terceiros sexos. O que acontece em Juchitán é que o terceiro sexo está no centro. É uma instituição, uma bênção, uma festa. E tem uma palavra só sua: *muxe*. Os *muxes* de Juchitán são homens com uma parte de mulher, mas não são mulheres.

Por exemplo, Felina, madeixas louras, boca retocada, verniz, nunca faria uma mudança de sexo: «A mulher está aqui, o homem está ali, e o *muxe* está no meio. Não tenho razões para querer ser mulher. Há tantas mulheres, eu seria uma mais. Sinto-me bem no meio, esse é o meu espaço. Posso entrar onde as mulheres não podem e onde os homens não podem. Tenho a liberdade de ver um lado e outro, e juntar. Admiro as mulheres, mas estou consciente do que sou: sou um *muxe*.»

De onde vem este nome? Há quem sustente que é uma corruptela do espanhol *mujer* e há quem sustente que é uma palavra zapoteca, porque os habitantes de Juchitán são em maioria zapotecas.

Cabelos quase negros, fortes como crinas, mas luminosos: mirem só os das meninas que acabam de entrar no salão Felina Estética Unisex. Meninas um pouco pançudas como tantas meninas e meninos mexicanos, já a caminho de serem gordos pelo mal que comem, mas com cabelos de princesa quase até ao rabo. O pai e a mãe trazem-nas para que fiquem mais frescas, mais leves, neste calor impossível.

Felina sorri o seu sorriso de diva em traje de trabalho. O trabalho dela é a tesoura, e vem gente de toda a cidade pôr a cabeça nas mãos dela. Senta a primeira menina na cadeira e entrança-lhe a cabeleira para a mãe a poder guardar. Fica tão grossa que não se consegue cortar de um golpe. A tesoura avança a ranger, e quase dói a quem olha.

Mas a menina zapoteca, nem ai. Só torce a cabeça para ver Felina dar a trança à mãe, que a pousa em cima da mesa com todo o cuidado. Depois volta a olhar o espelho. Felina borrifa--lhe a cabeça, abre outra vez a tesoura, zap-zap-zap, e em cinco minutos sai uma menina nova, a sacudir o cabelo molhado. Depois a irmã, idem, outra trança formidável.

À esquerda há um manequim, entre um cartaz com preservativos e, algo misteriosamente, folhetos dos Beatles e de Marilyn Manson.

Felina não dá ares de anos 60, e muito menos de gótica. É uma diva almodovariana. Madeixas, maquilhagem, unhas, um ritual diário. Aqui, no salão, trata-se de trabalhar, e a sua roupa de juchiteca é simples. Mas no YouTube pode ser vista de juchiteca em festa: veludos, toucados, mantos, lantejoulas.

«Os homens gostam de mulheres, portanto se tens algo de mulher chamas mais a atenção, por aí os conquistamos», remata Felina. E, em Juchitán, a maioria dos *muxes* trabalha mesmo com roupa de mulher. «As que trabalham no mercado, na estética, as que são artesãs, bordadeiras, costureiras. Só as que são professoras, funcionárias públicas, médicas, não se podem vestir de mulher no trabalho.»

Mas a violência está a chegar a Juchitán, sente Felina. «Antigamente não havia sequestros e tantas coisas que agora existem nesta parte do México. Por causa dos problemas no Norte, os assaltantes vêm para o Sul, e é um problema grande.

Pelo poder, pelo controle dos grupos que se dedicam ao narcotráfico. E os jovens veem a violência em todas as partes do mundo, vemo-la na Internet, na televisão, em tudo o que nos chega, e ao ver isso ficamos imersos nessas questões.»

Juchitán tem fama de muito valente. No século XIX correu com a invasão francesa, e por isso, recentemente, deram-lhe o título oficial de Heroica Cidade de Juchitán de Zaragoza, com aquele amor mexicano aos nomes grandiosos.

Mas até em Juchitán o medo avança, arrastando a desconfiança em relação aos imigrantes. «Creio que ainda podemos sair à rua de noite», diz Felina. «Mas já não é como antes, que podíamos ir a todos os bairros. Sim, sais, mas tens de ter mais cuidado, há muita gente de fora, os que emigram têm de passar por aqui, muitos ficam pelo caminho, e são gente que não conhecemos, que fugiu da sua terra.»

Entretanto, porque no México a festa é também o melhor antídoto, prosseguem os preparativos para a próxima celebração das Auténticas Intrépidas Buscadoras del Peligro. Três-dias-três, dias e noites.

«Primeiro, há uma missa de manhã. No outro dia, o baile, com a coroação, e no último dia percorremos a cidade em carros alegóricos, com a rainha.» Felina está com 40 anos, mas aos 25, claro, não era presidente: era rainha.

Ulises Toledo Santiago, 36 anos, é o exemplo de um *muxe* que não se veste de mulher. Ao longe, ninguém o distingue de um homem, porque está de *jeans*, *t-shirt* branca e chinelos, aqui sentado nuns degraus da sua rua, num daqueles passeios altos, por causa da lama. Mas ao perto, não é difícil imaginá-lo na festa anual das Auténticas Intrépidas. Por causa do anel de prata, das sobrancelhas depiladas, da cara de quem usa cremes e não tem barba.

Aqui nasceu, quinto de sete irmãos. «Desde criança que sei que sou *muxe*, e a minha mamã contente, feliz.» A mãe fazia *tortillas* para fora, o pai trabalhava para uma empresa. Desde que se reformaram, Ulisses cuida deles. É uma das essências de um *muxe*. «Agora mantenho os meus papás, vivo com eles e com uma irmã.» E nunca sairá de casa.

«É muito comum que o *muxe* habite com a família. Aquele que não se casa, dá os seus cuidados ao seu papá e à sua mamã. É uma bênção ter um *muxe* na família, porque um *muxe* trabalha sempre, nunca morrerá de fome, e cuidará dos pais até ao último dia. Pode ter a sua vida amorosa, como qualquer ser humano, e vive com os seus papás.»

Mas acontece haver *muxes* que se tornam pais de família. «Casam com mulheres e têm filhos, e elas sabem que eles são *muxes*. Porque há *muxes* ativos e passivos, e os ativos podem escolher estar com uma mulher.»

Em suma, na Cidade do México, os *gays* podem casar, e continuam a fazer parte das margens. Em Juchitán não podem casar, e «desempenham um papel muito importante na sociedade», diz Ulisses. «Há *muxes* modelos de alta-costura e *muxes* donos de grandes cabeleireiros. Há *muxes* que pintam, que fazem carros alegóricos, e *muxes* profissionais liberais. Os *muxes* em Juchitán têm liberdade de expressão tal qual são, porque a sociedade os aceita.»

O clímax dessa liberdade é a festa anual, em novembro. Se há cidades famosas por um clube desportivo, Juchitán é famosa pelo seu clube de *muxes*, as Auténticas Intrépidas.

«É uma noite de fantasia, de felicidade, e toda a gente a apoia, todas as autoridades», resume Ulises. «Vêm *gays* do estrangeiro.» Juchitán transborda, deixa de ser a cidade-aldeia em que toda a gente parece conhecer-se. Por exemplo, desde que estamos aqui sentados, este advogado não parou de ser cumprimentado por quem passa.

Nunca quis vestir-se de mulher diariamente?

«Como estudei, nas aulas não podia, e agora estou no tribunal. Mas também não tenho intenção. Os *muxes* podem vestir-se como quiserem, desde que respeitem a sociedade. A roupa não tira nada a ninguém.»

E de onde vem isto dos *muxes*? Porquê aqui?

A lenda diz que o santo patrono da cidade, S. Vicente Ferrer, vinha com um saco cheio de *gays*, a distribuí-los por muitos lugares, e quando chegou a Juchitán, o saco rompeu-se e os *gays* caíram todos aqui. Mas fora a lenda, tal celebração dos *muxes* num país tão machista terá a ver com uma costela matriarcal que alguns investigadores detetam em Juchitán?

Ulises acha que sim. «Aqui, as mulheres trabalham, estão acostumadas a ajudar no sustento da casa, desempenham um papel na sociedade, estão na política, nos departamentos do governo. As mulheres de Juchitán sempre nos ensinaram a trabalhar e a ter oportunidades.»

«Para a minha geração é muito normal homens vestidos de mulher», diz Irma Pineda, 35 anos, escritora e professora, sentada no Café Internacional, onde todos os empregados já me conhecem, porque é a terceira vez que volto no mesmo dia.

«E o meu avô conta que sempre houve *muxes* aqui, simplesmente não se vestiam de mulheres.» Também há uma palavra zapoteca para as mulheres que gostam de mulheres: *nguiu*. Ao contrário dos *muxe*, «a maioria das *nguiu* vive com a namorada». E são muitas em Juchitán, diz Irma. «Mas exibem-se menos. Fazem menos ruído.» As *nguiu* são «motoristas, operárias de construção, reproduzem todos os sinais de masculinidade e machismo». Incluindo terem namoradas muito femininas. Incluindo mesmo cumprirem a tradição local do «rapto», segundo a qual dois namorados se põem de acordo para o rapaz raptar a rapariga, a penetrar com o dedo, e depois exibir o sangue que comprova a virgindade. A partir daí, considera-se que são noivos. «As *nguiu* também raptam as suas namoradas, o que inclui o ritual de virgindade.» A mãe de Irma já não passou por esse ritual, e ela menos ainda, mas na Sétima Secção ainda é comum, diz. «As pessoas lá casam muito cedo, preparam-se para isso desde a secundária. Eu cresci lá e falava-se disso todos os dias. "Fulanita, o noivo já a roubou." "Ah, e dói?" "Pois um pouquito." Miúdas de 14, 15, 16 anos. E a partir daí já tens de te casar. Faz-se a boda civil o mais rápido possível e depois as famílias decidem se a boda religiosa vai ser daí a três meses ou um ano, para juntarem dinheiro."»

Solteira, e com um filho de nove anos, Irma teve um percurso muito diferente das suas colegas da Sétima Secção. Como sempre quis escrever, foi para a Cidade do México estudar o mais parecido que havia, comunicação. E agora é professora de comunicação em Tehuantepec. Mas nunca deixou de escrever. «Publiquei seis livros de poemas em zapoteco e espanhol. Escrevo em zapoteco e traduzo. Fiz um curso de tradução literária no Canadá.»

E porque vive em Juchitán, quando nem trabalha cá? «Porque era importante estar nas minhas origens. Escrevo em zapoteco e também por isso era importante estar em Juchitán. Oaxaca é um encanto para passear pelo centro, mas para viver a vida é muito cara.»

Juchitán «não é muito limpo, e não tem muitas fontes de emprego». Ainda assim, as vantagens compensam: «A vida comunitária. A solidariedade na vida e na morte. Os ritos que há.

Quando vais casar, todos os vizinhos ajudam. Quando morre alguém todos os vizinhos ajudam. Quase todos nos conhecemos. Faz-me sentir segura, cuidada. É um excelente lugar para um filho. Tenho um jardim com as flores tradicionais daqui. E vamos às nascentes de água ao fim-de-semana, ou deitamo-nos na *hamaca*. Aqui não vives sem *hamaca*.»

Mas a violência está a chegar.

«Este ano assassinaram um *muxe* e no ano passado três, eram prostitutas, mas foram assassinadas com muita violência», diz Irma. «Estão a sequestrar gente, sobretudo os que têm negócios e dinheiro. Ainda não é como Juárez ou Sinaloa, mas a violência está presente até nos jovens que estão a terminar o secundário e aspiram a ser sicários.»

Irma dá aulas a professores de liceu, e ouve isto à sua volta.

«São muito poucos os jovens que dizem que querem acabar a universidade e ter uma profissão. Não é como há 15 ou 20 anos quando viam na profissão um meio de triunfar. Agora dizem: "Quando for grande quero ser narco, porque eles ganham muito dinheiro."»

Cita Noam Chomsky: «Este sistema está a demonstrar a sua inoperatividade, e vamos chegar aos 80 por cento de desempregados, com os outros 20 por cento a controlar. E num lugar pequeno como Juchitán percebe-se isso. Aqui não há universidades, nem colégios superiores públicos. Que fazem os jovens que não podem pagar as privadas? E como compram as marcas que veem na televisão e na Internet? Então quem domina e tem dinheiro torna-se o modelo. A colombização do México implica não só este incremento no tráfico mas a mudança nas aspirações dos jovens. Quem sigo? Quem quero imitar? Não vou imitar um tonto, vou imitar o melhor. Fala-se de narco na escola aos nove anos. Da violência, de tudo. Crescem com isso.»

O filho dela já cresce.

Quando Beto me levou ao hotel disse que a prostituição aqui no centro é sobretudo de homens. O meu quarto não tem janelas por causa do barulho. Ainda assim, ouço um homem cantar por um altifalante, e passa das onze da noite. Os lençóis são de poliéster mas há uma televisão. Há sempre uma televisão.

Ixtepec

No Istmo, as chuvas não são como na Cidade do México. Sete e meia da manhã e em Juchitán chove a valer. O céu é uma capa cinzenta, o táxi levanta trombas de água a caminho da estação de autocarros. No único cinema da cidade anuncia-se *O Rei da Pérsia*.

Há um *pullman* pelas nove para Ixtepec, mas como ainda não são oito atravesso a rua e apanho uma daquelas latas velhas que fazem o caminho entre as duas cidades. Custa 14 pesos, menos de um euro, está todo amolgado, com o forro dos bancos a sair e música estridente por cima.

Para que respecten los derechos de mí raza, canta o vocalista. Por cima do vidro, o motorista colou um autocolante que diz *México, mí país, Jesús Cristo, mí salvador*.

Arrancamos às 8h15. Estrada cheia de lama, plantas cheias de chuva, nomes como Rancho Princesa e Restaurante Camino Real. A meio uma aldeia com coreto, igreja, acácias e um mercado municipal chamado *Jesús Rasgado*. Passa um blindado do exército. Chove cada vez mais. O motorista tenta fixar o para-brisas, mas mal tira o dedo do botão a borracha para.

Às nove entramos em Ixtepec. É aqui que desaguam os pobres dos pobres, vindos de toda a América Central.

Luz de cinza, de fim do mundo. Cães molhados a vaguear. Carris cheios de mato e de lixo. Uns barracos com mesas de plástico ao longo da linha.

Um comboio de carga, à chuva, e por baixo, agachados na lama, homens. Vêm da Guatemala, das Honduras, de El Salvador, da Nicarágua. Entraram no México ilegais e querem chegar à fronteira com os Estados Unidos.

Visto no mapa, o México é um gancho pendurado na América do Norte. Antes de dar a curva para cima, o gancho estreita. É nesse estreito que estamos. Então, os centro-americanos entram por baixo e amontoam-se aqui, à espera. Quando chegar um comboio de carga para norte, vão agarrar-se a ele.

No México, os caminhos-de-ferro são só para carga e para esta gente agachada que ninguém quer, na origem, na passagem ou no destino. Deixaram de ser gente: são os ilegais. Lutarão pelos melhores buracos no comboio. Vão ter frio, fome, sede, sofrer violência, pagar aos guardas, e esse será o preço menor. É simples como a roleta russa: alguns vão morrer, todos sabem disso, mas não sabem quais.

O tambor está a girar.

«Chegam e vão, chegam e vão, e às vezes o comboio traz 500 ou mil pessoas», diz o cobrador de autocarros Hector Chinas, abrigado num apeadeiro. «Os comboios vêm de Chiapas e vão para Veracruz. Os imigrantes descem aqui, aqui comem, aqui dormem...» Aponta a lama ao longo dos carris. «Mulheres, homens, crianças. Sempre que vem um comboio, vem cheio. Às vezes, quando chove, não vem, porque há derrocadas em Chiapas. Mas ontem à noite isto estava tudo cheio de imigrantes.»

A maior parte foi dormir ao albergue do padre Alejandro. É com ele que tenho encontro marcado neste apeadeiro.

Os carros passam a esguichar água. As acácias balançam. São toda a cor que há no céu.

«Bem-vinda!» Cruz de madeira ao pescoço, mãos no volante, Alejandro Solalinde, fundador do Albergue del Migrante Hermanos en el Camino, todo vestido de branco.

E arrancamos, ao longo da linha.

«Vê aquilo?», pergunta o padre, apontando uma reentrância na ponta dos vagões. «Eles metem-se ali, chamam-lhe "a gôndola". Ali vão protegidos.» E apontando para o outro lado da estrada, onde há uma placa a dizer *El Sabor de la noche*: «Este é um dos bares que nos dá problemas. Tem droga, álcool. Vê os carros estacionados? Veem os imigrantes e sequestram-nos. Há tráfico de pessoas aqui.»

A estrada está um rio. «Nesta janelita vende-se comida, café e droga. É gente local já misturada com centro-americanos captados pela delinquência mexicana.» À esquerda, um hotelzeco. «Aqui sequestram pessoas e também distribuem droga.» Rapazes de boné, estendidos em parapeitos, de braços cruzados. E em frente mais imigrantes debaixo dos vagões, a coberto da chuva.

Há três anos que esta é a paisagem do padre Alejandro. «Eu não compreendia como é que os imigrantes não importavam aos padres nem às autoridades municipais, a ninguém. Havia gente boa que lhes dava de comer, mas levar-lhes uma refeição não é atendê-los integralmente, não é responsabilizarmo-nos. Então pedi permissão ao bispo para me deixar estar a tempo inteiro com eles.» Onde estava? «A fazer um mestrado em Guadalajara, e supostamente ia regressar a uma paróquia. Mas não quis um ministério convencional, do altar ao escritório, do escritório ao altar. Cristo é missionário e, se agora aqui estivesse connosco, estaria nas ruas, nos mercados, nas prisões, com os imigrantes.»

É a isto que o padre vai buscar força: «Sou uma pessoa nervosa, estou constantemente submetido a sustos e emoções, e tenho 66 anos. Isto é inexplicável senão pela fé. Jesus é tudo, sustém-me. Os problemas que vou tendo, pergunto-Lhe. Leio a Bíblia e converso com Ele.»

Homens de cara fechada pelo caminho. «Estes são os que ficam aqui e exploram os seus irmãos centro-americanos. Antes de ter o albergue, dava de comer aos imigrantes aqui, eles faziam filas enormes, e a minha equipa eram as crianças a ajudar, porque eu não tinha nada.»

Mais à frente outro comboio parado. O padre Alejandro conta um dos muitos sequestros que aqui aconteceram: como o maquinista os atraiçoou depois de lhes cobrar dinheiro, e depois apareceu a polícia, que os entregou a um bando.

Há milhares de bandos pelo país, ao serviço dos cartéis da droga. Um dos mais fortes é Los Zetas. Nasceu de uma unidade de elite do exército mexicano, treinada em Israel, na Europa e nos EUA.

Entramos no albergue. Um terreiro cheio de poças. Cubos de cimento, telheiros de metal, um monte de troncos para lume. E, espalhados por toda a parte, dezenas e dezenas de homens, sobretudo rapazes, também raparigas, e mesmo um bebé.

«Ontem à noite eram cerca de 250», diz o padre.

No telheiro da cozinha fumega um pote. É quase hora do pequeno-almoço. Moscas grossas pousam em toda a parte. Parou de chover, mas o céu continua opaco, com palmeiras a balançar. Alguns imigrantes vagueiam a olhar para o chão, outros olham em frente, encostados à parede. Estão como se não estivessem aqui. Há algo atordoante no ar.

O padre pede-lhes que se reúnam todos na cozinha. Num instante, desmontam as mesas, para haver espaço. Ficam algumas cadeiras para as mulheres, e os rapazes trazem cartões, onde todos se sentam.

Aqui estão, mais de cem, pernas fletidas, braços à volta dos joelhos, todos morenos, escuros, mestiços, com roupa barata, sapatos rotos, chinelas. Muitos têm a mochila ou o saco aos pés, porque é tudo o que têm.

E olham para cima, para o padre, à espera.

«Visitam-nos de todos os continentes», começa Alejandro. «Alguém sabe porquê?» Ouve-se um galo a cantar, nos arbustos. «Porque vocês são importantes. Vocês representam a maior corrente migratória do mundo.» O galo insiste. O padre volta-se para trás: «Alguém pode afastar esse galito?» Toda a gente se ri.

O galo ajudou a descontrair. Tudo podem ser ajudas. O padre é um homem prático.

«Hoje temos aqui uma pessoa que tem algo em comum convosco: é a primeira vez que está no México.» Apresenta-me. «Quantas pessoas aqui estão pela primeira vez no México?» Praticamente todos levantam a mão. «Então, já são companheiros em algo.»

Alejandro Solalinde sabe que todas estas pessoas terão razões para não confiar em ninguém. Explicar-lhes quem é a estranha que toma notas é uma forma de respeito. Ele deve-lhes explicações: não são eles que estão em casa dele, é ele que está em casa deles. E assim a estranha pode ficar invisível.

Não seremos companheiros, mas já estivemos mais longe. Volto as costas, porque me caem lágrimas pela cara. Mas à minha frente estão agora as raparigas que estiveram a cozinhar, tão jovens, quase crianças. Concentro-me nas moscas. Limpo as lágrimas.

«Vocês não são delinquentes», prossegue o padre, anunciando que na nova lei mexicana se conseguiu que a imigração ilegal não seja considerada delito. «Vocês passaram de delinquentes a irregulares administrativos, e a verdade é que a todos nós falta sempre um documento.»

Há tantas moscas que partes do chão ficam pretas. Mas ninguém parece notá-las.

«A lei dizia que os defensores dos direitos humanos e dos imigrantes eram quase delinquentes também, então o Supremo Tribunal de Justiça disse que prestar ajuda humanitária não é delito. Mesmo que a polícia corrupta diga que sim, para vos extorquir dinheiro. Ainda há dias tive um problema com a polícia federal.» E começa a contar como estava junto a uma hondurenha com crianças, e a polícia os acusou de traficarem menores.

A tensão na fronteira norte, com os EUA, faz com que o México endureça o controle na fronteira sul, com a Guatemala, por onde entraram todas estas pessoas. A comissária do Instituto Nacional de Migração, Cecília Romero, apoia o abrigo, mas outros responsáveis gostariam de acabar com ele. Minar a reputação do padre pode ser um meio.

«Qualquer polícia ordena: "Documentos!" Mas só há duas instituições que vos podem pedir papéis: a Polícia Federal e a Imigração. Eu sei, e defendo-me, mas há pessoas que não sabem. E se sofrerem um delito podem apresentar denúncia.»

O padre Alejandro conta que a Pastoral da Mobilidade Humana — iniciativa da Igreja Católica que Solalinde dirige no sul do México — propôs ao Senado que os centro-americanos

tenham os mesmos direitos que os mexicanos. «Ainda não passou ao presidente, mas como veem há leis a mudar.»
E depois de uma pausa para olhar a plateia, pergunta: «Quem é da Guatemala?»
Levantam-se braços.
«De Belize?»
Braços.
«Das Honduras?»
Mais braços.
«El Salvador?»
Muitos braços.
«Não ficou lá ninguém?!! E esse país tão pequenino, a Nicarágua?»

Seguem-se perguntas da plateia.

A propósito de uma, o padre explica o Acordo de Mérida entre México e EUA contra o narcotráfico. «O México recebe 1400 milhões de dólares para lutar contra o narco, os EUA fazem um esforço para reduzir o tráfico de armas para cá e, em troca, o México tem de ajudar na luta antiterrorista, detendo o fluxo migratório. Isso é o que deve ser feito, o problema é como está a ser feito. E no México está a ser feito da forma mais selvagem. Para muita gente vocês são mercadoria. Aqui em Ixtepec, fazemos denúncia de qualquer abuso que aconteça. Antes os imigrantes tinham medo, não eram capazes de esperar semanas para que se fizesse justiça. Mas como podia eu defendê-los se não havia denúncia?»

Dá-lhes o ponto de vista de quem está do outro lado: «Os polícias são pobres, não recebem preparação adequada, pagam-lhes salários de fome que os obrigam à corrupção. São gente lixada como vós. Mas além de serem pobres, entram na

corrupção e lixam os seus próprios irmãos. Aprenderam a fazer isso porque não lhes deram outra hipótese.»
Depois conta lutas que travou com a polícia por causa de maus-tratos a imigrantes, e do horror ao longo destes três anos. «Pernas cortadas por comboios, espancamentos, gente esfaqueada. Mas hoje podem andar por Ixtepec e a polícia não se meterá convosco, porque a reação será imediata.»
E repete isto, talvez porque mais ninguém o tenha dito: «Vocês valem muito. Uma pessoa vale muito. Não vale pelo que tem, mas por ser uma pessoa. Se eu não me tivesse posto no vosso caminho, seria um padre esquecido. Vocês é que me dão a razão.»
Todos aplaudem.

«As pessoas têm o direito de ficar na sua terra, e têm o direito de emigrar quando não têm outras oportunidades», conclui o padre. «Então há um lugar de trânsito, que é o México, que quer viver ao mesmo tempo com Deus e com o Diabo. Mas este albergue fez-se com amor, e aqui tudo o que lhes damos é gratuito. E, se chegarem aos EUA, não queremos o vosso dinheiro, têm de ajudar as vossas famílias. No México um grupo deu-nos sete mil dólares, e com isso fizemos por exemplo este muro contra o vento, porque até as *tortillas* nos voavam.» Exemplifica com os braços.
Explica que há dois dormitórios para homens e que vai precisar de ajuda para os limpar.
Mais este aviso: «Ir de comboio até Veracruz é muito perigoso. Vocês partiram por razões económicas, mas vão pedir-vos milhares de dólares. Há os Zetas. Aqui mesmo há colaboradores deles.» Toda a gente se entreolha. «Não se assustem, há sim. Já estão a assinalar os que vão sequestrar. Os ladrões antes

roubavam o dinheiro que vocês tinham no bolso. Agora roubam o dinheiro de ontem, que os vossos parentes pouparam nos EUA, e roubam o dinheiro de amanhã, que vocês vão ficar a dever. São crudelíssimos. Põem-vos um saco de plástico na cabeça, são capazes de matar companheiros e torturá-los, para que todos saibam o que lhes pode acontecer. Vinham no comboio 600 imigrantes, e agora? Muitos já se foram por aí. Mas digo-vos: que vos agarre antes a *migra* [Polícia de Imigração] do que os Zetas. Pelo menos ficam inteiros, voltam aos vossos países, voltam a tentar.»

Um homem de El Salvador diz que o vai levar no coração. Alguém pergunta quando chegará o comboio.

«Graças a Deus está atrasado para que pensem melhor», sorri o padre. «Quando vier, vão vê-lo, e dá tempo suficiente para que não cheguem atrasados ao sequestro.»

A gente ri, levanta-se. O padre pergunta quem é católico, evangélico ou nada. Há de tudo, mas quase todos são crentes. Então Alejandro Solalinde convida os evangelistas a fazerem as suas orações. Um por um, eles avançam, e um deles lança-se num tal arrebatamento que em breve grita e chora, enquanto a gente murmura de pé, de olhos fechados com muita força, como se ali mesmo entregasse a sua vida.

As mesas voltam ao lugar, o pote volta ao lume. Um homem pede sapatos ao padre, que usa o seu próprio pé como medida.

«Eu trazia uma mala mas roubaram-ma, isto é tudo o que tenho», diz o homem, Perfecto Martin Barahona, um hondurenho de 26 anos, com boné e uma *t-shirt* dos Chicago Bulls que alguém lhe deve ter emprestado. «Vim sete dias a andar até aqui e roubaram-me anteontem.» Porque veio? Ele abre a boca e fecha-a. Depois diz: «A minha casa nas Honduras está a cair.

Se visse a minha casa, ia perceber. Somos dez irmãos. Uma morreu já. Quero chegar aos EUA para ajudar a minha mamã. Ela não queria que eu viesse: "Vais morrer!" Mas não podemos ficar de mãos cruzadas. Saí de casa e vim.» Sozinho? «Sim, sozinho. Eu e Deus.» Para onde vai? «Seguir o comboio até onde vá.» E como vai passar a fronteira com os EUA? «Com a ajuda de Deus.» Não lhe dá medo? «Sim, dá, mas que vou fazer? De todas as formas vou morrer. Se não agora, depois.» E para que lugar quer ir nos EUA? «Qualquer lugar onde haja trabalho. Não me importa. Quero ganhar para fazer uma casita e voltar.»

Conversa a conversa, é assim. Todas as perguntas parecem estúpidas, Califórnia ou Arizona, lavar carros ou lavar pratos. Eles querem chegar a um sítio onde seja possível trabalhar. E depois querem voltar com dinheiro para ajudar *mi mamacita*, *mi papacito*. O plano é ficarem vivos.

A mulher com o bebé está num dos dormitórios. Paredes e chão de cimento em bruto, espumas com sacos-cama, roupa pendurada nas paredes. A única cama é mesmo a dela, com as coisas do bebé todas arrumadas em cima. O bebé é um embrulhinho de olhos fechados e barrete azul. É preciso estar sempre a afastar as moscas da cabeça dele.

«Tem 24 dias», diz Irma Leticia Garcia, a mãe. Também é hondurenha, 21 anos e uma longa história. Trabalhava na Cidade do México, num restaurante de *tacos*. Engravidou de um mexicano mas separou-se logo. Foi ter o bebé às Honduras e agora quer voltar ao emprego na Cidade do México. «Estou à espera que o bebé engorde porque está muito delgado. Aqui compro o leite para ele, e conheci aquelas raparigas que me ajudam.»

Uma dessas raparigas, a hondurenha Nicole, 18 anos, conta como os que trabalham para os Zetas lhe fizeram trancinhas num albergue logo depois de passarem a fronteira com o México: «E com isso marcavam a gente. Mas nós não sabíamos, aceitámos pelo bonito que era. Começámos a ser amigos e eles disseram que podíamos ir juntos pelos coqueirais. Caminhámos dias, até que apareceram quatro homens armados. Fugimos, mas eles foram atrás de nós.» Salvou-os terem dado com uma estrada.

O namorado dela chama-se Marbyn Escobar e, aos 25 anos, vai na sua quinta passagem para os EUA, pelo Rio Bravo. «Os Zetas estão no rio, e se te vêm passar apanham-te, matam-te. Passam droga por ali. Temos de nos esconder. Se Deus permitir, o meu sonho é chegar a Miami, onde tenho uma tia, e fazer a minha casa nas Honduras, ajudar a minha mãe e um irmãozinho de 10 anos. E depois, se Deus permitir, ter casa própria. Não quero viver lá. Quero trabalhar lá. É um país de oportunidades. Sei que posso fazer algo rápido e no meu país isso não é possível porque não se arranja trabalho.»

Depois há José Rafael Miranda, 33 anos, salvadorenho, que toca guitarra, e bem. «Já estive 14 anos nos EUA, iam dar-me o meu *green card*, mas a minha mãe ficou doente e tive de ir vê-la.» Foi como se voltasse atrás 14 anos, e nem hesitou. E agora está aqui, a repetir tudo, para tentar voltar ao seu trabalho de assentador de pisos em Miami. Já sabe o que o espera.

A primeira vez foi assim:
«O mais duro é deixar a família. Depois o frio às vezes agarra-te muito forte e não tens mais roupa. Não tens dinheiro ou tempo para comprar comida. Pedimos um *taco*. Muitas

pessoas são bem simpáticas, mas outras tratam-nos mal. Perguntam: "Porque vem da sua terra?" No comboio viajámos metidos na gôndola. Os motoristas não nos pediram dinheiro. De El Salvador à fronteira americana demorámos 45 dias. Às vezes tínhamos de caminhar dia e noite com chagas nos pés. Já havia ladrões nessa altura, e em Chiapas assaltaram-me com um machete e uma pistola. Pensei que era o meu último momento. Dei-lhes todo o meu dinheiro e deixaram-me descalço e em roupa interior. Tive de caminhar todo o caminho-de-ferro assim. E na primeira casa que vimos uma senhora chamou-me: "Filho!" E deu-nos roupa e de comer. Foi muito lindo. Ao chegarmos à fronteira nadámos o Rio Bravo. Estava deserto. Chegámos ao outro lado, ao Texas. Havia uma igreja grande e batemos à porta. O padre mandou-nos entrar. "Filho, já comeram?" E levou-nos ao Burger King a comer. Sentimo-nos muito melhor. Depois ele disse: "Quero que descansem." Tomámos um banho, perguntou se queríamos telefonar aos nossos familiares. Telefonámos e a minha mãe ficou muito feliz, e a mãe do meu amigo desmaiou. Ficámos uns dias com esses padres para recuperar das chagas. E depois entregámo-nos à imigração. Eu pus-me no meio da rua, diante de uma patrulha: "Sou hispânico! Precisamos da sua ajuda." Revistaram-nos, levaram-nos à casa da imigração, interrogaram-nos, mas como éramos menores não nos podiam deportar. Por isso é que nos tínhamos entregado. Tínhamos 17 anos. Então deram-nos permissão para andar pelos Estados Unidos, mas tínhamos de estudar e apresentar-nos num tribunal. Fui para Houston. Aí apareceu um senhor que ia para a Florida e precisava de pessoas que apanhassem laranja. Aceitámos, porque não conhecíamos nada, e fosse o que fosse estava bem. E depois fui para Miami. Queria aprender um ofício. Gostei do ofício das alcatifas. Estive 14 anos a trabalhar nisso, alcatifas, pisos de linóleo, de madeira. E durante oito anos estive casado com uma norte-americana. Quando a minha mãe adoeceu e decidi ir vê-la, ela disse que se divorciava. Mas a mim importava-me mais a minha mãe. Durante esses 14 anos nunca fui a El Salvador.»

Então, em 2008, voltou e ficou dois anos. «Mas no primeiro dia tive logo vontade de ir embora. Deixei carros, computadores, a minha mulher, o apartamento, vivia muito cómodo. Só com um ou dois dias de trabalho ficava bem para o mês. Mas teria de fazer toda a viagem de volta. A minha mãe disse: "Tem paciência, filho." Fiquei dois anos a conhecer El Salvador. Das quatro às oito da manhã vendia legumes no mercado. Mas as coisas não correram bem.»

Não havia trabalho. «Nos Estados Unidos sei que chego a um domingo e na segunda já estou a trabalhar.» Então partiu.

Antes de chegar a este albergue foi assaltado pela polícia, com mais um grupo de imigrantes. «Eram federais, gritavam palavras obscenas, as pessoas começaram a fugir e eles a dispararem para o ar, e com insultos. A muitos bateram, a outros tiraram-lhes dinheiro das partes íntimas. Separaram as mulheres. Alguns imigrantes não chegaram aqui, desapareceram. Não sabemos o que lhes aconteceu.»

Ao todo, o grupo atacado teria 400 e chegaram aqui 150.

«Fez-se uma denúncia e o padre explicou-nos que nos podem dar documentos por termos sido agredidos.» Por isso, José Rafael está a pôr a hipótese de ficar no México. Há dois meses e meio que espera no albergue. Já o conhece bem. «O padre é uma pessoa maravilhosa. Tudo o que faz, faz bem. Nunca vi um padre como ele. Vê-se que dá a vida pelos imigrantes. É a sua paixão, não importando raça nem cor. Deus abençoou-o tanto que lhe deu um grande coração. Todos os dias aqui está, a ver se

alguém precisa de algo, se precisa de ir à clínica ou ao hospital. É a graça de Deus nele.»
E a guitarra que José Rafael estava a tocar? «Estou a remendá--la.» Só tem cinco cordas. «Toco e canto, aprendi nos Estados Unidos. Já cantei numa igreja para sete mil pessoas.» É evangélico, e as canções dele são para Cristo: «Fizeste de mim um novo ser / de tal maneira o mundo amaste / que a tua vida entregaste».

Sérgio, 23 anos, foi apanhado pelos Zetas, e conseguiu fugir, mas como agora rapou o cabelo espera que não o reconheçam.
É um pequeno guatemalteco com uma pequena voz doce. O espanhol dele parece língua de pássaros. Calções, chinelos, cruz de ouro na orelha, *t-shirt* a dizer: *Bien puesto para trabajar*. Também já viveu nos EUA. Era cozinheiro em São Francisco, mas este ano foi visitar uma tia ao Arizona, a polícia apanhou-o e esteve dois meses detido em Tucson. Aí, aconteceu algo que tem consequências até agora. «Enquanto estava preso, paguei cinco mil dólares a um *coyote* para passar a minha prima para os EUA.»
Alguém ficou a saber que supostamente ele tinha dinheiro.
Então, quando a imigração americana deportou Sérgio para a Guatemala, e ele voltou a passar a fronteira com o México, viu--se apanhado por um bando. Não estava sozinho, viajava com uma rapariga que conhecera. Meteram-nos num carro, de olhos vendados e levaram-nos para uma casa. «Disseram: "Não somos os federais, somos os Zetas, e sabemos que tens muito dinheiro." Tiraram-me o cinto, os sapatos, amarraram-me as mãos, os pés, puseram-me um saco de plástico na cabeça e começaram a bater-me.» Com uma tábua, enquanto ele dizia que não tinha dinheiro. Depois chegou o chefe: «Dás-me o número de telefone, senão mato-te.» O número para os EUA, a pedir resgate. «E eu dizia: "Não tenho dinheiro, se queres mata-me."»

Continuaram a bater em Sérgio sem resultado, até mudarem de estratégia. «"Não te sacamos informação a ti, sacamos a ela." E começaram a bater-lhe. Partiram-lhe uma tábua na cabeça, fizeram-lhe muito sangue, deram-lhe com a tábua na boca, partiram-lhe os dentes, depois puseram-lhe uma faca no pescoço e disseram que a iam matar. Não voltei a vê-la. Levaram-na.» O chefe ainda voltou com ameaças, a chamar-lhe «lixo», mas à noite puseram-se a fumar marijuana e Sérgio escapou com mais um salvadorenho e um hondurenho. Quando chegaram aqui, dois Zetas ainda andaram atrás dele. «Graças ao padre, a polícia federal agarrou-os.» Mas a polícia diz que ainda anda gente atrás dele.

Com tudo isto, está a legalizar-se no México com a ajuda do padre. Mas não desistiu de voltar aos EUA, onde foi pai. «Tenho a minha filha por quem responder, não quero que cresça como eu. Porque eu criei-me na rua.» Tia no Arizona. Irmãos, tios, primos em São Francisco. Três irmãos e a mãe na Guatemala. «Quero ver a minha mamã, quem sabe é a última vez que a vejo. Há 16 anos que não a vejo.» E depois voltar a passar as duas fronteiras.

«Dos seres humanos não tenho medo», diz, com a sua pequena voz firme. De que é que tem medo? «De nada.» Pausa. «A nada mais que ao meu Deusito lindo, que lhe tenho temor, porque cuida de mim a todo o momento.» Católico? «Não.» Evangelista? «Nada. Nunca me liguei a uma igreja.» Mas crê em Deus. «Sim, creio.» Em Jesus Cristo? «Exato. Creio n'Ele. Porque só temos um no mundo, e se não fosse por Ele não estávamos aqui.»

Como se chama a filha? «Kensy. Kensy Stephany.» E puxa a manga da *t-shirt* para mostrar o nome na tatuagem.

Já toda a gente comeu, e depois quase toda a gente viu o Alemanha-Espanha por um pequeno televisor. Estamos a 7 de julho.

Toda a gente continua à espera do comboio, que está atrasado.

Entretanto, o padre Alejandro tem de ir às compras, a Juchitán. «Há que ver dos sapatos daquele rapaz, ver aquele menino no hospital, comprar meias...», vai dizendo ele a uma das mulheres, que trabalha no albergue e também vai no carro. Aliás, o carro transborda. «Ah, e temos de comprar uma caçarola e uma cortina para o banho.»

Pelo caminho, notícias do furacão em Monterrey. O padre Solalinde está sempre de rádio ligado.

«A igreja tornou-se burocrata», diz ele, mais tarde, entre duas tarefas. «Não missiona, instalou-se, não quer caminhar, e os imigrantes recordam-nos que somos um povo que tem de caminhar, que somos um povo peregrino. Então a igreja tem de ser ligeira para caminhar, e não ter tantas propriedades, tantas coisas inúteis que não a ajudam a caminhar, tem de se livrar de tudo isso.»

Há «muitíssima corrupção» no México, sim, mas também «uma ausência muito grande da Igreja Católica», insiste. «Quando vejo um político corrupto, e não são poucos, seja de que partido for, quando vejo um agente policial abusar do serviço público, pergunto, onde estava a igreja?»

E os imigrantes são uma «reserva espiritual do mundo», crê. «Os pobres em geral. Mas os imigrantes deixaram tudo e não sabem se vão voltar e também não sabem se vão chegar. São os pobres entre os pobres.»

Entre os que já chegaram e os que chegarão, Alejandro Solalinde crê nisto: «Eles vão refundar os Estados Unidos.»

Chiapas

O autocarro de Juchitán para San Cristóbal de las Casas parte à meia-noite e meia, e mal sai do Istmo entra nas montanhas de Chiapas. É uma longa noite às curvas e à chuva, em que já não sei se o sonho é a viagem ou o que estou a sonhar. Então, ao amanhecer, abro os olhos e estou dentro de um círculo de neblina, num presépio fresco, limpo, suspenso.

Bem-vindos a San Cristóbal de las Casas, nome tão formoso quanto a cidade. A revolução mexicana de há cem anos não chegou aqui. A única revolução que houve aqui brotou daqui e daqui não saiu, apesar de ter corrido mundo. Talvez se recordem do subcomandante Marcos. Estreou-se nos telejornais com uns olhos verdes fulminantes. Uma fonte que esteve próxima jurou-me, no entanto, que são «cor de café claro». Seja como for, fulminantes, o que dá sempre jeito a um derradeiro revolucionário.

Um táxi leva-me da estação a uma colina colada ao centro histórico. É aí que fica o meu albergue, uma casa chamada Sol y Luna.

Cisco nasceu em Hollywood e o seu primeiro filho vai nascer em San Cristóbal. Nunca estive em Hollywood, mas chegando a San Cristóbal percebo porque é que Cisco quis fazer aqui a sua casa.

É uma casa à volta de um jardim. Do lado esquerdo vivem Cisco e Dani. Do lado direito ficam os dois quartos de hóspedes, Sol y Luna. A meio, há árvores, flores, trepadeiras, cestos, bancos, máscaras, gatos ruivos bem tratados e uma plaquinha a dizer que a partir das 11 da noite se agradece o silêncio.

O silêncio é um bem raro no México. Se não é o trânsito, é a televisão, a rádio, os foguetes, as bandas de rua, os carros-altifalante que apregoam «Água! Néctar! Água Néctar!» Quando abro os olhos no meu quarto, depois de dormir das oito às dez, tenho panos coloridos no espaldar da cama, uma cama de que se salta como antigamente. O chão é de pedra, nas paredes há fotografias a preto-e-branco, por cima da mesa um cavalheiro oitocentista que foi avô de Cisco e em cima da mesa as flores frescas que Dani comprou no mercado com a sua barriga de jovem grávida.

Vai ser mãe do filho de Cisco. Nasceu nas Honduras e compõe flores e frutas com um dom da cor.

Eis o quarto para uma viagem à volta do meu quarto. Uma pessoa acorda e quer recomeçar a vida em San Cristóbal.

Esta história vai começar com um «não». Um «não» pode acabar com uma história, mas também pode começá-la. É o que acontecerá num dia de chuva e frio.

No México é assim. Ontem estávamos no trópico e já não tínhamos mais roupa para tirar. Hoje estamos a 2120 metros de altitude e tiritamos.

Antonio Turok, o fotógrafo que conheci em Oaxaca, e que foi o primeiro a fotografar o subcomandante Marcos, contou-

-me que nos anos 70 San Cristóbal era tão longe de tudo que quando as pessoas acabavam de subir às curvas já não queriam sair de cá. Ele, por exemplo, ficou 30 anos.

Continua a ser longe, mas agora há uma estrada nova, aquela que eu subi, o que facilita a vida dos malabaristas, ecoturistas, altermundialistas e simpatizantes de zapatistas em geral. Sim, San Cristóbal é uma cidade encantadora, de casinhas, igrejinhas, escadinhas, mas há que estar preparado para a maior concentração política de tranças e comedores *vegan* do mundo.

A origem do mito é conhecida: a 1 de janeiro de 1994, quando o mundo acordou da sua ressaca, guerrilheiros de *capucha* tinham tomado o México — aliás, o estado de Chiapas — aliás, a cidade de San Cristóbal de las Casas — aliás, uns pedaços de selva e montanha. Era o Exército Zapatista de Libertação Nacional (EZLN), mas o resto da nação não se levantou. A luta armada parou ao fim de 12 dias e desde então a revolução mantém-se nos seus pedaços, circunscrita.

Estará viva? Cem anos depois da revolução mexicana, essa será a pergunta desta história: que é feito da última revolução mexicana?

O que qualquer pessoa pode ver a partir da Europa é que, hoje, um dos seus pedaços é a Internet. E navegando um pouco ficamos a saber que os territórios zapatistas estão organizados em cinco Caracóis. Cada Caracol é sede de uma Junta de Buen Gobierno e tem certo número de municípios, que por sua vez têm certo número de comunidades.

Chegada a San Cristóbal, segui as instruções dos *compas*. *Compas* são *compañeros*. Dentro do mundo zapatista, as pessoas são todas *compañeras*, ou seja *compas*. E os *compas* do Enlace Civil, que são intermediários oficiosos dos indígenas porque os indígenas oficialmente não têm intermediários, explicaram-me que não é possível combinar entrevistas por telefone ou por *e-mail* com as Juntas de Buen Gobierno que estão nos Caracóis.

Que fazer, então? «Vá a um Caracol.» Que Caracol? Alguns implicam dois ou três dias de viagem. «O Caracol de Oventic é o mais fácil, pode apanhar uma *combi* no mercado.» E não é melhor avisar antes? «Não há contactos intermediários, eles é que decidem lá.» E podem decidir que não falam? «Não há razão para isso, estão a receber gente.»

A verdade é que outros *compas* me avisaram de que poderá não ser assim. Tem acontecido as Juntas não receberem jornalistas.

Adiante. Segui as únicas instruções possíveis dos *compas*, e aqui estou, no mercado onde os indígenas, zapatistas ou não, vêm vender as suas frutas, os seus legumes, os seus bordados, à gente de San Cristóbal. As mulheres com saias de lã, e mantos de lã floridos, muitas vezes de filhos atados às costas, os homens quase todos com chapéu e abrigo de lã, porque, *caray!*, faz frio, sim. E de caminho, antes de me meter na *combi*, compro uma camisola indígena com capuz.

A *combi* é uma daquelas carrinhas que sai quando encher, e enche-se de índios tsotsiles, uma das variantes dos maias de Chiapas. As únicas não-índias e falantes de espanhol são uma dupla argentina de mãe e filha, ambas ruivas e ativistas. A filha já esteve antes no Caracol e agora quer mostrá-lo à mãe. Um passeio zapatista.

Chuva torrencial, montanha acima. Em Chiapas, há Caracóis da selva e Caracóis dos «altos». Oventic é um Caracol dos «altos». Casinhotos de cimento entre barracas da Coca-Cola, perus, galinhas e roupa estendida, índios na berma, um, dois, três templos evangélicos. Os evangélicos avançam entre os católicos de Chiapas. E a *combi* vai deixando os índios pelo caminho.

Até que vemos umas barracas com pinturas zapatistas e duas placas enferrujadas. A primeira anuncia: *Está usted en territorio zapatista en rebeldia*. A segunda remata: *Para todos todo, nada para nosotros. Junta de Buen Gobierno*. Do outro lado da estrada há um portão. Este é o Caracol de Oventic, e adivinhem quem sai aqui: as três não-índias a bordo.

E em frente ao portão já esperam duas jovens turistas-zapatistas de chinelas e trancinhas, uma delas com uma *t-shirt* em hebraico.

O portão tem duas guaritas. Na da esquerda há uma índia sem *capucha* mas com um lenço atado por baixo dos olhos, uma outra forma dos zapatistas cobrirem a cara. O subcomandante Marcos explicou que cobrir a cara simboliza a forma como os indígenas não têm cara para o mundo, e ao mesmo tempo podem ser a cara de qualquer pessoa discriminada.

Depois, na guarita da direita aparece um indígena de *capucha* com um caderno. Atende as raparigas, mãe e filha e finalmente a mim. Cada etapa é morosa, com várias perguntas, e as respostas escritas minuciosamente: nome, profissão, objetivo, a que organização pertence. Parte-se do princípio de que toda a gente pertence a uma organização. Quando a fila acaba, o indígena volta costas e, tão lento e lacónico como chegou, desaparece ao fundo da rua com o seu caderno, e os cartões de todas nós.

Entretanto, chuvisca.

Dá tempo de saber a história das ativistas, e mais que tempo de observar os casebres de madeira pintados. Emiliano Zapata. Clínica Guadalupana. Sociedad Cooperativa Artesanal de Mujeres por la Dignidad. Escuela Primaria Rebelde Zapatista com o desenho de uma cabeleira de mulher a ler. Um caracol pintado com a legenda: *Lento, pero avanzo*.

Caracol é um bom nome. Os indígenas têm tempo, os urbanos têm pressa.

Entretanto passou uma meia hora, e o indígena da *capucha* já veio buscar as duas raparigas que chegaram primeiro. Vão ser recebidas pela Junta de Buen Gobierno, explicou ele. Mais meia hora e volta para buscar mãe e filha. Vão ser recebidas pela Junta de Buen Gobierno, explica ele.

Agora chove a sério. Vejo do lado de lá do portão jovens estrangeiros de sandálias e trancinhas. Há aulas, ateliês, acampamentos. É como um campo de férias com uma causa.

Ah, cá vem o rapaz da *capucha* a subir à rua, com a minha carteira de jornalista na mão. Mas desta vez diz uma coisa diferente: «Pode entrar para tirar fotografias aos murais, mas a Junta de Buen Gobierno não a vai receber.»

Porque é que a Junta não me recebe? «Porque tomou a decisão de não receber.»

Porque é que as outras pessoas são recebidas? «A Junta é que decide.»

É possível entrar e falar com outras pessoas? «A Junta decidiu e portanto ninguém vai falar consigo.»

Como diria Kleist, num Caracol onde ninguém vai falar comigo eu não quero entrar, e portanto não vou entrar para tirar fotografias dos murais, até porque já tirei fotografias dos murais enquanto estive uma hora e tal à chuva.

E é assim que um «não», ainda à chuva, à espera da *combi--que-há-de-vir*, se torna no começo da história.

Saramago entrou em Oventic. Mochileiros-de-todo-o-mundo--uni-vos entram em Oventic. Porque é um jornalista não entra em Oventic?

E com esta pergunta entro no Centro Cultural Terradientro, que é o Caracol não oficial dos zapatistas em pleno centro histórico de San Cristóbal de las Casas. Lojas de artesanato com as roupas e os sapatos feitos naquelas cooperativas em Oventic, livraria de edições alternativas, restaurante bom-e-barato, por vezes música ao vivo: um sucesso.

Sentado ao fundo, o diretor, Ernesto Ledesma. Vai ser uma longa *platica*, acreditem. Ernesto começa por dar algum contexto.

«Quando os zapatistas surgem em 1994, abrem-se a um diálogo e um encontro e reconhecimento recíproco, tanto do mundo exterior aos povos indígenas, como dos povos indígenas ao mundo exterior. Quando vês que algumas pessoas são atendidas...»

Não algumas, todas menos a jornalista.

«Estou a chegar a isso. São elementos que quero que tenhas em consideração. Praticamente 90 por cento dos jornalistas que chegaram a comunidades zapatistas a dizer "Quero saber, quero entender para explicar" atacaram de forma duríssima as comunidades zapatistas.

Então houve assembleias de todas as comunidades. Um Caracol pode ter nove municípios autónomos, um município pode ter cem comunidades. As decisões tomam-se em assembleia de todas as comunidades, e depois em assembleia de todos os municípios. E essa decisão é porque uma e outra vez foram enganados. A maioria dos jornalistas chegou ali muito prepotente: "Nós vamos dar a informação do que vocês estão a fazer." Muito exigentes. Com um trato muito desrespeitoso para com os povos zapatistas. Então os povos zapatistas dizem: "Queremos respeito."»

E quando se apanha uma *combi* e se espera, como toda a gente?

«É que às vezes é o trato, e às vezes o repórter desinforma. Como tu chegas, não podes imaginar a quantidade de repórteres de todo o mundo e do México a querer falar com os zapatistas. Calculamos que uns dez por cento foram repórteres éticos, que respeitaram o que viram. A maioria manipulou. Não pretendo justificar os zapatistas, estou a explicar-te que motivos há. Chegou-se a acordos em assembleia...»
Para não receber jornalistas? «Sim.»
E porque não dizem isso antes? «É que há repórteres que já foram lá, que eles já conhecem, que fizeram o seu trabalho, e que entram. Ou seja, depois de fazerem o seu trabalho, regressam: "Olhem, este é o trabalho que fiz, aqui está o resultado do espaço que me abriram." Mas aconteceu com muito poucos. A repórteres que fizerem isso voltam a recebê-los. A outros que não sabem quem são, de onde vêm, não.»
Então Enlace Civil devia ter dito isso, não? «Enlace Civil não sabe. Os povos zapatistas dizem que não querem intermediários. Há uma desconfiança muito grande em relação aos repórteres, porque falsearam informação, tiraram fotografias sem autorização de forma desrespeitosa. E muitos académicos chegaram para sacar informação, e os companheiros e companheiras dizem: "Veem-nos como sujeitos ou objetos de estudo. Isso são os povos indígenas para os académicos." E então tomam-se decisões em assembleia consoante a experiência que há. E noutro Caracol a política pode ser distinta.»
Tudo isto, revela Ernesto, faz parte de uma mudança. Os zapatistas veem os jornalistas e os académicos como parte do sistema. Concluíram que nada no sistema os estava a ajudar, que não era assim que os problemas dos indígenas seriam resolvidos. E entraram numa fase de silêncio. É aí que estão.
«No que toca à dimensão do tempo e à dimensão do silêncio, a

conceção maia é outra. Posso entender que desde a cidade haja muita incompreensão dos silêncios.»

Memórias de Ernesto, a propósito do tempo, e do silêncio: «Recordo-me de uma conversa de alguns comandantes e comandantas indígenas, e um dizia-nos: "É que vocês têm pressa todo o tempo. Parece que vocês é que vivem aqui na selva, e que nós é que dormimos nas camas em que vocês dormem. Numa marcha, se estão cem, para vocês é um fracasso, têm que ser cinco, dez, 15 mil. Nós preferimos que sejam dez com convicção."»

Outra memória, de quando perguntaram a Marcos numa entrevista quais tinham sido os erros do exército zapatista: «"Não ter entendido que, quando chegámos às comunidades, chegámos propondo uma luta pensando nos que ali estavam. E tardámos muitos anos em compreender que eles pensavam numa luta pensando nos que aí vinham."»

Em suma, os zapatistas entraram em silêncio para repensar a sua estratégia. «Agora no México dá-se uma mobilização silenciosa, mais subterrânea, mais com as bases, e já não nos interessa se isso está nos *media*, se o intelectual famoso nos apoia ou não. A base social dos zapatistas agora é muitíssimo mais ampla. Antes era um vínculo com personagens mais públicas, agora é com personagens não públicas, ou seja, com a maioria. Há redes com base social na Cidade do México, em Chihuahua, em Sonora...»

O desaparecimento público de Marcos, que não é visto desde começo de 2009, tem a ver com isso? «Suponho que sim. Nessa entrevista, um dos erros que Marcos reconheceu foi o protagonismo de Marcos, porque acabou por ocultar o que havia por trás.»

Ernesto acha que o momento é de não falar. E depois haverá o momento de falar. «Quando terminem de preparar o que estejam a preparar...» Então é um silêncio de preparação? «Sim, sim, isso te posso garantir. Não creio que se esteja a preparar uma ação armada, mas uma ação política.» Talvez mais uma declaração da selva, admite Ernesto. «Saiu a Sexta Declaração da Selva Lacandona em 2005. Se calhar sairá a sétima. Não sei.»

O centro cultural onde estamos é um dos aderentes oficiais à Sexta Declaração. «Para nós, este é um território rebelde no coração de San Cristóbal.» Onde não se vende, por exemplo, Coca-Cola, «porque é a empresa que pressiona a privatização da água».

Embora aqui o diretor não mude de dez em dez dias, como fazem os membros das Juntas de Buen Gobierno, para que todos tenham oportunidade de participar no governo. Aliás, o lema do governo zapatista é «o povo manda e o governo obedece».

E desde que os Caracóis foram fundados, em 2003, que conseguiram estes governos revolucionários? «A organização é muito mais estruturada. Não apenas vai num processo de autonomia como também de autodeterminação. É a construção de um governo totalmente autónomo, na saúde, na educação, na justiça, nos temas agrários, tudo.»

Estamos a falar de quantas pessoas, num estado com quatro milhões? «Centenas de milhares», diz Ernesto.

Jan De Vos crê que são «dezenas de milhares».

Quem é ele? O historiador de Chiapas. Um flamengo que em 1973 aqui chegou e ficou. Foi convidado como observador em assembleias zapatistas. Marcos citava livros dele. A mulher de De Vos foi zapatista. Ele, aliás, acha que há mais mulheres zapatistas porque as mulheres são mais românticas. O portão de Oventic confirma essa ideia: eram cem por cento de mulheres à espera.

Tranquilamente sentado na sua casa de San Cristóbal — onde há alguns livros de Saramago (com afetuosas dedicatórias do Nobel) ao lado de vários livros de Lobo Antunes (de quem De Vos é grande leitor) —, este académico acaba de escrever uma *História Mínima de Chiapas*, a somar a uma já extensa bibliografia. E diz-me ele: há dez anos, talvez o apanhasse menos pessimista quanto à última revolução mexicana.

Comecemos por aí. Que silêncio é este, dos zapatistas?

«É um silêncio depois de terem passado muitos anos numa grande verborreia: os discursos, as declarações. Creio que se deram conta de que não estavam solucionando nada. E espero que se tenham dado conta da contradição tremenda entre discurso e realidade. Os zapatistas são uma muito pequena minoria, sempre foram. E dentro das zonas que dizem controlar as comunidades não são totalmente zapatistas. As comunidades indígenas e os povos mestiços estão em grandes divisões, políticas, religiosas. Cada comunidade está agora dividida entre um catolicismo que veio da Teologia da Libertação, quando D. Samuel Ruiz era o bispo em Chiapas, o catolicismo tradicional, que sempre existiu, e toda uma série de credos protestantes.» E depois há várias divisões partidárias, abrangendo o espectro político. «A gente chega de fora influenciada pelo que escreveram sobre o zapatismo, e pensa que aqui vai encontrar o que esses livros disseram. Encontram o que querem encontrar, mas não é o que realmente está a suceder.»

Em Chiapas, as elites sempre decidiram o destino. Decidiram ficar com o México e não com a Guatemala, na independência de há 200 anos, e decidiram que a revolução não entrava aqui, há cem anos. E pelo caminho morreu muita gente em guerras, fomes e misérias.

«É um estado muito complicado, que não tem nada que celebrar. Nem quanto ao centenário, nem quanto ao bicentenário. Na independência, quando havia que votar se iam entrar na república mexicana ou ficar no que então era o reino da Guatemala, a maioria votou pela Guatemala. Mas houve uma fraude eleitoral e as elites decidiram. A independência não foi feita pelos camponeses e pelos indígenas, mas sim pelos crioulos que tinham o poder e estavam interessados em libertar-se dos espanhóis, e sentaram-se eles mesmo nas posições do poder. E a revolução aqui passa em branco. É o único estado que se defendeu com armas contra a entrada das reformas da revolução. Os terra-tenentes fizerem uma contra-revolução que durou dez anos.»

Consequências? «Continua a governar a mesma família chiapaneca, as elites. É contra tudo isto que o movimento zapatista se organiza e levanta.» Em 1984, organiza-se. E dez anos depois, levanta-se. Quem eram as bases? «Basicamente indígenas, muito poucos mestiços. E, quando chegam, os guerrilheiros do Norte do México veem que aqui se pode formar um exército de insurgentes.»

O bispo Samuel Ruiz preparou-lhes o terreno? «Totalmente. Sempre se disse que Marcos se sentou num cavalo já artilhado. Por isso lhe foi possível.» Guerrilheiros ateus brancos que encontram o povo da sua revolução em crentes católicos indígenas.

«Na minha *História Mínima de Chiapas*, a história é como um rio. O rio produz várias correntes de larga duração, que são interrompidas por torrentes onde as águas são muito turbulentas, formando cascatas com muito ruído. E as cinco torrentes são: a conquista dos espanhóis; a "rebelião dos sendales", onde o regime colonial quase foi destruído; a independência;

a revolução e contra-revolução; e o movimento zapatista. Que vejo nestas cinco torrentes? Ruído. De palavras e de armas. E o maior ruído de palavras e o menor ruído de armas encontro-o nos zapatistas. O enfrentamento armado não durou mais que 12 dias.»

E 16 anos depois, diz De Vos, esta pergunta continua por responder: «Como e porquê mais de metade da população chiapaneca vive na pobreza? Como é que Chiapas se tornou o estado mais pobre e atrasado da república? E aí vejo que os zapatistas não fizeram nada para mudar isso, ao contrário. Ficaram cada vez mais fechados, menos representativos, deixando entrever que talvez o seu movimento pertença ao século passado.»

Houve um momento, crê, em que «deram à nação a ilusão de que realmente as coisas podiam mudar», mas depois isso não aconteceu. E porquê? «Porque não têm poder.» E porque não? «Porque os camponeses nunca tiveram poder nos países. Têm muita dificuldade em formar grandes mobilizações.»

E «na revolução mexicana morreu tanta gente para que aqueles que sempre tiveram o poder se sentassem no poder, dessa vez em nome da revolução».

Zapata foi absorvido pelo sistema, diz De Vos, tal como Marcos foi absorvido pelo sistema, a ponto de ter feito uma espécie de caravana pelo país no começo de 2006. «Um movimento que se respeita, que declarou guerra ao governo e ao exército mexicano, não pode entrar nestes jogos.»

E onde está Marcos agora?

«Suponho que já não está em Chiapas. Há que não esquecer que é parte importante, mas é um súbdito que tem de obedecer a comandos que estão acima. Sabia-se que o chefe era o comandante Germano. O movimento começa como guerrilha. Quem manda? Três comandantes, todos mestiços, urbanos, de

Monterrey: Germano, Elisa e Rodolfo. Depois chegam outros elementos também não indígenas: Marcos, Pedro, e outro de que não lembro o nome, três subcomandantes. A princípio não havia ideia de fazer um movimento indígena, era para funcionar em todo o país. E que se passou? Que só em Chiapas conseguiram formar uma força militar, com base indígena. E ao ver que tinham perdido as batalhas contra o exército mexicano, a 12 de janeiro decidiram jogar a carta indígena. Porque em nenhuma outra parte do México as forças de libertação se levantaram. Então há um período em que toda a gente vai com a bandeira de que foi uma revolução indígena. As tropas são em grande maioria indígenas, mas os que mandam no princípio não são. Agora creio que este defeito se corrigiu. Sobretudo quando o comando deixou à comunidade a responsabilidade de se organizar. Para mim, é o que salva os movimentos zapatistas.»

Ou seja, o melhor do zapatismo hoje, diz De Vos, pode ser encontrado na tentativa de autonomia dos Caracóis governados por indígenas, «ainda que sejam experiências de pequena escala e funcionem com grande dificuldade». E tenham um problema de autonomia: «São camponeses pobres. Não há empresários, não há académicos, não há comerciantes que valham a pena. Como sobrevivem? Com dinheiro que vem de fora. É a situação agora. Há anos e anos que o movimento zapatista vive de dinheiro e recursos que vêm de fora. De grupos de apoio que estão na Europa, nestes países capitalistas que tanto condenam. Uma tremenda contradição.»

Sendo assim, porque é que os Caracóis são o que salva o zapatismo?

«Porque também fazem coisas muito boas. A tentativa de sanar estes defeitos tremendos da política elitista. E são coisas muito românticas, mas que dão aos jovens a ilusão de que estão a mudar o mundo.» De Vos não crê que se esteja a preparar algo, ao contrário do que Ernesto sugere. «Porque estão totalmente controlados, rodeados pelo exército. Marcos fez grandes erros estratégicos e táticos.»

A polícia chegou a pensar que Antonio Turok era o subcomandante Marcos. Voltemos àquela conversa de Oaxaca em que a parte de Chiapas ficou adiada. Estava Turok a explicar porque é que acha que cem anos depois até o mais pobre dos pobres vive melhor.

«Vivi-o em Chiapas. A mim tocou-me andar em 1975-76 em lugares onde as pessoas não falavam uma palavra de espanhol. E todos diziam: "Aí vem o homem que vai converter os meus filhos." E todos os filhos se escondiam: "Ai, que ele vai fazer de nós sabão!" Isto há 35 anos!»

A gente indígena vivia fora do mundo. «Fora de tudo. Houve três anos de seca em Chiapas entre 75 e 78 e as crianças comiam terra porque não havia o que comer!»

E agora?

«Creio que o zapatismo não foi a revolução ideal, mas conseguiu pôr no mapa as comunidades mais retiradas.» E como vivem elas? «Pelo menos têm dignidade, já não saem agachadas. O alcoolismo que vivi em Chiapas... Às vezes ia a uma festa tirar fotos e o que via era todos estendidos, bêbados. Sabes qual era a bebida? Era *posh*. E nós dizíamos: "Vamos pôr-nos bem *posh*-modernos..." *Posh* em tsotsil significa remédios. De que é feito? De açúcar branco altamente refinado, de aguardente de 110, e têm seis horas para o fazer, porque é proibido pelo Estado. Um litro custa dez pesos, e a pobre mulher não comeu, mas não importa.»

O *posh* era «quase mais forte do que cogumelos alucinogénios, e mais violento», diz Turok. E agora «em todas as zonas zapatistas conseguiu-se cortar uns 80, 90 por cento» o alcoolismo dos indígenas. «Esta é a primeira geração de crianças que nasce sem o efeito do álcool em 500 anos. Isto é incrível! E é um sucesso do zapatismo. Que as crianças não nasçam de pais alcoólicos. Talvez de pais afetados por tudo em 500 anos, mas já não pelo álcool.»

Que sucessos mais? Turok responde com esta história: «Quando cheguei a San Cristóbal em 1973, uma manhã levantei-me às seis e fui caminhar. E vi 20 indígenas. Não sobre o passeio, porque era proibido aos indígenas, tinham de caminhar na rua. E amarrados todos como se fossem mulas ou burros. E porquê? Porque era proibido que um indígena ficasse na Cidade de San Cristóbal depois das seis da tarde.» Mas alguns ficavam porque iam vender os seus legumes, as mulheres que os compravam embebedavam-nos e eles acabavam por ficar. «Eu vi-o, como diria Goya, a mim tocou-me vê-lo. Colunas de indígenas, ainda bêbados, porque estas mulheres, para os roubarem, diziam: "Toma um copito." Começavam com um copito, já não podiam sair, vinha a polícia, roubava-os, e toca a andar nus, às seis da manhã pela rua.»

Nus? «Nus! Essa era a vergonha: "Tu, índio nojento, ficaste na cidade." Era indigno.»

Turok viu isto, com os seus olhos azuis. E a polícia achava que eram os olhos de Marcos, até que Turok lhes disse que talvez fosse um pouco estúpido, visto ter tirado tantas fotografias a Marcos.

Mas Marietta, a mulher de Turok, que está aqui ao lado, sabe que os olhos de Marcos não são azuis. Ela viu-os de perto: «São cor de café claro.»

Marcos estará com uns 52 anos. Tem filhos?

«Não sabemos», responde Turok. «Como diria Carlos Marx, perante a matéria reina confusão.»

❉❉

Acordo às oito no meu quarto com baldaquino e silêncio. Fico imóvel a olhar os bordados de Chiapas, as fotografias de Cisco, as flores de Dani. Lá fora há uma luz de inverno e cá dentro esta alegria.

Ontem à noite, quando cheguei, tinha um bilhete enrolado na porta a dizer que o pequeno-almoço estaria pronto às nove (mas se precisasse dele antes para deixar um bilhete). É o tempo de tomar banho e a mesa está posta com café acabado de fazer, melão, manga fresca, bananas vermelhas, pastel de ananás, cereais, iogurte.

Cisco já saiu para tratar das orquídeas, numa colina aqui em frente. O trabalho dele é cuidar das espécies únicas de Chiapas.

San Cristóbal de las Casas tem algo de remoto e gracioso que não existe em Oaxaca. Uma escala à altura dos índios.

Neste bairro do Cerrillo não há casarões com cafés e artesanato. As casas são coloridas mas pequenas e fechadas, marcadas pelo inverno, com ervas a crescer nos passeios, escadinhas, *graffiti*. Na fachada de Cisco, um gira-discos pintado. Adiante, uma Marlene Dietrich e «Liberdade para os presos políticos de Campeche». Adiante ainda, a cabeça de Frida Kahlo num corpo de bailarina. E ao fundo de cada rua, as torres amarelas de Santo Domingo, a amálgama de casinhas no vale, as montanhas com um travo de neblina.

Quem também vive numa destas ruas é Alejandro Reyes, o escritor que me deu os contactos de Mario Pugo em

Tepito, de Juan Carlos e Cristina em Ciudad Juárez, de Pablo em Oaxaca. Viveu anos na Baía a trabalhar com crianças de rua, antes disso andou pelo mundo, e em 2008 instalou-se em San Cristóbal. Concorreu com o seu primeiro livro, *A Rainha do Cine-Roma*, ao Prémio Leya, em Portugal, e foi o editor dele, Marcelo Teixeira, que nos pôs em contacto. Recebe-me na casa que partilha com a namorada e onde a mãe está de visita.

É um homem grande, de cabelo grisalho atado atrás e olhos que refletem a luz, como dois espelhos ligeiramente divergentes. Fala tão pausado e doce que é difícil imaginá-lo de casaco de cabedal em cima de uma mota a atravessar noites e desertos, mas foi isso mesmo que ele fez durante muito tempo. Quem vive assim vai deixando pesos para trás, e na salinha do quintal, onde Alejandro tem os livros, não há nada a mais. É uma pequena grande biblioteca.

Do Cerrillo ao centro histórico vai um passeio. O Cerrillo para viver, o centro para ir de passeio.

E no centro a grande rua pedonal é a Real de Guadalupe, que tanto oferece *tours* às ruínas maias e saias indígenas como pão francês e massas orgânicas. Vem a descer desde a colina até ao Zócalo, onde, como sempre, há uma catedral, vendedores de balões, jardim com coreto e, neste momento, um concerto para ajudar as vítimas do furacão em Monterrey.

Antonio Turok sugeriu-me um amigo antropólogo que tem trabalhado com os indígenas e é por ele que espero no coreto. Chama-se Luis Morales. Vai aparecer de chapéu. Primeiro Tepito, agora Chiapas. No México há mesmo muitos chapéus.

Sentamo-nos para um café.

«A presença e a influência dos zapatistas diminuiu», diz Luis. «Muita gente afastou-se ao ver que não se cumpriam as promessas. Mas eles estão a trabalhar nas comunidades. O projeto dos zapatistas continua a ser um projeto em que não participam instituições. Eles não concordam que as pessoas estudem em escolas públicas.»
Que conseguiu o zapatismo? «Vias de comunicação.» Há sítios onde se demorava quatro horas a chegar e agora demora-se 50 minutos. «Antes, o estado federal não nos dava ouvidos. E só trouxeram caminhos, água potável, eletricidade, telefone quando apareceu o zapatismo, para evitar que as pessoas aderissem ao movimento.» Outro «feito zapatista» é a conquista de território para os indígenas. «A população à volta de San Cristóbal duplicou. Tomaram território que era mestiço. Agora há muita população maia. É já a maioria. Penso que em breve haverá aqui um presidente da câmara maia.»
E o que é que o zapatismo não conseguiu? «Pois, a revolução. Não conseguiu tomar o D.F.» Está morto? «Não, está em *standby*.»

Neste fim de tarde, o programa de Alejandro, com a mãe e a namorada, era uma apresentação sobre a Palestina. Não estava propriamente nos meus planos passar um fim de tarde em Chiapas a ouvir falar sobre a Palestina, mas a apresentação acontece no Cideci, Centro Indígena de Capacitación Integral.
O Cideci é uma herança do catolicismo que o bispo Ruiz tentou construir em San Cristóbal, e continua a ser um centro importante para os indígenas pró-zapatistas. Aqui funciona, por exemplo, a universidade alternativa Unitierra. E foi aqui, conta-me Alejandro, que em janeiro de 2009 aconteceu o festival Digna Rabia, com a última aparição do subcomandante Marcos (há vídeos no YouTube).

Então fica combinado que irei lá ter com Alejandro. Mas ao fim da tarde está uma tormenta en San Cristóbal. Chuva pesada, nevoeiro, ruas cheias de lama. O Cideci é longe, nos arredores da cidade. Quando parece que já vamos subir a montanha, surgem uns edifícios coloridos com murais, e o taxista para. Alejandro, sempre gentil, vem buscar-me apesar da chuva, porque é difícil encontrar o auditório entre tantos pavilhões.

Foi justamente neste grande auditório, cercado por estas paredes de tijolo e diante destas centenas de cadeiras amarelas de plástico, que Marcos falou a 4 de janeiro de 2009. Nesse dia, pelo que se vê no vídeo, a plateia transbordava. Hoje está talvez a um terço, umas cem pessoas. Mas quando chego já aqui estão há uma hora e meia. Onde é que na Europa cem pessoas saíam para os arredores, numa quinta-feira à tarde, com chuva e nevoeiro, para ouvir falar sobre a Palestina?

Mas ainda não vi nada. O mais espantoso não é ter passado uma hora e meia e estarem aqui cem pessoas. O mais espantoso é que ainda vão passar duas horas e meia e essas cem pessoas não se vão embora. E os ativistas mostram filmes da visita que fizeram à Cisjordânia, imagens da luta contra o muro em Bil'in, ou contra o arranque de oliveiras. E cabeças escuras, algumas com longas tranças, ouvem sentadas, hora após hora.

A Europa não precisa desta história, Chiapas sim. Saber que numa luta tão sem saída continua a haver gente para lutar.

Tudo isto somado é uma experiência sobre o tempo. Porque aqui estou eu, a revolver-me na cadeira, a pensar a cada momento que agora é que aquele ativista na mesa se vai despedir. Mas não, a cada momento engata outro assunto, e ainda mais um filme.

Quatro horas sobre a Palestina.

«O tempo indígena é diferente», diz Alejandro. «Aqui as pessoas não saem antes de as coisas acabarem.» Mesmo quando levam muito tempo a acabar. A *platica* mexicana é da mesma raça que os discursos de Fidel.

Vamos debaixo de dois guarda-chuvas até ao carro, Alejandro e a namorada Claudia num, a mãe de Alejandro e eu noutro. E fechamos a noite com uma ceia na pizaria do Cerrillo onde eles costumam vir, num primeiro andar com vista para a praça, a falar sobre os imigrantes centro-americanos, e aquele assunto sempre paralelo, o narco.

Claudia, que dá aulas, diz que o plano de vida dos alunos é basicamente ganhar dinheiro.

Turok e Marietta falaram-me daquela igreja perto de San Cristóbal onde «não há padres». Que eu não deixasse de ir lá.

Fica em San Juan de Chamula, subindo a colina. A *combi* para na estrada, e a partir daí há que descer a pé uma ladeira, sempre à chuva. Ruas escavacadas, bancas com uma pilha de maçãs, outra de tomates, outra de bananas. Uma indígena molhada debaixo de um telheiro. Mulheres de saias compridas e xailes. Homens de chapéu branco. E chegando à praça da igreja é a festa.

Apesar deste céu branco, destas ruas cheias de água, está a acontecer um enorme almoço ao ar livre, com palco, músicos, mesas redondas e cadeiras de plástico debaixo de toldos publicitários e grandes pratadas de carne com arroz a sair. E na mesa de honra, cadeiras com laçarotes cor-de-rosa, homens com chapéu branco e casacos de pelo, mulheres com saia de pelo, *top*, xaile, sapatos de plástico. À volta, pequenos índios com caras de esquimó assam maçarocas. O coreto está lotado.

Atravesso todo esta *fiesta* para chegar à igreja, e sou a única não-indígena. Olham-me de viés.

A igreja é branca, com um debrum azul e verde no arco da entrada. Mas na porta há um sinal a dizer que os visitantes têm de ir primeiro ao posto de turismo. Um homem à entrada aponta-me o posto de turismo do outro lado da praça. Atravesso novamente a praça, sentindo-me uma penetra. No posto de turismo pago 20 pesos, pouco mais de um euro, e o homem dá-me um bilhete grande como um certificado. Volto a atravessar a praça.

E quando finalmente entro é extraordinário.

Não há bancos. O chão está coberto por caruma e velas acesas. Sentados e ajoelhados, alguns indígenas acendem mais velas. Cheira intensamente a cera, a erva e a incenso. O ar é pesado, trémulo, fosco. No teto há arcos de pano florido. Nas paredes, ramos. E a toda a volta, santos: Santa Marta, San Tiago, Virgen de la Magdalena, San Pedro Mártir, Santo Tomás, San Judas Tadeo, San Juanito, San Antonio del Monte, Santo Antonio de Padua, San Pablo Mayor, San Pablo Menor, Santa Rosa de Lima, San Agustín Mayor...

Cada um está numa caixa de vidro e madeira, com flores e velinhas aos pés, e claro que a mais alta de todas é a Virgem de Guadalupe, com centenas de flores e dezenas de velas. Diante dela, as indígenas murmuram uma ladainha, ajoelhadas com as suas saias de pelo.

O efeito geral é bruxuleante, porque como tudo está cheio de velas tudo ondula.

E o altar são caixas com o santo padroeiro, São João Baptista.

«Cada santo tem a sua festa», explica-me o zelador Mateo. «E são 198 santos.» O que dá festas quase dia sim, dia sim. «A caruma muda-se três vezes por semana. E em cada domingo, em cada boda, há um sacerdote tradicional. Mas durante a semana são só as orações em tsotsil.» Mateo faz turnos de 24 horas a cuidar da igreja.

Os indígenas saem a arrastar os pés na caruma. Há um único grande crucifixo encostado à parede.

Dentro da igreja é proibido, mas cá fora pode-se fotografar, e eu concentro-me nos relevos da porta, que parecem estrelas-do-mar e sóis. Como anda um menino à minha volta a espreitar, fotografo-o para que ele se veja no ecrã. Diz um dos guardas, sem a sombra de um sorriso: «Tiraste-lhe uma foto, agora dá-lhe dez pesos.»[*]

Na praça, os pratos já estão vazios em cima das mesas, mas as pessoas continuam sentadas, e a música segue.

Há cães à solta por toda a parte.

«A forma como os habitantes do México profundo conduzem a sua religiosidade dá-nos muitos exemplos de como se apropriaram de imagens e ritos católicos e lhes deram um significado diferente do original, porque os controlam a partir da sua própria perspetiva religiosa, que não é a cristã, mas sim outra, produto histórico de uma religião mesoamericana anterior», escreve o antropólogo mexicano Guillermo Bonfil Batalla.»[**]

Chamula rompeu com a igreja católica tradicional e aqueles que ousaram juntar-se às igrejas evangélicas foram mesmo expulsos da povoação.

---

[*] Quando voltei a Lisboa, soube, pelo Pedro Caldeira Rodrigues, que houve turistas alemães mortos em Chamula, há 20 anos, por não terem respeitado a interdição de fotografar a igreja.
[**] Citado em *Pedro Páramo Ya No Vive Aqui*, Paco Nadal, RBA Libros, Barcelona, 2010.

Jan De Vos, o historiador flamengo, falou-me dos «caciques indígenas de Chamula», do seu «afã de poder, de dinheiro», das «ligações ao tráfico de droga e de armas, muito mais que nas outras comunidades».

Tal como Oventic, Chamula é uma zona de indígenas tsotsiles, e o homem que agora está à minha frente vem de outro grande ramo maia, os tseltales.

Chama-se Xuno López, tem 36 anos e é sociólogo. «Eu ter estudado, foi um caso muito raro», diz, sentado num café de San Cristóbal. «Aconteceu porque fui para um seminário em Jalisco, e isso foi um veículo para me preparar academicamente. Houve um momento em que tive a ideia louca de ser padre, mas depois dei-me conta de que não gostava do discurso de colonização espiritual. Diziam-me constantemente que tinha de converter a gente do meu povo que pratica rituais pré-hispânicos. Entendi que não queria ser padre para ser conquistador espiritual dentro do meu próprio povo. Então regressei a San Cristóbal em 1996 para estudar Sociologia, e havia toda a questão do zapatismo. Fiquei assombrado. Assisti a reformas constitucionais. Impressionou-me a capacidade de convocatória que tinham.»

Agora investiga dentro das comunidades indígenas. «Filmo cerimónias e a partir daí gero pensamento sobre os rituais.» Como são as relações entre tsotiles e tseltales? «Às vezes são tensas, mas não que se possam confrontar.» Ambas as comunidades terão à volta de 350 mil pessoas, e há mais oito etnias maias. «O que é comum a todas é o respeito à mãe Terra, as festas tradicionais nas nascentes de água ou nos mananciais, as festas em certos espaços sagrados, que podem ser montes ou grutas. Para todos, o Sol é pai, a Lua é mãe, a Terra é mãe, e acreditamos que tudo tem espírito, objetos, matérias, pessoas, animais. Bater numa mesa pode doer-lhe porque tem uma alma. Quando atiras o milho, dói-lhe no coração.» Outra celebração comum é o dia dos mortos, que na verdade se estende por vários dias. «Último de outubro e dois primeiros de novembro. Come-se carne de vaca que fica dois ou três dias a defumar, e a comunidade junta-se.»

E quais são as diferenças entre as comunidades? «A língua, em alguns casos a vestimenta. Os tsotsiles são mais temperamentais, os tseltales mais carinhosos.»

Mas em todos existe desconfiança perante os forasteiros. «As pessoas perguntam-se: "És da CIA? Vais daqui direta ao governo?" E quando o contexto não é político a desconfiança tem a ver com a língua e com a história. Estamos a falar de povos ultrajados, vexados por gente que mentiu, que chegava de coração aberto mas na verdade com um propósito. Há que pensar que aquela pessoa aparentemente simpática tem um objetivo. Sobretudo quem está na resistência pensa isso. E na zona dos altos, como Oventic, há ainda a questão do clima. A costa é muito mais aberta. Mas chega muita gente a perguntar, a levar os conhecimentos, e a comunidade continua igual, nem melhor, nem pior. Há biopirataria, roubo de conhecimento sobre as plantas, sobre a medicina alternativa maia, com propósito de lucro. O mundo académico ocidental tem os olhos e as energias sobre os povos indígenas. E isso explica porque a gente não se abre. O sistema ocidental é predador. Agora gera tanto lixo que já não se pode sustentar.»

Do ponto de vista de alguém que é simultaneamente analista e indígena, o zapatismo representou o quê para as comunidades de Chiapas? Uma «tomada de consciência» com mudanças concretas: «Autogoverno, educação própria, economia local, punição de delitos de outra forma que não a prisão.»

Em relação ao álcool, Xuno acha que a igreja evangélica, que «aqui avançou muito», «teve um papel importante» na abstinência: «Entre os evangélicos há zero álcool. Mas nas comunidades católicas ainda há consumo, e por isso há mortes, gente que se suicida.»

De resto, as diferenças religiosas são múltiplas. «Chamula é o exemplo de católicos tradicionalistas que admiram os santos mas não leem a Bíblia. E há católicos que creem em santos e leem a Bíblia, como os adeptos do bispo Samuel Ruiz. E os protestantes leem a Bíblia e não creem nos santos, nem em Guadalupe.»

Porque é que Guadalupe é importante para a maioria dos indígenas? «É uma mulher vestida de raios de Sol, tem no seu manto estrelas, está sobre a Lua. Nessa mulher está representada uma cosmovisão dos povos originários do México. Se o México é mais guadalupano que católico, isso tem a ver com as suas origens. Na cultura maia existe a grande deusa.»

E o tempo indígena, porque é diferente?

«O Sol nasce, caminha e descansa. Só temos três momentos, amanhecer, meio dia e noite. Por isso temos tanto tempo. Não fragmentamos o tempo. O tempo é um todo. Há que fazer as coisas mas não com pressa. A falta de tempo tem a ver com o mundo urbano. O indígena levanta-se de manhã, bebe um pouco de café e ao anoitecer sabe que volta a casa.»

Um dos amigos de Antonio Turok em San Cristóbal é o poeta Pancho Álvarez. Demoro a apanhá-lo, mas quando finalmente falamos ao telefone descubro que vive também no Cerrillo, a umas ruas da minha.

É uma pequena casa, com um pequeno pátio, de onde sai uma menina vestida de princesa, neta de Pancho. «Hoje quebrou duas *piñatas* para que caiam as bendições, os doces, a eliminar as sete vergonhas maias», diz ele, pequeno e rijo, boné na cabeça, casaco de cabedal, enquanto nos sentamos na cozinha. E as sete vergonhas maias são «soberba, mentira, inveja, ira, roubo, ingratidão e ignorância voluntária, de que padecem todos os políticos e os chefes do narcotráfico atual».

Aos 64 anos, Pancho trabalha numa associação chamada Sna Jtz'ibajom (A Casa do Escritor), que promove a cultura tsotsil e tseltal com ateliês de literacia, programas de rádio e teatro.

Não é um natural da terra. Na verdade nasceu na Cidade do México, numa família mestiça, com sangue maia do Yucatán. Mas a rua onde viviam chamava-se Chiapas, e Pancho acha que isso era um sinal de que um dia acabaria aqui. Antes de vir ainda andou nas manifestações estudantis de 1968. Só não estava em Tlatelolco a 2 de outubro porque a mulher entrou em trabalho de parto. «O meu filho salvou-me a vida.»

Quando aterrou em Chiapas corria 1972. Vinha para ajudar a irmã, mulher de mil ofícios, incluindo pilotar aviões, cantar *jazz* e ter um restaurante. Pancho vinha ajudar na parte do restaurante, mas também a acompanhou no *jazz*. San Cristóbal apareceu-lhe como «uma Shangri-La, empedrada, colorida, com céu azul e as nuvens rodeando tudo, paisagens de bosque fabulosas, as comunidades indígenas...».

Tinha já uma relação com a cultura chiapaneca. Na Cidade do México conhecera Rosario Castellanos — filha de uma das grandes famílias rancheiras de Chiapas — e Jaime Sabines, poeta e político de Chiapas, a quem Pancho chama «D. Jaime Sabines». Foi aliás um poema de Sabines que lhe «salvou a vida» quando se ia suicidar por amor de uma chiapaneca com olhos violeta, filha de fazendeiros ricos, do cacau e do café.

E aqui e agora, nesta cozinha, Pancho ainda recita esse longo poema de cor, e sem hesitar.

Em vez de se matar, radicou-se em San Cristóbal. Para além da beleza, era «um ambiente muito romântico», com «uma presença constante da poesia, «noites em que apareciam mariposas gigantes», a «proximidade da selva, a aventura, o perigo, conflitos, levantamentos indígenas».

Conheceu Turok neste bairro, numa associação chamada Na Bolom, fundada pelo antropólogo dinamarquês Frans Blom, e pela sua mulher, a fotógrafa suíça Gertrude Duby. Numa festa em Na Bolom, lá estava Antonio, «meio escondido, a apanhar as pessoas nas situações mais estrambóticas», quase um miúdo, «muito pícaro, uma luz». Dias depois foi meter o nariz e a câmara num bairro muito fechado e Pancho deu com ele em fuga. «Perseguiam-no com facas e machetes. Quando o vi, vinha a voar com a sua gabardine preta, louro, de olhos azuis.» Puxou-o para dentro de casa, deixando os perseguidores à facada na porta.

De resto, havia «um ambiente surrealista de encantar», incluindo «histórias de aparecidos, de assombrações».

Pancho viveu o surgimento do zapatismo «com grande esperança» e hoje vê-o a mudar. «O subcomandante Marcos já não tem a presença que tinha. Foram formados os Caracóis e atravessam um processo de autonomia.» Ao mesmo tempo, o narco avança. «Infiltra-se nas comunidades, com grupos super armados, o que depois é desculpa para a presença do exército. Está em Chamula, muito, e em todas as partes. Há bairros aqui que já se sabe que estão infiltrados, onde os carros são ostentosos e se sabe que há armamento.»

Mas o que ocupa os dias de Pancho é a cultura maia. Crê que o derrame de petróleo no Golfo do México pode ser uma manifestação das profecias do livro sagrado *Chilam Balam*, segundo o qual dezembro de 2012 será uma espécie de apocalipse: «Prevê-se que possa haver desastres e a aplicação das sete vergonhas, que têm a ver com a falta de amor à natureza, como a lenda do *Popol Vuh* [outro livro maia] sobre os homens de pau que maltratavam as coisas, os animais, e tiveram um dilúvio de chuvas e fogo. No *Chilam Balam* é claro que os castigos da natureza vão chegar se o homem não mudar a conduta.»

Para os maias, há «um pacto elementar entre deuses e homens, por exemplo, nas colheitas», a ideia de que se o homem cumprir os seus deveres para com os deuses tudo correrá bem. Esse é «o caminho iluminado», e por isso os chamulas no Carnaval caminham sobre o fogo, simbolizando «o caminho da vida de cada pessoa».

Neste caminho são muito importantes os «espíritos animais companheiros», que podem ir de 1 a 13, explica Pancho. «Para algumas pessoas, passam desapercebidos, mas as que têm 13 são homens completos, com poderes especiais, que devem estar ao serviço da comunidade, em cargos espirituais, que reduzem a tendência à soberba.»

De resto «o que mais angustia o indígena é que a alma se assuste, se perca», se «por alguma das sete vergonhas, o animal companheiro escapar, for libertado pelo dono da terra.» Aí, «o homem fica em perigo», porque é o espírito animal companheiro que protege o homem.

Outro exemplo do pacto elementar: «Para construir uma casa pede-se autorização, senão a terra pode abrir-se como a boca de um jaguar e tragar-nos. Então há que fazer cerimónias nas quatro direções. Vem do conceito de casa piramidal, que representa uma montanha, com os quatro rumos, o presente, o passado, o que pode ser, e o que não pode ser. Essa montanha tem uma cova que conduz ao inframundo. O cume é o momento da criação, porque ao sonhar o universo o criador começou ao contrário, de cima para baixo. E as cores são vermelho a oriente, negro a poente, amarelo a sul ou abaixo, e branco a norte ou acima. O centro é a criatividade constante. Isso tem círculos que se vão cumprindo caracolicamente. Por isso se chamam Caracóis às estruturas da nova cultura que os zapatistas querem criar.»

Desço a rua para ir ver Na Bolom. É um belo casarão amarelo com um claustro e retratos a preto-e-branco ao longo das paredes, as fotografias que Gertrude Duby foi tirando em Chiapas.

Este espaço, que também funciona como estalagem, mantém um centro cultural, mas neste momento, já noite escura, está fechado. Só a biblioteca continua aberta, com a coleção de Frans e Gertrude. Centenas de livros muito lidos, mas também objetos de culto e de uso, brinquedos e estatuetas maias, fotografias, mapas e panos artesanais a forrar os sofás. É uma sala do tempo em que os académicos europeus se instalavam entre os indígenas como reis dedicados ao seu povo.

Vagueando pelos corredores vou dar ao jardim, que está aberto, mas na penumbra. Parece um formidável jardim botânico.

No restaurante há uma grande mesa corrida que em dias povoados voltará à vida, com gente acabada de chegar da Selva Lacandona, a grande paixão de Frans e Gertrude.

Mas esta noite Na Bolom parece tão vazia que só se ouviriam fantasmas.

Tem estado a acontecer um festival de *jazz* em San Cristóbal. Alejandro, a namorada e a mãe foram a um concerto e agora bebem *mojitos* num bar do centro. Vou lá ter e voltamos juntos ao Cerrillo, a casa deles. Sento-me com Alejandro na sala do quintal. Ainda não parou de chover. Quando acabarmos de conversar passará da meia-noite.

Alejandro nasceu e cresceu na Cidade do México. «Depois estive uns 13 anos nos Estados Unidos, entre San Diego e São Francisco, viajei pelo mundo cinco ou seis anos, estive nove anos no Brasil, outra vez Estados Unidos, e uma passagem por França.» Reencontrou o México em 2006, numa viagem de mota de São Francisco a Chiapas. E mudou-se para San Cristóbal em 2008, onde se tornou ativista da rede zapatista Otra Campaña. Ainda estão a tentar perceber como lidar com a infiltração do narcotráfico nas comunidades indígenas. «Há regiões em que está completamente fora de controle. Regiões onde as experiências autónomas campesinas já não se podem entender fora da realidade do narco. Creio que não sabemos como pensar isto. O que fazer.»

Se Alejandro tivesse de escolher um contributo do México para o mundo, escolheria «a criação de realidades fora do sistema capitalista, da crise da democracia representativa, da crise global da esquerda». A autodeterminação indígena prova «que é possível outra forma de vida». E por isso o preocupa «muito a intersecção entre autonomia indígena e narco».

«Esperamos por si em frente à igreja de Mitzitón», diz Osvaldo Díaz ao telefone. A primeira língua de Osvaldo é o tsotsil. Os tsotsiles não são as pessoas mais faladoras quando falam em espanhol com gente que nunca viram. E ao telefone tudo isto resulta num diálogo misterioso.

Na verdade, não percebo metade, mas um encontro será sempre outra coisa.

Então, saindo de San Cristóbal na direção da selva, Mitzitón é uma das primeiras comunidades indígenas. Uns 20 minutos de estrada em obras, com setas e sinais cor-de-laranja. Por causa das obras, justamente, é que nos vamos encontrar com Osvaldo e seus companheiros.

História breve, aproveitando o para-arranca: esta estrada leva à selva, e na selva há quedas de água, mas sobretudo há as ruínas maias de Palenque, meio devoradas pela vegetação. Já são um destino turístico, mas não de massas, porque a viagem demora seis horas às curvas. Para as massas não ficarem moídas, o governo está a abrir uma auto-estrada. E quando a obra terminar, o futuro será dos *autopullman*, centenas de autocarros enfim com margem de manobra.

Quem viu o que aconteceu nas ruínas maias mais perto de Cancún teme pelo destino desta selva. Para a maioria dos indígenas de Mitzitón é mais que temor, a auto-estrada vai entrar pelas terras deles. Mas há uma minoria de indígenas que está com o governo.

A luta pela selva não é só de dentro para fora, é interior.

Em Chiapas, múltiplas igrejas evangélicas estão a ganhar terreno aos católicos, já de si divididos entre tradicionais e progressistas. Isto percebe-se ao percorrer as comunidades, pequenos templos por toda a parte. Tal como as rivalidades partidárias se veem nas fachadas dos casebres indígenas.

Mitzitón. A igreja de Osvaldo vê-se da estrada, branca com um friso azul, num terreiro com restos de festa. À volta montanhas verdes e céu de chuva. Aparentemente ninguém.

Depois, ao fundo, o horizonte move-se.

São homens que estavam sentados, imóveis. Agora avançam, baixos, grossos, mãos nos bolsos, bonés e gorros. E quando param nem uma palavra. Ficam parados como um muro. Osvaldo? Um rapaz de boné diz: «Sim». Não sorri nem estende a mão.

Em San Cristóbal, ouvi uma história sobre o desconcerto dos primeiros contactos com indígenas: um tsotsil foi trabalhar para a cidade e, quando os colegas lhe pediam algo e ele recusava, dizia simplesmente: «Não.» A gente da cidade diz: «Não, desculpa. Por isto e aquilo.» Mas um tsotsil não sente necessidade de explicar. Não é não, sim é sim. Portanto, se uma forasteira está a perguntar por Osvaldo, Osvaldo responde: «Sim.»

Isto são 500 anos de abismo. A desconfiança faz carapaça.

Mas entre segundos de silêncio que nunca mais acabam e conferências em tsotsil, os companheiros tomam uma decisão: vamos sentar-nos na sala das «autoridades». É uma espécie de salão comunitário ao pé da igreja. Lá dentro há cartazes zapatistas e uma mesa de madeira com bancos corridos.

Osvaldo pousa o seu caderno. As moscas também pousam, e sentamo-nos todos. Osvaldo abre o seu caderno. Há um sistema nisto.

«Tudo começou em agosto de 2008, quando o governo federal anunciou a auto-estrada San Cristóbal-Palenque, que vai ser um novo Cancún.» Em Cancún, os *charters* despejam gente que não voa para o México, voa para Cancún. É uma espécie de último círculo do inferno. «E há mais de um ano tomámos a decisão em assembleia de não vender as terras», conclui Osvaldo.

Porquê? «Porque é tudo o que temos. Os nossos bosques, a terra de cultivo, dois poços de água.» O que cultivam nessas terras? «São 40 hectares de bosque, com pinheiros, muitos tipos de árvores, e dez hectares de cultura, batatas, hortaliça, feijões, macieiras. E dez casas.»

Que vos ofereceram pela terra? «O presidente da câmara veio cá, a 30 de março de 2009.» Octavio consulta o seu caderno. «Ofereceu telhados, pavimentos de rua, para nos calar um pouco. E decidimos não aceitar.» Esta decisão representa 540 famílias. «O outro grupo [que quer a auto-estrada] é de 98 famílias. Eles dizem que são evangélicos, mas não são, cobrem-se com a Bíblia. Andam com boinas, camisas verdes, calças camufladas, botas militares, armas pesadas.»

Não conseguirei contactar o pastor que os lidera, Esdras Alonso, mas há declarações públicas dele a assumir a existência desta milícia na sua igreja. «Ambos são dois, são um ente dual», disse Alonso à revista mensal *Contralínea Chiapas*, em 2008. E explicou: «O Ejército de Dios é o braço social político das Alas de Águila e as Alas de Águila são o braço religioso do Ejército de Dios.» Além de usarem camuflados e boinas, têm um comando chamado G-12, em homenagem aos 12 apóstolos.

Nessa mesma entrevista o pastor Alonso elogia o presidente mexicano Felipe Calderón, nem sequer reconhecido enquanto chefe de Estado por católicos zapatistas como Osvaldo.

Um exemplo das divisões políticas e religiosas que, segundo Jan De Vos, marcam a vida das comunidades indígenas neste momento.

O que se passa em Mitzitón, que não será propriamente comum entre as igrejas evangélicas, é esta igreja evangélica ter uma milícia. E quando a milícia começou a cortar árvores a comunidade de Osvaldo resolveu cortar a estrada. Então, de 1 a 5 de julho tomaram o asfalto em protesto.

«Estivemos ali dia e noite, com chuva e tudo, era permanente», conta Osvaldo. «Eles querem vender as terras porque alguns dos chefes já não vivem cá. O que era líder deles foi expulso por tráfico de imigrantes ilegais. E foi ele que começou a organizar essa gente, com tios e primos. São um grupo de delinquentes e, quando os companheiros tomaram a decisão de não vender a terra, começaram a atacar-nos, atropelaram um companheiro, feriram cinco companheiros.»

Um dos atacados está aqui. Chama-se Celiano. É um homem de barba rija e chapéu, camisa aos quadrados desapertada. Aos 36 anos, parece ter 50. Conta que uma tarde veio um grupo com armas e o levou numa carrinha. Julgavam que era o líder dos anti-estrada. «Amarraram-me a um poste e vendaram-me os olhos. Começaram a bater-me, às patadas. Depois deitaram-me gasolina e disseram que me iam matar. Só me soltaram às 3h30 da manhã.»

Saímos para ir ver os campos por onde a auto-estrada conta passar. Mas de caminho, porque a igreja está aberta, Osvaldo e companheiros entram. É uma versão modesta da igreja de Chamula, e de facto a comunidade de Mitzitón veio expulsa de Chamula, quando aconteceram as dissidências. O teto está cheio de panos estendidos a toda a largura. «É para que fique bonito, vai ficar assim até ao dia da Virgem de Guadalupe», diz Andrés Heredia, um companheiro de galochas, enquanto tira o seu gorro. Dentro da igreja, os homens descobrem-se e baixam a cabeça. Todo o desafio desaparece.

Há cestinhos com incenso e braseiros com incenso queimado. Há fitas feitas com caruma. Há muitas imagens da Virgem, com o seu manto de raios de Sol. «Para nós, a Virgem representa a Terra, e por trás dela sai o Sol», diz Andrés.

E cá vamos, numa carrinha, aos campos. «Aqui todos têm borregos, vacas, cavalos, porquitos», vai dizendo Andrés, que tomou o comando geral da palavra. Ovelhas a pastar, porcos, milheirais. Índias sentadas nas pedras com crianças e rebanhos.

Depois deixamos a carrinha na berma da estrada e entramos pelos bosques. Estes homens estão em casa. Sem bosque não há campos. «O bosque é importante para que chova. Para manter a água.»

※ ※

Seis e meia da manhã. Partida para Palenque numa carrinha de turistas. Logo na primeira hora de viagem percebe-se porque é que nesta estrada só cabem carrinhas, e depois da primeira hora são mais cinco, tipo serpentina.

A vegetação vai ficando tropical. Telhados de colmo entre bananeiras gigantes. O calor vai ficando espesso, até empapar. Cimento, hortas, animais: é a vida na selva.

Às 8h30 paramos no restaurante familiar El Ranchito. Aí, uma esplanada inteira está preparada para o pequeno-almoço de todas as carrinhas turísticas. Como muitos turistas não são mexicanos, alguns comem o que trazem ou só fumam, mas para os outros há rancho de faca e garfo. Em frente, a Cocina Económica La Chiapaneca e o bar Maribel estão fechados e os *comedores* Marianita, Violeta e Arcos estão vazios. Todo o negócio é feito com o nosso El Ranchito, onde aliás se destaca um cartaz do PRI.

De novo na estrada, cartazes zapatistas alternam com cartazes do governo a anunciar a entrega de estufas. Campos de milho, cavalos, anúncios de gente que vende queijos, mas também gasolina.

E isto que é, o Che? E ao lado *hasta la victoria siempre!?* E, não há dúvida, os bigodes de Zapata. São zapatistas a barrarem a estrada. O motorista sai, paga-lhes, eles afastam-se. «Tive de pagar dez pesos por cada pessoa», explica o motorista. Para todos os efeitos é um *checkpoint*. Para todos os efeitos é uma portagem. Uma portagem, digamos, política.

E uns minutos a seguir os turistas param porque são as quedas de água. Aqui, há um preço oficial, e os artesãos locais, que são tseltales, não estão nada satisfeitos com o facto de os zapatistas se terem posto a cobrar direito de passagem uns quilómetros antes, porque vivem destas carrinhas de turistas. De qualquer forma, entre todo o artesanato que fazem e vêm vender há zapatistas montados em cavalitos brancos, de todas as cores, aliás. Portanto, os zapatistas cobram aos turistas deles, e eles usam o zapatismo para bonecos.

Tudo isto se processa ao longo das escadas que acompanham a cascata, e que os turistas percorrem no afã de fotografar a selva. E em algumas destas bancas, cascata acima, há televisões ligadas com um evangelista a pregar como se fosse o nosso derradeiro dia. E meninas sentadas em degraus sozinhas com tucanos de pano, ou bananas curtas, ou saquinhos de plástico cheios de folhas de banana seca ou talos de cana-de-açúcar: «*Compre, está bueno, diez pesos.*» E raparigas sorridentes a venderem água de coco, ou de mão dada em passeio, algumas de blusa bordada, mas muitas de *top* de algodão e saia de ganga e maquilhagem, às vezes com os irmãos mais novos ao colo ou atrás. E, mais acima, mais evangélicos a clamar, porque é domingo.

Quando enfim chegamos a Palenque, é como se tivessem passado vários dias, mas na verdade é só hora de almoço. E ainda nos esperam centenas de degraus até ao planalto onde estão os templos. Então, sim, é o verdadeiro esplendor na selva, pirâmides que os arqueólogos arrancaram à vegetação, troncos que parecem cobras, flores carnais, lianas. Mas o sol está a pino, o calor é delirante, estamos prostrados. Qual era mesmo o objetivo? Ah, claro: subir as pirâmides, observar os relevos, encontrar aquela caveira de pedra.

E depois de tudo, quando por fim me sento à sombra, aparece Pedro. «O que viu é só dois por cento», declara ele, muito animador. «Ali dentro da selva há mais 1400 templos cobertos.» Ele sabe onde estão porque cresceu aqui. É um jovem tseltal de 16 anos, guia da selva desde os 13. Há os guias das pirâmides, e os guias das pirâmides devoradas pela selva. «Está a ver isto?», mostra ele, apontando uma espécie de morro densamente coberto de plantas. «O que está por baixo é uma pirâmide.»

Na aldeia onde Pedro mora, «alguns são zapatistas, outros não». Ele é mais futebol. A esta hora mesmo, está a decidir-se o campeão do mundo 2010. Pedro gostava de saber o resultado, mas estamos aqui os dois metidos na selva.

«Palenque já está vendido aos japoneses», anuncia ele. Ai é? «Sim. Vão fazer aqui uma auto-estrada e vão cortar as árvores.» E que pensa Pedro disso? «As árvores são sagradas, são a nossa natureza.»

Por exemplo, esta planta com flores vermelhas, como se chama, Pedro? «Tsahalté.» Parecem bicos de pássaro à volta de um ramo.

Mais seis horas de volta a San Cristóbal, aos soluços nos *topes*, uns altos de alcatrão para dissuadir a velocidade. Em Palenque um calor de estupor, e agora chuva e neblina nas montanhas.

Quem são os viajantes nesta carrinha? Tantos estrangeiros como mexicanos. À frente, um jovem casal: ele de Ciudad

Juárez, ela texana, vivem em Austin. A meu lado, um amor de verão: ele estudante de Biologia de Guanajuato com roupas de turista, chapéu de palha e camisa bordada, ela japonesinha a dormir no colo dele, com o seu iPod, artista plástica e turista contumaz, até em Óbidos, Nazaré, Lisboa e Sintra. Atrás, dois trabalhadores de Monterrey que estão em San Cristóbal a instalar uma máquina de fazer *tortilla*s. E no último banco um par de estrangeiros com quem não troquei palavra e um rapaz americano que parece uma versão de Cristo mais alta, mais magra e com olhos azuis.

Chama-se Mathew e na verdade é engenheiro genético, oponente das variedades transgénicas. Veio do Ohio para uma pesquisa de doutoramento sobre milho. Depois do Jardim Etnobotânico de Oaxaca, o milho parece-me um universo, e portanto vamos falando entre as cascatas e as ruínas, e ele ainda me conta que esteve em Oventic.

Então, para saber o resto da história, quando finalmente a carrinha para em San Cristóbal, resolvemos ir cear à pizaria do Cerrillo.

Conta-me ele que durante uns tempos leu tudo sobre o zapatismo, e viu neles os únicos oponentes locais ao milho transgénico. Tentou inscrever-se na escola de línguas que há em Oventic através de uma organização na Califórnia. Oventic exigiu um longo questionário. «No fim, disseram-me que eu não pensasse que ia para Oventic fazer experiências científicas, e além disso tinha o problema de não pertencer a nenhuma organização ativista. Eu respondi que como académico não podia pertencer a nenhuma.» A troca de *mails* foi «não convidativa». «Mas dei o benefício da dúvida. Podia ser culpa dos californianos e não dos zapatistas.» Como havia um investigador mexicano em San Cristóbal ligado ao centro de doutoramento, Mathew veio para cá, alugou casa e começou a visitar comunidades com esse investigador, para recolher sementes. «As comunidades em geral reagiram bem.»

Em Oventic passou uma noite. «Vi as casas com os murais e os estrangeiros, e tudo me pareceu menos genuíno do que nas outras comunidades.» E agora sente-se confuso. «Estou num momento de grande perturbação, porque aquilo que eu pensava que era o zapatismo, de ler o que Marcos escreveu, não o reconheci nesta experiência. A pureza, aquela pureza, não a encontrei.»

Como não há mais ninguém na pizaria e querem fechar, saímos a correr deixando o vinho. Mathew acompanha-me à porta do meu albergue e desaparece colina abaixo.

Não me lembrei de lhe pedir o *e-mail*, nem de perguntar o apelido.

Cisco chegou a San Cristóbal de las Casas em 1993. Então imaginem-no na manhã de 1 de janeiro de 1994, a começar a sua vida nova de gringo retirado do mundo. «Abro a CNN e leio: "Guerra no México". Pisco os olhos e leio "Guerra em Chiapas". Volto a piscar os olhos e leio "Guerra em San Cristóbal de las Casas".»

Qual Hollywood. De repente toda a ação estava aqui. Em menos de 15 dias os revolucionários cessaram os combates, e os simpatizantes começaram a chegar de mochila.

Mas a casa de Cisco não lhes serve. Não custa dez dólares por noite. Acreditam que enquanto aqui estive o outro quarto foi ocupado por um par de Portugal? Nunca tinham aparecido portugueses no Sol y Luna e na mesma semana esgotam a lotação. Mas como entrei sempre a desoras e saí sempre de

madrugada nem consegui trocar dez palavras com eles para contar quem eram.
 E agora vou partir.
 Cisco está diante da minha última taça de cereais, com a cara radiante de todos os dias. Um californiano transplantado em San Cristóbal. Já tinha desistido de ter uma família quando Dani apareceu. «É a única mulher sem bagagem que conheci. Percebes o que quero dizer com bagagem?»
 Sim, Cisco, fantasmas.
 Dani já saiu para ir ao mercado e ele vai sair para as orquídeas. Viu como os zapatistas mudaram o mundo e se fecharam ao mundo. Aos 58 anos esperou bem por isto: o parto está previsto para agosto [*].

---

[*] E aconteceu assim, de acordo com o *mail* de Cisco: «Kaila nasceu em casa, na nossa banheira. O trabalho de parto começou às quatro da manhã de dia 17 e Kaila entrou no mundo menos de 24 horas depois. Cortei o cordão umbilical uma hora depois, quando já estávamos a descansar na cama. Estatísticas: Nascida às 2h32 de 18 de agosto de 2010. 3,15 quilos. 49 centímetros. Cabeça, 33 centímetros, vai ser alta como as casas. Pele clara, cabelo escuro, talvez olhos azuis. Saudável. Gira. Que furacão de alegria. Este é o acontecimento mais espantoso da minha vida.»

Yucatán

Verde, verde, verde. Isto é o Yucatán visto do alto. O avião está longe de aterrar e tudo o que se vê é selva compacta, interminável. Uma mancha de selva cercada de mar por todos os lados menos um, água do Golfo à esquerda, água do Caribe à direita.

O Yucatán é aquela parte do México que podia estar separada. Na verdade esteve separada durante séculos. Havana ficava mais perto que a Cidade do México. Até Paris ficava mais perto que a Cidade do México. E os yucatecos foram a Paris, foram cosmopolitas. E Paris veio ao Yucatán, pelo menos a duas avenidas de Mérida: palacetes, alamedas, em suma, *boulevards*.

Claro que em Paris não há *moscos*. E quando aterramos em Mérida, as primeiras duas evidências são estas: a selva que se vê lá do alto não é como a selva alta de Chiapas; e a cidade de Mérida está tomada por uma epidemia de *moscos*, ou seja, mosquitos do Yucatán.

«É que choveu», dizem todos — o taxista, o senhor do albergue, o anfitrião daquele restaurante. Choveu: uma festa para os mosquitos. A água fica em poças e estamos nos trópicos. E portanto vamos dormir sobre o assunto, nós e os *moscos*, todos os *moscos* cosmopolitas do Yucatán.

Mas primeiro vamos a Paris, ao Paseo Montejo.

Lorenzo disse-me para esperar por ele no Impala. É uma esplanada de passar o serão, com doces e gelados, em frente a uma rotunda imponente. Fico a ver o trânsito: 4 x 4 reluzentes, *pick--ups* da polícia reluzentes, carruagens enfeitadas com flores.

Parece que cheguei da aldeia. Os lugares iluminam-se uns em relação aos outros. San Cristóbal encontra a sua escala depois de Oaxaca e antes de Mérida.

Mérida é daquelas cidades com cascos de cavalo e risos em trote pelas avenidas, sobretudo à noite. Faz eco. E ao longo do passeio, até onde alcanço, fachadas altas entre grandes árvores imóveis porque não corre uma brisa. Eu própria me começo a sentir imóvel, enquanto os *moscos* se concentram em pulsos e tornozelos. Como pode fazer tanto calor de noite?

A polícia deve ter rondas contínuas, porque já perdi a conta às *pick-ups*. E depois um carro do exército, que aliás também estava visível no aeroporto, entre o espetáculo das acácias.

Dois homens chegam num bólide branco e estacionam mesmo em frente à esplanada. Mal se sentam aparece um engraxador. Um deles estende o pé sem sequer olhar, e o engraxador ali fica no escuro, por baixo das mesas, a pôr a graxa com a mão. Quando acaba mantém-se parado, a olhar o nada, à espera que o homem engraxado acabe de falar ao telemóvel e lhe pague.

Tenho tempo de ver tudo isto porque Lorenzo está em pleno tempo mexicano em relação à hora marcada.

Quem é Lorenzo? Um dos contactos que o fotógrafo Pablo Ortíz Monasterio se lembrou de dar. Escreveu-me um *e-mail* a dizer que um casal de amigos, Lorenzo e Paula, tinham um cinema-centro cultural aqui, o La 68 (porque em Mérida as ruas têm números, e a rua deles é a 68), também conhecido como Casa da Cultura Elena Poniatowska.

Paula, que é filha de Poniatowska — a grande dama das letras mexicanas —, foi passar umas semanas na Cidade do México, mas Lorenzo está em Mérida. Não me disse que trazia um chapéu. Disse-me que tinha um bigode. E de facto: um bigode de heroi da Prússia num romance do século XIX, mas com jipe, *t-shirt*, *jeans* e rabo-de-cavalo.

Lorenzo Hagman, 41 anos, um *chilango* do D.F., ou seja um natural da capital, há oito anos a viver na península yucateca.

«O Yucatán é como um assunto à parte», diz, sentando-se a fumar. «Aqui não chegaram Villa, Zapata nem Cortés. É a única região do país onde se continua a manter uma distância em relação ao centro. As pessoas aqui são muito mais educadas. Posso deixar o carro com a janela aberta e os meus discos lá dentro, e as pessoas respeitam. É a região mais civilizada, e Mérida é a cidade mais segura neste momento.»

Porque há tantos carros da polícia, ou apesar de haver tantos carros da polícia? «Essa presença agora é uma operação de propaganda, depois da vitória do PRI.» Aqui, nada de alianças vitoriosas.

Mas a segurança, ressalva Lorenzo, não quer dizer que o Yucatán esteja afastado do narco. Cercado de água por todos os lados menos um, é um acesso natural e, na pontinha que dá para o Caribe, está o cúmulo do turismo de massa: «Cancún é uma das portas da droga.»

E isso convive com um orgulho maia mais afirmativo e extrovertido do que em Chiapas. «Aqui, vais a uma festa do *jet-set* e tens gente a falar maia.» Este *jet-set* é conhecido localmente como *casta divina*, a gente herdeira das grandes fazendas yucatecas, das fortunas que aqui se fizeram, graças «a um sistema quase de escravatura». «O Yucatán foi o que manteve o México antes do petróleo, com a produção de sisal com que se faziam as cordas, e com isso fizeram-se grandes fazendas. Chamavam-lhe "ouro verde".»

Lorenzo aponta um palacete do outro lado do Paseo Montejo. «Aquela é a casa francesa dos Barbachán, os donos de Chichén Itzá.» A mais célebre ruína maia do México. «Para os yucatecos elegantes, os da Cidade do México eram uns mal-educados, uns corruptos. Os filhos deles iam estudar em Paris, e não no D.F.»

Foi neste mundo que Lorenzo aterrou. E, com a mulher, construiu o La 68. «É uma plataforma para mostrar o que as pessoas sabem fazer. Elena diz que a cultura é saber fazer.» Elena Poniatowska, a sogra. «Temos ateliês de fazer sabão, cozinha para crianças, literatura... Alguém chega e diz: "Eu sei fazer isto e gostava de fazer um ateliê."»

Para além disso, Paula tem «um projeto de fotografia no Hospital Central, onde chegam os pobres de toda a região, e uma loja de comércio justo», por exemplo com bordados. «Aqui o bordado é uma coisa de todos, mulheres e homens. Ao mesmo tempo, as pessoas aqui não têm acesso a documentários. Não passam na televisão pública.» Então, três dias por semana, La 68 passa «três documentários diferentes, ao ar livre», e «a resposta do público tem sido incrível». Como tudo acontece num pátio coberto, é possível projetar mesmo quando chove. «E fazemos conferências telefónicas com o realizador. As pessoas já começaram a ficar dependentes.»

Há uma razão para a selva do Yucatán ser baixa: a terra é pouca, só uma camada por cima da rocha. Há quem acredite que foi aqui que caiu o meteorito que extinguiu os dinossauros. Há mesmo quem acredite que o Yucatán é esse meteorito.

O Yucatán é assim, sem problemas de auto-estima.

Autocarro das 9h15 de Mérida para Chichén Itzá. Ser a mais divulgada ruína maia do México faz com que esteja a caminho de se tornar a ruína menos maia do México: gente, gente, gente, e gente a vender, e portanto gente a comprar.

O autocarro chega, despeja a sua multidão no parque de estacionamento onde há mais algumas dezenas de autocarros. Cancún fica do outro lado do Yucatán, mas isso quer dizer só três ou quatro horas de viagem, e portanto os turistas aterram em Cancún e fazem sete dias de praia com meio dia de Chichén Itzá pelo meio. Chichén Itzá é a vitamina de Cancún, um comprimido de história maia, magia e México.

Várias bilheteiras. Filas em todas as bilheteiras. Um átrio babélico, com alemãs de calções, anciãs de cor-de-rosa, crianças em carrinhos, pançudos de todas as espécies, Food Court, Money Exchange, Snack Store. E depois dos torniquetes, aí vamos nós, a caminho dos maias.

Mas os maias em carne e osso anteciparam-se. Ainda não chegámos à clareira das ruínas mas já podemos fazer negócio. Caveirinhas, pulseirinhas, mantas, cerâmica. Uma índia varre o chão, junto à corda onde pendurou vestidos bordados. E ao longo de todo o caminho, bancas a perder de vista.

Sigamos. Lá ao fundo é a história, e a história não desilude.

Ao centro, a elegante Pirâmide de Kukulcán: quatro faces, quatro escadarias, quatro estações do ano. E a toda a volta mais pirâmides e templos, cabeças de jaguar de bocarra aberta, muros com perfis de caveiras, caminhos na floresta que levam a mais ruínas, todos cheios de artesanato.

Tomemos, por exemplo, o caminho do Cenote Sagrado. Os cenotes são os poços naturais dos maias. Crateras de rocha, cheias de água, por vezes com estalagmites e estalactites, trepadeiras e árvores. Os maias usavam-nas para as oferendas sagradas, quando queriam, por exemplo, pedir chuva. Claro que as oferendas sagradas incluíam seres vivos, e humanos. Agora, o Cenote Sagrado de Chichén Itzá está cheio de uma água verde-opaca que não dá vontade de mergulhar, mas é bastante sugestiva quanto à parte das oferendas.

E, retrocedendo, os mercadores, sempre os mercadores: colares de turquesa, pirâmides de jade, facas de obsidiana, rapazes a esculpir madeira. A esculpir? Então não são apenas mercadores.

«Esta é a serpente Kukulcán que se vê durante o equinócio na pirâmide», diz Roberto, mostrando a peça de cedro que tem no colo. Kukulcán é a versão maia da Quetzalcoátl azteca. «E aqui em baixo está o jaguar, e esta é a cara do guerreiro. Vemos as figuras nos templos e damos-lhes forma.» Com esta faca especial, feita de uma única peça de ferro, desde o cabo à lâmina.

Aos 27 anos, Roberto é pai de três filhos: «Tenho um de oito, outro de seis, e outro de seis meses.» E todos os dias caminha até aqui com as suas sandálias de plástico, desde a aldeia onde vive, onde todos estes mercadores, aliás, vivem: Piste, a um quilómetro. «É uma aldeia maia», resume Roberto. Católica, mas por cima da camada maia. «Quando se semeia, pede-se ao deus que a colheita seja boa.» Que deus? «O deus do monte, o deus da chuva, para que as plantas cresçam.» Entre a gente de Piste, ainda «há os que trabalham no campo, plantam milho, feijão, abóbora», e depois há «os que trabalham no artesanato, a madeira, a pedra, a pele, as *hamaca*s». Individuais, de casal, de deitar ou sentar. Os artesãos fazem-nas em Piste e vendem-

-nas diretamente aqui, a um quinto do preço que custam em Mérida.

«Chichén Itzá é um meio de gerar um pouco de emprego», diz Roberto. Enquanto fala, as mãos aparam lascas de cedro. Quanto vai custar esta peça? «Trezentos pesos. A madeira custa-me cem e demoro dois dias a fazê-la.» Dá 200 de lucro, ou seja 12 euros.

O inferno de uns é sempre o ganha-pão de alguém. O inferno é um ponto de vista.

Antes, «era possível subir à grande pirâmide e ver todas as árvores, como um manto», diz ainda Roberto. Mas agora há uma cordinha. Tantos turistas gastavam os degraus.

Voltando à clareira e seguindo por outro caminho vamos dar ao antigo mercado de Chichén Itzá, onde os mercadores do século VII terão vendido os seus produtos. Prosseguindo a tradição, mais dezenas de bancas, por exemplo a de José, 20 anos, que também esculpe madeira, mas de acácia, «porque é mais macia». Está a fazer um jaguar que lhe leva dois dias, mas se vende a 660 pesos (40 euros). E não há gastos com a madeira. «Vou buscá-la ao monte.»

Como se chama o deus do monte? José não sabe, mas Daniel, que está ao lado, sabe isso e muito mais, apesar de só ter 19 anos. «O deus do monte é Yum Caax.»

E a seguir explica a logística deste mercado: cada vendedor paga por semana o equivalente a quatro euros, e ao todo há 800 bancas. «Agora, só os mais velhos trabalham no campo. A maioria trabalha no artesanato e ou em restaurantes e hotéis.» Depois, «há aqueles que «preferem meter-se em coisas más». Narcotráfico? «Sim, mas aqui ainda é pouco. Álcool, gangues.»

Num dia bom, Daniel pode fazer 400 pesos, ou seja 24 euros. «Antes trabalhava numa fundação para difundir a língua maia.» Começou a trabalhar aos 16 anos. «Com a ajuda do turismo, a vida melhorou. O povo depende do turismo. Sem turismo não seria nada.» Mas isso está a levar ao abandono da terra, o que preocupa Daniel. «A terra é sagrada porque daí provém o alimento. Se quero comer *tortillas* tenho de plantar, e cuidar e esperar.» E rezar. «Os maias tiveram muitos deuses mas acreditaram mais no que está no céu, Hunab Ku, que significa Primeiro Sol.»

Daniel conta todas estas coisas sem tentar vender nada. Depois, quando a minha caneta acaba, vai buscar uma caneta para me dar.

Há atalhos de volta à clareira, e em todos alguém vende algo. Malaquite, quartzo, ónix. Borboletas, máscaras, tartarugas, taças, sacos, anéis. Sopradores de flautas que imitam bichos.

Estão aqui porque os deixam, e estão aqui porque não têm melhor. Cada qual desempenha o seu papel.

E os turistas nunca estarão sozinhos, serão a todo o momento recordados de que são turistas iguais aos outros, magotes de gente com garrafas de água à volta de guias que repetem «a profecia maia segundo a qual o mundo acabará a 21 de dezembro de 2012». Chichén Itzá não está feito para viajantes solitários, as referências escritas não abundam, os guias humanos também precisam de desempenhar o seu papel.

«Cada face tem 92 degraus, que são os dias que vão do equinócio ao solstício», explica um guia mexicano com o seu grupo diante da Pirâmide de Kukulcán. «Dá 364 dias! Isto é um calendário solar! Feito por um povo agricultor!»

O deus Quetzalcoátl (ou Kukulcán) chamava-se assim por usar as belas plumas verdes do pássaro quetzal (ou *kuk*). E esta pirâmide, creem os maias, guarda o canto desse pássaro.

É verdade que o sol está uma lança, e tudo foge da clareira, mas o guia pede só um pouco mais de paciência. «Agora vamos escutar o quetzal.» Caminha uns passos para a pirâmide, contando alto, e bate palmas. Ouve-se um eco de pássaro na pirâmide. O guia volta-se, exultante. «Ouviram o quetzal? A pirâmide tem uma arquitectura acústica nos seus quatro lados, e isso servia para comunicar. Imaginem, 40, 50 mil pessoas a baterem palmas! Cada face da pirâmide é uma estação do ano. Estamos a rogar para que não haja um furacão e os maias rogavam o mesmo!»

Então, as crianças caminham uns passos para a pirâmide, contando alto, e batem palmas. E o quetzal responde, responde sempre.

À saída de Chichén Itzá, há um painel em que os trabalhadores arqueológicos declaram ser contra a utilização da zona para fins não arqueológicos. Ou seja, o mercado.

julho é um bom mês para o deus Chac. Com o seu machado, Chac fura as nuvens e faz chover. Enquanto os meteorologistas dizem que julho é época de chuva, os maias sabem melhor: a chuva é uma recompensa, há que merecê-la. E por isso há 1500 anos lançavam ouro, jade, incenso e homens nos cenotes. Existem milhares de cenotes no Yucatán, alguns a grande profundidade. Na cultura maia representam a ligação às águas do inframundo, uma forma de comunicar com os deuses. As maçarocas podem ser uma criação humana, mas sem chuva não há milho, e a chuva vem de Chac.

Claro que em 2010 os maias já não lançam ouro, jade ou incenso para os cenotes, mas continuam a lançar homens. A ideia não é que morram e sim que paguem. É a colheita turística.

O cenote em que entro, a uns quilómetros de Chichén Itzá, tem jardim, restaurante, balneários com cacifo e *pullmans* vindos de Cancún. Mas descendo a escadaria escavada na rocha, 25 metros para baixo da terra, o cenário é tão poderoso que acontece aquele milagre propriamente mexicano: o tempo cinde-se e as duas metades coexistem em paralelo.

O tempo sucessivo dos chinelos de plástico e da obesidade está aqui, a recuperar dos *burritos*. E o tempo circular da natureza maia também aqui está, com o seu sol a entrar pela grande cratera, as águas cristalinas ou sombrias consoante a sombra, as lianas que se enroscam no cabelo, as seis quedas de água fresca, as raízes cheias de limos, as copas das árvores ao vento.

Então, os cardumes de pequenos peixes abrem-se à volta das mãos, e quando venho à superfície os turistas desapareceram. Flutuo à mercê de tudo o que estiver a 20 metros de profundidade, desde o primeiro maia que aqui mergulhou, depois de muito sangue ter sido derramado, em perfurações rituais. A água não está demasiado fria e a terra está no lugar do céu, porque é lá em cima, longe, que crescem as árvores. Vista daqui, a superfície da terra é o céu.

É uma perspetiva da morte.

Talvez o Letes, o rio do esquecimento na mitologia grega, fosse assim, mas um cenote não é um rio. Esta água não corre, recebe a que cai.

Todos os antigos acreditavam que a morte era uma passagem, e dentro de um cenote estamos mais perto de acreditar. Como Chac, senhor da chuva e dos trovões, empunhamos o nosso machado de pedra, esculpimos serpentes, tartarugas e jaguares nos palácios, somos contemporâneos do *Chilam Balam* e das colheitas abençoadas, vamos cozer milho e abóbora.

O círculo guarda o seu mistério: voltamos ao princípio.

De Chichén Itzá aqui é uma pequena corrida de táxi. Mas daqui a Mérida é uma longa viagem de autocarro. Terei de voltar a Chichén ou haverá algum que pare no cenote?, pergunto na receção. «Sim, mesmo em frente há um autocarro para Mérida a cada meia hora.» Saio, atravesso a estrada e espero 55 minutos, até perceber que «a cada meia hora» é às 16h30, 17h30, 18h30. Teria acabado de passar um quando cheguei.

E quando enfim chega o seguinte vou conhecer todas as aldeias do Yucatán entre o cenote e Mérida, porque não é um autocarro direto. Intermináveis retas com aquela selva baixa de um lado e do outro, e volta e meia um desvio para um caminho cheio de água, que vai dar a uma praça com uma igreja colorida com palmeiras, muros cheios de anúncios e campanha eleitoral, casas de cimento com telhado de colmo, barracas de *tacos* patrocinadas pela Coca-Cola, templos jeovás e evangélicos, bicicletas-riquexó coloridas.

Chove torrencialmente, depois para. Quando chegamos a Mérida, a água nas ruas está acima do passeio.

Tenho encontro marcado com Efrén Maldonado, um *cartoonista* que também é radialista e me foi sugerido por um dos contactos de Lorenzo. A esta hora, fim de dilúvio, Efrén está no ar, a fazer o seu programa político. E seguindo todas as indicações dele dou por mim em pleno estúdio, com um ex-presidente da câmara, gordo como Michael Moore, incluindo o boné, a analisar os resultados das eleições.

É um estúdio quase de improviso, com as paredes forradas de espuma, mas Efrén e o seu jovem co-apresentador são dois barras. E quando o programa acaba Efrén tem já uma ideia para o que se segue: vamos deste estúdio de rádio para o estúdio de televisão onde quatro amigos seus estão a participar num programa. Serão os melhores apresentadores do mundo do que é o Yucatán, acha ele.

Então, como Efrén é uma estrela da casa, entramos pela televisão adentro, até ao estúdio, que está aberto, e assistimos ao fim da emissão por trás das câmaras.

A quadrilha de sábios é composta por José Huchim (arqueólogo), Miguel Gumez (antropólogo), Martiniano Alcocer (jornalista) e Luiz Perez Sabido (dramaturgo). Uns nos 40, outros nos 60, talvez mesmo 70.

Com Efrén e eu, somos seis à mesa, para acabar a noite, cervejas para todos, guacamole e batatas fritas.

Luis: O Yucatán não se parece com nada, porque esteve desvinculado do México muito tempo. Só em 1906 veio cá um presidente e só em 1950 chegou o comboio do resto do país. Aqui na península, tínhamos estradas e linhas de comboio, mas não ligadas ao resto do México. Ia-se de Mérida ao porto de Progreso, daí, com bom tempo, apanhava-se um barco para Veracruz e daí um comboio para o D.F. Estamos a falar de uma semana de viagem. Mas estávamos ligados a Havana e a Nova Iorque. Então a gente yucateca estudava em Havana, era mais rápido e mais barato. E a gente de dinheiro ia estudar a Paris, e por isso vês os edifícios do Paseo Montejo como os Campos Elísios. E a roupa era francesa, e os médicos falavam francês. Isso de *bon vivant* que temos vem daí.

Martiniano: Essa cerveja que vais tomar, León negra, é do Yucatán. Havia refrescos yucatecos, tapas yucatecas, cigarros yucatecos, fósforos yucatecos.

Efrén: Os yucatecos têm uma paixão pelo que têm.

Martiniano: Tínhamos bandeira e houve uma declaração da república.

Luis: Durante a época colonial, o Yucatán era a capitania. Não pertencia ao Vice-Reinado do México. E obtém a sua independência de Espanha de forma pacífica.

Martiniano: Chamaram-lhe Guerra das Castas, mas era uma guerra de camponeses. Aqui não havia ouro, não havia metais, só pessoas. As fazendas de animais funcionavam com as pessoas, como escravos. Eram propriedade dos fazendeiros. E o Yucatán foi o único lugar depois da Independência do México em que se manteve essa condição. Milhares de maias como empregados escravos. Então a guerra de castas, em 1847, aconteceu porque já não podiam suportar aquela situação. Até 1852 foi a fase mais forte da guerra: 300 mil mortos, metade da população. Muitos maias foram para Belize e para Cuba. E antes da guerra de castas os fazendeiros vendiam maias aos fazendeiros de Cuba.

Miguel: A presença cubana foi muito importante aqui no século XIX e começo do XX. Temos palavras cubanas como *chebere,* bonito, bom, ou *guagua*, que é um autocarro. Na comida, os *nuenos y cristianos*, que é arroz com feijão. *Ajiaco*, que é um cozido. Apelidos como Menéndez, Urzzais, Montes de Oca, De la Peña.

Luis: Os estudantes casavam-se com cubanas e vinham para cá. Muitos yucatecos ficaram a viver lá. Na música há géneros cubanos como a *crioulla*, que no Yucatán se desenvolve com o nome de Clave.

E Luis desata a cantar, e bater palmas no ritmo: *Yo sé que últimamente te venero...*

Luis: O bolero é um género cubano que se cria em Santiago em 1883-5 e está presente no acompanhamento guitarrístico ao estilo yucateco. E também temos influência da música colombiana, o *bambuco cantado*, um género musical. Daqui saiu Fidel Castro antes da revolução.

Efrén: Temos uma amiga que foi namorada de Fidel.
Luis: Fidel apresentava-se com o seu segundo nome, Alejandro. Quando chegou a Cuba havia 13 ditaduras na América Latina! Então ele era toda a expectativa da América Latina.
Martiniano: Celebrámos a revolução cubana.
Luis: Com regozijo! E depois ele começou a pôr títeres e mais títeres.
Efrén: Fidel, o tiranete do Caribe! Recebi um prémio das mãos dele.
E como o veem agora?
Luis: Cheio de saúde!
Efrén: Mal. Fidel não morreu a tempo ou não soube mudar. Fez as clínicas, as escolas, a solidariedade. Mas depois de fazer isso, ficou e ficou e ficou.
Luis: Em Cuba havia uma prostituta em cada poste e agora há duas.
Efrén: Miúdas de 18 anos, lindas, estudantes de Medicina. Deitam-se contigo por um jantar.

José Huchim, o arqueólogo a quem todos chamam Pepe que até agora não falou, despede-se, depois de se oferecer para me mostrar amanhã as ruínas de Uxmal, a outra grande zona arqueológica maia do Yucatán. É o próprio diretor do sítio.

E na roda dos que ficam, o tema agora é a violência, não em Cuba, aqui mesmo.
Luis: Aqui podes sair às três da manhã. Eu vejo a violência pela televisão.
E Cancún, como porta da droga?
Martiniano: Cancún é uma amálgama de gente, não é o Yucatán. Em Cancún há gente de todos os lados, até do Yucatán!

É a recetora da mão-de-obra. Vão milhares de yucatecos para lá como operários, empregados de mesa...
Luis: A força de trabalho e o talento artístico de Cancún são yucatecos. Era uma praia lindíssima, desabitada. Não tinha identidade cultural. Mas nós não vemos o Caribe como nosso. Toda a península se chama Yucatán, mas como unidade representa um perigo para a república. Então tiraram-lhe Campeche, com o melhor da fauna marinha e da terra fértil, e fizeram um estado, e depois tiraram Quintana Roo, as praias, e fizeram um estado. E deixaram-nos a pura pedra. O solo é pedra caliça com 30 ou 40 centímetros de terra por cima. Por isso é que não há selva grande. No Yucatán, todas as belezas foram feitas pelo homem.

Ontem, no Zócalo de Mérida, o empregado de mesa disse: «Portugal? Vocês têm o Pantera Negra!» E agora o taxista diz: «Portugal? Vocês têm uma Virgem!»

Fico na estação das *combis* que vão para Progreso. Quero ir ver as águas do Golfo do México, e Progreso é a praia mais perto de Mérida. Uma meia hora.

Estamos à espera que a *combi* encha e a música tão alta como sempre. Quando arrancamos, disfarça um pouco.

O centro de Mérida está pobre e decaído, com velhas casas que foram lindas. E os subúrbios têm cinemas Multiplex, Sanborns e restaurantes com relvados. Quem vive bem não vive no centro. Efrén, por exemplo, vive num clube de golfe. Progreso. Como é «a» praia de Mérida esperava uma marginal sobrepovoada com água suspeita. Mas não. É uma antiquada praia de águas verdes e mansas, esplanadas ao longo da marginal.

Sento-me numa para tomar o pequeno-almoço. No fim da lista há a versão continental, tostas com manteiga e compota, sumo de laranja. À minha frente, sete amigas balzaquianas estão na versão *hardcore*. Ovos e molhos e batatas fritas. Todas com excesso de peso, e todas com filhos pré-adolescentes e adolescentes com excesso de peso a beberem Pepsis enquanto vagueiam pela esplanada.

A água está morna e é transparente, com fundo de areia branca. Do outro lado deste Golfo está o maior derrame de petróleo da história. Quando cheguei havia uma brisa, agora há mesmo vento, e mais ondas. Mas o sol arde, nenhum frio. Um menino mongoloide investiga a areia e sorri para as pessoas a nadar.

Vêm vender pulseiras e *hamaca*s. E depois um velho com uma guitarra vem vender canções. Para ao pé de mim e propõe uma canção, como um colar ou um coco fresco.

Queria dar um mergulho no Golfo do México. Já está. É o tempo de secar e volto a dobrar a esquina, a caminho das *combis*.

Mas na esquina há uma loja de artesanato com um homem gordo e afogueado que acaba de voltar da Florida. Chama-se Richard, nasceu em Pensacola, do outro lado do Golfo, onde as águas costumavam ser verdes e transparentes como estas.

«Agora, a água está cheia de petróleo. De New Orleans a Panama City Beach todas as praias têm petróleo. Eu chorei. Pensacola é famosa pela areia branca fina como açúcar e agora está negra. Muitos dos meus amigos estão sem trabalho, porque trabalhavam em turismo. Os hotéis estão vazios. É uma tragédia. Os meus amigos são pescadores, ou levam as pessoas a passear, ou têm pequenos hotéis na praia. Há cem anos que o turismo funciona, com furacões e tudo, e agora nada. As ostras subiram de dois dólares para 29 a dúzia, e o peixe triplicou. E possivelmente vem daqui! Os americanos da Florida estão a comer peixe mexicano.» E Richard não vê solução. «As pessoas vão perder os seus negócios e as suas casas. A BP não pagou um tostão a ninguém que eu conheça em Pensacola. Eles odeiam a BP.»

Da Florida, Richard foi ao Texas, para vir para o México por estrada. E aí há outra história. «A polícia raptou-nos com armas apontadas à cabeça. Levaram-nos para um sítio isolado, tiraram tudo da camioneta e levaram o que queriam. E acho que nos teriam matado se não houvesse um bloqueio na estrada com polícias. Disseram que nos odiavam por sermos americanos. Mas eu ajudei a construir 200 casas no Yucatán e em Campeche e ajudei quatro mil crianças, com livros da escola e material.» Richard tirou o número do carro dos polícias e entregou-o no consulado. Terá perdido uns mil dólares, mas sobretudo a tranquilidade. «Passei aquela fronteira 40 vezes em 22 anos e nunca tive um problema. As coisas estão a ficar cada vez piores. As pessoas estão a roubar carros. Aqui é calmo, mas há duas semanas uns canadianos que têm uma casa em Chelem [uma praia vizinha], alugaram uma casa em Mérida para repararem a deles, e assaltaram-nos, amarraram-nos, um deles foi esfaqueado na perna. Tenho muito medo do que está a acontecer no México.»

Ao regressar a Mérida, vou almoçar ao restaurante Amaro, sugerido por Pepe, o arqueólogo de Uxmal, que ficou de aqui passar para seguirmos. É um pátio colonial com ventoinha e arcos. Bebo uma orchata, água de arroz com amêndoas, canela e açúcar, *muy rica*. E como uma aboborinha verde-escura, doce por dentro e recheada de queijo. O gentil anfitrião explica-me que a cozem «até o garfo se enterrar», depois tiram o topo e as sementes, enchem-na de queijo e metem-na no forno. É servida com arroz e molho de tomate.

Também sou esclarecida quanto ao doce de aboborinha e aos *chiles* habaneros, um pequeno pimento que só existe no Yucatán. Recebo um pequeno exemplar, para amostra. «No Yucatán, consomem-se dez quilos de *chile* habanero por pessoa a cada ano.»

A relação dos mexicanos com o tempo é uma relação aberta. E a dos mexicanos maias é assim: quando o tempo acabar, recomeça. Portanto, Pepe pensava estar pronto às três, ficou pronto às cinco, mas a única pessoa preocupada com isso sou eu.

Uxmal não fecha às cinco?, pergunto, na minha ignorância, subindo para o carro dele. «Sim, mas não para nós», responde, com o seu sorriso de pequeno maia, bigode por cima. E arranca, rumo às grandes retas do Yucatán.

Aos 49 anos, Pepe, não é apenas o diretor de Uxmal. É provavelmente o único diretor de uma zona arqueológica que viveu nela desde criança. Uxmal era a sua casa na árvore e a sua ilha do tesouro.

«Nasci numa aldeia a 15 quilómetros de Uxmal chamada Muna, o que quer dizer "Aguatierra", um lugar onde os homens, e sobretudo as mulheres, não entram. Tem uma água que os xamãs tiram para limpar bolas de cristal.» Ainda hoje? «Ainda, sim. Na minha aldeia há dois ou três.»

E como se sabe que alguém é xamã?

«Um xamã é aquele que sabe da natureza, que fala com os deuses, que pode prever as coisas. Uma criança tem certas provas que lhe permitem tornar-se xamã. E a seleção tem de ser fortuita. O xamã vai identificar a criança e depois vai ensiná-la.» Só homens? «Hoje já há mulheres xamãs, mas muito poucas. E na época pré-hispânica houve mulheres que tiveram um papel importante nos governos maias. Há representações nas estelas e nos cartuchos hieroglíficos que falam de mulheres governantes. Mas claro que o papel da maior parte era cuidar da casa, dos filhos, da comida. E o homem trazia o sustento.»

E nas aldeias maias de hoje? «Continua a ser assim, mas as mulheres já têm o seu dinheiro, bordam, fazem cerâmica e pintura. Na zona arqueológica temos 30 mulheres maias que lavam a cerâmica e aprendem restauro. São muito trabalhadoras, fizeram a identificação das plantas medicinais, 175 plantas diferentes.»

Mas ninguém das aldeias vai para dentro de Uxmal vender, pelo menos não enquanto Pepe for diretor.

«Sim, Chichén Itzá é um mercado. E a que se deve? À pobreza e a não haver uma preocupação do governo para solucionar este problema. O governo não é capaz de gerar outras formas de economia para esta gente.»

Pelo meio, alguém se aproveita. Em Piste, diz Pepe, há uma espécie de empresário que congrega os mercadores. «É óbvio que é uma falta de respeito, nenhum maia vê bem o que se está a passar em Chichén Itzá. Não é agradável estar a contemplar um edifício e estarem a vender-te coisas de forma insistente. O Instituto de Antropologia [que gere os sítios arqueológicos] está contra isto. Mas é uma responsabilidade do governo, também.» Sobretudo agora, que deixou de ser propriedade privada. Até há pouco tempo, o terreno de Chichén Itzá pertencia à família Barbachan. «O Estado comprou-o há uns meses, e isso pode anunciar uma mudança.»

O terreno de Uxmal (600 mil visitantes anuais) também é dos Barbachan, mas como as atenções estão concentradas

em Chichén (um milhão e meio de visitantes) não há tanta pressão.
E como é isso de Pepe ser um filho das ruínas? «O meu avô foi guardião de Uxmal, o meu pai trabalhou oito anos em Chichén e depois foi para Uxmal, e eu passei a infância entre estes lugares. Vi a escavação do Cenote Sagrado de Chichén em 1967 e o restauro do Templo do Adivinho em Uxmal. E quando esse restauro teve problemas, fui eu repará--los. Faço o meu trabalho académico, mas mais que isso tenho carinho por estes lugares, por lá terem trabalhado o meu avô, o meu pai e os meus antepassados maias. Falo maia como eles.» Não as variantes maias de Chiapas, como o tsotsil e o tseltal, mas o maia yucateco. «E os hieróglifos maias estão em maia yucateco e em chol.» Outra variante do maia.

E como passou a diretor? «Comecei a trabalhar como guardião, fiz a faculdade aqui em Mérida, e depois um mestrado.» Não só dirige Uxmal e a Rota Puuc (um circuito de outras ruínas), como é membro do Conselho Nacional de Arqueologia, o organismo que avalia os projetos de todo o México.

Claro que a questão em relação aos maias é o país maia estar para além do México. Ou seja, haver esplêndidas ruínas maias em quase toda a América Central. Como é que Pepe olha para isto? «Como se em relação aos maias as fronteiras não existissem. Há afinidades e tradições comuns. Mas nunca se tentou fazer uma nação, porque estaríamos a bater na parede.»

E claro que não vale a pena perguntar-lhe qual é o sítio maia que prefere. «Para mim, Uxmal é o mais importante, em termos afetivos e académicos. Porque influenciou muitas regiões.»

Por exemplo, Chichén Itzá.

«Vais entrar pela cozinha, como se fosses da casa», anuncia Pepe, estacionando o carro debaixo de umas árvores, depois de um guarda lhe ter acenado.

Cozinha, neste caso, quer dizer atalho secreto pelas traseiras. Então saímos do carro, e mal as árvores acabam estamos diante de uma pirâmide única em todo o México. É arredondada como uma montanha, uma sólida montanha de pedra erguida pelo homem. E a toda a volta, erva, árvores, pedras, templos, mas nem uma pessoa. A zona arqueológica de facto fecha às cinco, e agora já passa das cinco e meia.

Estamos completamente sozinhos em Uxmal.

«Este é o Templo do Adivinho», diz Pepe. «Construído durante o período clássico maia, que vai de 250 d.C. a 950 d.C. Foi feito em cinco etapas, como uma boneca russa.» Aproximamo-nos. «Esta é a face poente. A parte superior [o templo no cume] é a casa do deus Itzam-ná. O Templo do Adivinho representa a montanha sagrada e os 13 níveis do supramundo.» O que estava acima da terra. E ao longo da escadaria que leva ao cimo vemos as caras de Chac, o deus da chuva. «Não é um calendário, como a pirâmide de Chichén. Esta pirâmide tem uma função simbólica.»

Em frente está um templo quadrangular, com um friso cheio de pássaros saídos como gárgulas: águias, pavões.

E passando por baixo desse templo, por um arco em bico que dá uma perspetiva sofisticada da pirâmide, entramos numa espécie de imenso pátio relvado. A toda a volta são palácios repletos de relevos e frisos, alguns figurativos, outros geométricos. Pepe abre os braços, radiante. «É isto que faz a riqueza de Uxmal, este tipo de decoração com máscaras que são representações da caça ou do deus da chuva. Temos aqui quatro palácios, construídos entre o século x e xi. Aqui habitavam os governantes, e ao centro faziam-se cerimónias e reuniões. Uxmal era um dos sítios mais importantes da região, entre o século VIII e XI foi capital. Chichén Itzá já existia, mas Uxmal é anterior. E antes de Chichén era a cidade mais importante.»

Entretanto, do outro lado do Atlântico, Afonso Henriques nem tinha nascido. Era a Idade Média europeia, e a idade do esplendor árabe na Península.

«Em Uxmal há uma escala humana», continua Pepe, indiferente aos *moscos*, que aliás retribuem, concentrando todas as suas atenções na forasteira. «Aqui viviam homens, e o Templo do Adivinho era para as cerimónias, por exemplo a cada ciclo de 52 anos, ou os rituais anuais propiciatórios da chuva. Em Uxmal não há fontes de água, então tudo se construiu com água da chuva. Havia os *tchul tun*, que eram uns reservatórios perfurados no subsolo para armazenar entre dez e 15 mil litros de água. Como cisternas, mas em forma de cântaro. E havia as *aguadas*, lagos artificiais.»

E sacrifícios, também havia? «Sim, claro, encontrámos sacrifícios com sangramento do pénis, para que depois o sangue fosse queimado com copal, para alimentar os deuses.» O copal é uma resina. «Era uma honra perfurar assim o corpo. Perfurava-se a língua, as orelhas, o sexo. Há imagens em vasos e em códices. Mas em Uxmal não há vestígios de decapitação.»

Estamos agora a caminhar para a zona em que se praticava o Jogo da Bola, uma grande tradição pré-hispânica. «Havia duas equipas, não se podia tocar na bola com a cabeça, as mãos ou os pés, e a bola tinha de entrar neste anel.» Um anel de pedra, claro. Mas tudo isto não deve ser visto como antepassado do futebol, diz Pepe. «Os jogos podiam durar dias, e tinham um lado religioso. A bola está relacionada com o Sol e a Lua.»

E é neste momento que uma iguana aparece em cima de uma pedra, uma iguana gigante, com a sua cabeça pré-histórica, e as suas garras. E outra, e mais outra, e ali outra.

Claro, estamos sozinhos em Uxmal. Nós, os «moscos» e centenas de iguanas. Centenas? «Sim, centenas», confirma Pepe, a divertir-se com a situação. «E as iguanas cozinham-se aqui de uma forma pré-hispânica a que chamamos *pibil*. Faz-se uma espécie de buraco, queimam-se madeiras misturadas com pedras, põe-se a iguana em cima das pedras quentes e o calor vai cozinhá-la.» A que sabe? «A carne de frango», ri Pepe. «Mas com menos hormonas e toxinas. Aqui os trabalhadores levam as iguanas para casa e comem-nas, para regular a população, porque quando há muitas deterioram os edifícios.»

Agora estamos outra vez num planalto. É a zona do palácio do governador e daqui avistam-se os palácios e o Templo do Adivinho. «Repara como os edifícios não competem. Há um planeamento urbano, uma boa disposição espacial da arquitectura. O governador vivia aqui mesmo. Vês a imagem dele, com o toucado de plumas?» E um arco e flecha. «É esse o requinte de Uxmal, a delicadeza da construção.» Em pedra calcária, que a esta hora lembra a pedra calcária de Jerusalém, cor de marfim.

E, como antes vimos nas ruínas zapotecas de Oaxaca, muito anteriores, frisos inteiros cheios de *grecas*, aquela espiral quadrangular semelhante à dos vasos gregos. «A *greca* tem a ver com o ar, o redemoinho, o furacão, o movimento. Os maias observavam esta forma na natureza. E repara que a fachada, de um extremo ao outro, tem a distância do parâmetro solar, de equinócio a solstício, 125 metros, aproximadamente.»

A propósito de sol, pôs-se. Estamos naquela luz crepuscular, ao som dos pássaros e das árvores.

Mais adiante há uma cabeça bicéfala de jaguar. «Era o trono do governador.» Em frente um arco em bico, como o que vimos no Templo do Adivinho. «Há muito ritmo e simetria na arquitectura maia. Repara: uma entrada pequena de um lado, uma entrada pequena do outro, e ao meio uma entrada grande. É aqui que as igrejas do conquistador vão buscar muitos materiais e formas de construção.»

Mais adiante ainda, está o futuro: um monte com ruínas por escavar. «Aquela é a Grande Pirâmide», diz Pepe, apontando uma fachada semi-enterrada. «É mais antiga que o Templo do Adivinho. Aqui debaixo há muitos vestígios assim. Não temos nem metade de Uxmal escavada. É uma cidade! Há centenas de edifícios por explorar.»

Sentamo-nos para olhar tudo, esta majestade.

«O Sol, Kinich-ahau, era o dador da vida. Mas a terra era o mais importante. A mãe-terra, o sagrado e o fértil.» Cai uma gota grossa. O céu está a encaracolar-se.

E o tempo? «Chegava um fim e iniciava-se outro. Tudo tinha a ver com o Sol. Não existia pressa, porque tudo tinha a ver com a luz.» Ou havia ou não havia. «O conceito de pressa tem a ver com as horas.» Uma divisão que os maias não tinham. «E ainda é assim», confirma Pepe. «Eles não se preocupam com a hora, ou com o que têm de fazer amanhã. Mas preocupam-se com o campo, cuidar das plantações. Uma das velhinhas que aqui trabalharam, Francisca, dizia: "Com o trabalho de Uxmal vamos passar melhor porque a colheita esteve mal. Se o campo tivesse dado 80 sacos, eu tinha para todo o ano." Então, ela vive com 80 sacos de milho.» Mas quem tem 18 anos já não vai viver assim.

«O projeto de quem tem 18 anos é ir para os Estados Unidos», diz Pepe. «Estamos a trabalhar para incentivar os jovens a voltar.»

E Pepe fala de como o México foi perdendo gente desde a Segunda Guerra, levada pelos salários baixos nos Estados Unidos. «Os yucatecos têm organizações em São Francisco, onde fazem grandes festas, com comida e bailes tradicionais. E continuam a falar maia com os filhos, é impressionante.» Mas se saíram foi porque aqui não acharam futuro.

E agora o narcotráfico avança.

Mais pingos. Descemos para perto do carro, onde Pepe tem a sua casa na árvore, embora neste caso seja uma casa no chão. Aqui dorme, quando fica a dormir no parque. E à entrada um jardim de cheiros suspenso. «É uma forma tradicional de cultivar, as pessoas têm por baixo as galinhas, depois põem uma tábua, um pouco de terra e plantam. Tenho aqui *chiles*, coentros, hortelã...»

E, como anexo, uma espécie de casinha maia tradicional, de madeira e palma. «O quadrado em baixo é o mundo, porque para os maias o mundo era quadrado, e o teto tem a forma de uma pirâmide. A forma cíclica de perceber o tempo tem a ver com o movimento do Sol, mas imaginavam a Terra como quadrada. E podiam determinar o clima, por exemplo a humidade, através das formigas, que ficam muito ativas, ou um furacão, quando os pássaros vêm para terra.»

As formigas devem ter estado muito ativas porque o céu está prestes a desabar. Pepe convida-me para sua casa, dispõe duas cadeiras, sentamo-nos. À volta é a grande noite de Uxmal. E ele diz: «Queres provar uma bebida ritual?»

Bebidas rituais, sacrifícios pré-hispânicos, as torturas dos narcos: três semanas de México desfilam pela minha cabeça.

É agora: vou beber, vou ficar paralisada e o meu corpo será desmembrado. Há que ganhar tempo.

Uma bebida ritual? «Sim, chama-se *balche*», responde o amável Pepe. «Usa-se para fazer uma cerimónia de chuva ou para pedir a benevolência dos deuses.» Hum-hum, hum-hum. E compra-se? Pepe sorri, incrédulo. «Não, os xamãs fazem-na e dão-ma. Vou buscar para bebermos.» Vai ao frigorífico, tira uma garrafa de plástico com um líquido verde, cor-de-relva, serve dois copinhos e volta. «Aqui tens.» Cheiro. A que sabe? «Sabe a anis», responde Pepe. Semicerra os olhos, perscrutante: «Não te preocupes, não te vai acontecer nada. Vais só começar a sentir a cabeça a girar, e depois vais perder os sentidos.» Recosta-se, a sorrir.

Estou imóvel, de copo no ar.

Então Pepe, o pequeno maia, dá uma gargalhada. «Estou a brincar!» Bebe o seu *balche*. «Estás a ver? Bebe!» Bebo. Sabe a anis — a cana-de-açúcar — a relva. Enfim, uma inocente bebida ritual.

Uma vergonha.

«Faz-se com a árvore *balche*, ferve-se a casca com mel e arroz», remata Pepe, generoso. Felizmente, por trás da sua cabeça há uma saída para a minha vergonha, um telescópio apontado à claraboia. E a sequência da bebida ritual acaba com todo um novo assunto, a descoberta astronómica que Pepe fez em 1983, até que lá fora se ouve um troar.

É a chuva, enfim.

Pepe abre a porta. Vem um cheiro a terra. O cimo do Templo do Adivinho está incandescente. Ao fundo veem-se vultos a correr. É o apocalipse?

«É o *show* de luz e som», diz Pepe. «Todas as noites, temos um *show* com uma história nas ruínas. Mas aqueles lá ao fundo já vão chegar atrasados ao sacrifício da princesa.»

Aqueles são turistas. E já que aqui estamos, corremos entre as pirâmides à chuva, pelos atalhos que Pepe conhece, até ao pátio dos palácios. Cheios de chapéus e de impermeáveis, os turistas estão em cima das pedras, a ouvir como crianças no meio da noite. Luzes douradas, verdes, vermelhas, azuis, vão iluminando diferentes relevos, e as vozes dos atores mexicanos ribombam entre a tempestade. «É como uma telenovela», diz Pepe.

Amanhã volto à Europa.

A Europa está morta e eu sou europeia. Ou, mais exactamente, do Velho Mundo. Ao fim do primeiro dia na Cidade do México, a levitar como se me tivesse dissolvido na multidão, vi que sou do Velho Mundo. E ao longo de três semanas a viajar pelo México, do deserto de Chihuahua à selva do Yucatán, vi como sou do Velho Mundo.

O México dá vontade de chorar, um choro de séculos em que não percebemos porque choramos, se somos nós que choramos, se não seremos nós já eles. Nunca, em lugar algum, me pareceu que tudo coexiste, tempos e espaços, cimento e natureza, homens e animais, até aceitarmos que o nosso próprio corpo faz parte daquela amálgama acre, ligeiramente ácida, de pele suada com muito *chile*.

Octavio Paz descreve os mexicanos como o mais solitário dos povos, perpetuamente incapaz de transpor e ser transposto. Por isso, e por tudo e por nada, existe a *fiesta*. É uma necessidade orgânica, a descarga.

Este Novo Mundo começa no extermínio, e isso há-de significar qualquer coisa. No tempo indígena significa que o extermínio histórico faz parte do presente.

Certa vez, Frida Kahlo descreveu uma imagem a um amigo: «É de dia e de noite, e há um esqueleto (ou morte) que foge espavorido da minha vontade de viver.» Anos depois, pintou *Viva la Vida* por cima de talhadas de melancia, e essa é a sua última palavra. Afixo-a no frigorífico na noite em que volto.

Vai ser dia no México. *Que le vaya bien.*

Agradecimentos

Estive no México em reportagem para o diário português *Público*, de 22 de junho a 15 de julho de 2010, e grande parte do que publiquei foi incluído neste livro, por vezes em versões aumentadas ou fragmentadas.

Em Lisboa, quero agradecer a Marcelo Teixeira por vários contactos e sugestões. Também a Pedro Caldeira Rodrigues por conversas antigas. E a Gonçalo M. Tavares por Oaxaca.

A Charles Bowden, repórter e poeta algures no Arizona, devo não só tudo o que escreveu sobre Ciudad Juárez como a mais imediata ajuda ao telefone e por *e-mails*. Escrevi-lhe como leitora e ele respondeu-me no mesmo dia. Foi através dele que cheguei a Molly Molloy, a pessoa que neste momento terá o mais completo e livre arquivo sobre a violência em Juárez; a Julián Cardona, com quem passei parte do tempo na cidade; a Peter e Betty, que tive a sorte de poder conhecer. Juárez, por causa destas pessoas e de tudo o que vi, é não apenas o núcleo central deste livro como mudou a forma como olho o mundo.

Na Cidade do México, Lizeth e Carlos, do coletivo Mondaphoto (obrigada Pedro Letria e Valter Vinagre), estiveram sempre disponíveis, e o fotógrafo Pablo Ortíz Monasterio estendeu a sua ajuda a Juárez e Mérida.

Não teria feito nada em Juchitán sem os amigos de Cristian Pineda Flores, que também me ajudou quanto a Ixtepec.

De San Cristóbal de las Casas, Alejandro Reyes enviou-me contactos preciosos para as etapas no México e depois foi um gentilíssimo anfitrião.

Em Mérida, Efrén Maldonado abriu-me o seu grupo de amigos, o que fez toda a diferença.

Estou grata a todas as pessoas que aparecem referidas de passagem ou longamente, pelo tempo, pela lucidez e pela graça. Elas são a viagem.

A resposta de vários leitores às reportagens e o entusiasmo dos editores Carlos Vaz Marques e Bárbara Bulhosa, na tinta-da-china, foram grandes incentivos para o livro.

Finalmente, obrigada à Lucinda, pela alegria; à Susana, pela casa; à Sónia, à Teotónia e ao Carlos, pela ilha; e ao Changuito, por tudo.

Bibliografia

BOLAÑO, Roberto — *Os Detectives Selvagens*, tradução de Miranda das Neves, Teorema, Lisboa, 2010.

BOLAÑO, Roberto — *2666*, Anagrama, Barcelona, 2010.

BOURDAIN, Anthony — *A Cook's Tour*, Bloombsbury, Londres, 2001.

BOWDEN, Charles — *Murder City: Ciudad Juárez and the Global Economy's New Killing Fields*, Nation Books, Nova Iorque, 2010.

BOWDEN, Charles — *Juarez: The Laboratory of Our Future*, Aperture, Nova Iorque, 2008.

KAHLO, Frida — *El Diário de Frida Kahlo*, La Vaca Independiente, Cidade do México, 2001.

GONZÁLEZ HERRERA, Carlos — *La Frontera Que Vino del Norte*, Taurus, Cidade do México, 2008.

GONZÁLEZ DE LA VARA, Martín — *Breve Historia de Ciudad Juárez y Su Región*, El Colegio de Chihuahua, Ciudad Juárez, 2009.

LE CLÉZIO, J.M.G., *Le Rêve Mexicain ou la Pensée Interrompue*, Gallimard, Paris, 2008.

LE CLÉZIO, J.M.G. — *Diego e Frida*, tradução de Manuel Alberto, Relógio D'Água, Lisboa 1994.

LÓPEZ LUJÁN, Leonardo, e McEwan, Colin (ed.) — *Moctezuma: Aztec Ruler*, The British Museum Press, Londres, 2009.

Lowry, Malcolm — *Under the Volcano*, Perennial Classics, Nova Iorque, 2000.

Montemayor, Carlos — *Los Tarahumaras: Pueblo de Estrellas y Barrancas*, Aldus, Cidade do México, 1999. (Daqui foi extraído o conto de Dolores Batista citado na p. 147.)

Muñoz Ramírez, Gloría — *20 y 10: el Fuego y la Palabra*, Rebeldía e La Jornada, Cidade do México, 2003.

Nadal, Paco — *Pedro Páramo ya No Vive Aqui*, RBA Libros, Barcelona, 2010.

Oliveira, Carlos de — *Obras*, Caminho, Lisboa, 1992.

Ortíz Monasterio, Pablo (ed.) — *Frida Kahlo: las Fotos,* Editorial RM, Cidade do México, 2010.

Paz, Octavio — *El Laberinto de la Soledad*, Cátedra, Madrid, 2009.

Rosenzweig, Denise e Magdalena — *El Ropero de Frida*, Zweig Editores, Metepec, Estado de México, 2007.

Tigre la Sed: Antologia de Poesia Mexicana Contemporánea 1950-2005, Hiperíon, Madrid, 2006.

Tree, Isabella — *Sliced Iguana: Travels in Mexico*, TPP, Londres, 2008.

Quinze Poetas Aztecas, tradução de José Agostinho Baptista, Assírio & Alvim, Lisboa, 2006.

Sobre a autora

ALEXANDRA LUCAS COELHO nasceu em dezembro de 1967, em Lisboa. Estudou teatro e comunicação. Trabalhou no rádio e, a partir de 1998, no jornal português *Público*, onde editou suplementos literários, coeditou a seção de cultura e integrou a equipe Grandes Repórteres. Como correspondente internacional, cobriu o Oriente Médio e a Ásia Central (2001 e 2009), trabalhou em Jerusalém e atualmente está no Rio de Janeiro. Já recebeu diversos prêmios de jornalismo. O seu primeiro livro é *Oriente Próximo* (Relógio D'Água, 2007). Seguiram-se, na Tinta-da-china, *Caderno afegão* (2009), *Tahrir* (2012) e o romance *E a noite roda* (2012), os três publicados no Brasil.

NESTA COLEÇÃO

Viva México
Alexandra Lucas Coelho

O murmúrio do mundo
Almeida Faria

ESTADOS UNIDOS

El Paso
Ciudad Juárez
Río Bravo

Sierra Madre Ocidental

Golfo da California

Chihuahua
Cuauhtémoc

MÉXICO

Oceano Pacífico

Guadalajara

0   300 km